中国梦是民族的梦，也是每个中国人的梦。

有梦想，有机会，有奋斗，一切美好的东西都能够创造出来。

——习近平

他们为什么成功

江西“草根”创业故事

刘滇鸣　桂　榕　王书红◎主编

江西人民出版社
Jiangxi People's Publishing House
全 国 百 佳 出 版 社

本书编委会

前　言

曾几何时，在许多人心中，都因这样的创业故事心潮澎湃：乔布斯在家中的车库规划了未来苹果公司的蓝图；李彦宏启程回国，在北大资源宾馆租房，拉开了创建百度的帷幕；俞敏洪亲手将英语招生广告刷在大街小巷，启动了新东方巨轮的航程……

"忽如一夜春风来，千树万树梨花开。"自党中央、国务院发出大众创业、万众创新的号召以来，今天的中国已经开启"创"时代。围绕江西省委、省政府的决策部署，江西省人力资源和社会保障厅以推进大众创业、万众创新为己任，在体制机制上最大限度给市场主体松绑，在政策措施上实实在在给创业创新者送去"红包"，让每个有创业意愿的人都拥有自主创业的空间，让创新创造的血液在全社会自由流动，在赣鄱大地16.7万平方公里土地上掀起一个"大众创业"的新浪潮。

在这新浪潮中，就有着这样一群江西"草根"创业者，他们是你我身边再平凡不过的大学生、农民、打工者、下岗再就业人员，他们的故事，却演绎出了豪迈的创业人生，他们是竞争激烈的"中国创翼"大赛中脱颖而出的佼佼者，是江西这片热土上一道靓丽的风景线。从他们的经历中，我们可以小中见大，感受到创业热潮奔涌向前，体会到"中国梦"与"个人梦"的完美融合。发掘并宣传他们的事迹，比任何华美的言辞更能教育、引导更多人投身创业、勇于创业。为此，江西省人力资源和社会保障厅从全省各地精挑细选出30位“草根”创业者，将他们的故事采编成书，作为赣鄱大地创业风景线中的一道掠影呈现在广大读者面前。

我们希望，这一个个勇于打拼的创业故事、敢为人先的创新故事、守法诚信的自律故事、回报社会的感恩故事，能给人启迪、发人深思、催人奋进，使更多心中有梦想的人点燃创业创新的激情，投身创业创新的浪潮，获得属于自己的成功，不辜负这个伟大时代。

目录

大需求，意味着大市场！
大市场，就需要大量产品供应。
大需求里的小配套，
大有文章可做。

——何贱庚

01

大需求里的小配套

——何贱庚和他的“航空耳机”事业

◎邹海斌

有一份客户名单很牛气：美国达美航空公司、加拿大航空公司、墨西哥航空公司以及中国的海南航空股份有限公司、南方航空股份有限公司。

有一组数据很有说服力：何氏电子的航空耳机，年产值突破5000万元。

这是一家在宜春市袁州区三阳镇成长起来的本土企业。何氏电子的掌舵人何贱庚，是一位40多岁的农民。

从迷茫打工到返乡创业，从租仓库加工到建厂房扩产，何氏电子立足三阳镇，与全世界的航空公司做配套生意，在行业内颇具影响力。

江西“草根”创业先锋——何贱庚，是如何在国际航空市场的大需求里做好“小配套”，又是如何把“小配套”做成“大生意”的？

19岁外出打工，月薪五千仍感迷茫

何氏电子有限公司位于宜春市袁州区三阳镇320国道旁，公司一幢三层新建成的标准厂房虽然还在装修，但里面已经是忙碌的生产景象。在这幢大楼的一楼车间里，工人们正聚精会神地生产航空耳机，北侧靠墙安放了一排立式注塑机，正在满负荷生产；东侧码放了数百箱航空耳机成品，即将发往墨西哥。

“自10月迁入新厂，一个月差不多要生产价值800多万元的航空耳机，

按照订单供应给全球各大航空公司。”何氏电子有限公司总经理何贱庚说道。

何贱庚戴着一副眼镜，斯文、憨厚。在员工们看来，能把何氏电子办到现在的规模，能和外国人做生意，何总一定是名校毕业，学问不浅。

果真如此吗？何贱庚笑而不答。

何贱庚出身于袁州区三阳镇天井村，是一个地道的农民子弟。“1988年，我从三阳中心小学初中部毕业，那时才16岁。”何贱庚的话，让人颇为惊讶。

一个毛头小伙子，初中毕业后，该去做什么呢？何贱庚就在村子里学织夏布，学了近三年，可家里人仍然犯愁，不知道他的前途在哪里。

虽然不上学了，何贱庚却攒钱买了很多书，包括《方与圆》《成功学》等，一有空闲时间就读书，补充知识，学会生存之道。

19岁那年，何贱庚决定出去闯一闯，他跟随天井村的村民第一次出远门，前往深圳打工。“那时的想法是，只要能带我出去，做什么都可以。”何贱庚回忆说。

来到陌生的深圳，何贱庚到处找事做，临时找到了一份在建筑工地的小工活，吃住都在工棚里。

他在建筑工地做小工，一天12元工资，虽然很苦很累，但总算是自己挣的第一笔收入。在建筑工地过渡了一段时间后，他就进厂打工了。

他进的第一家厂是做塑胶玩具的电子厂，做了一年仓库收发员，随后干了两年领班。在电子厂的工作虽然很出色，但他还是想去学点技术，做点有技术含量的活。

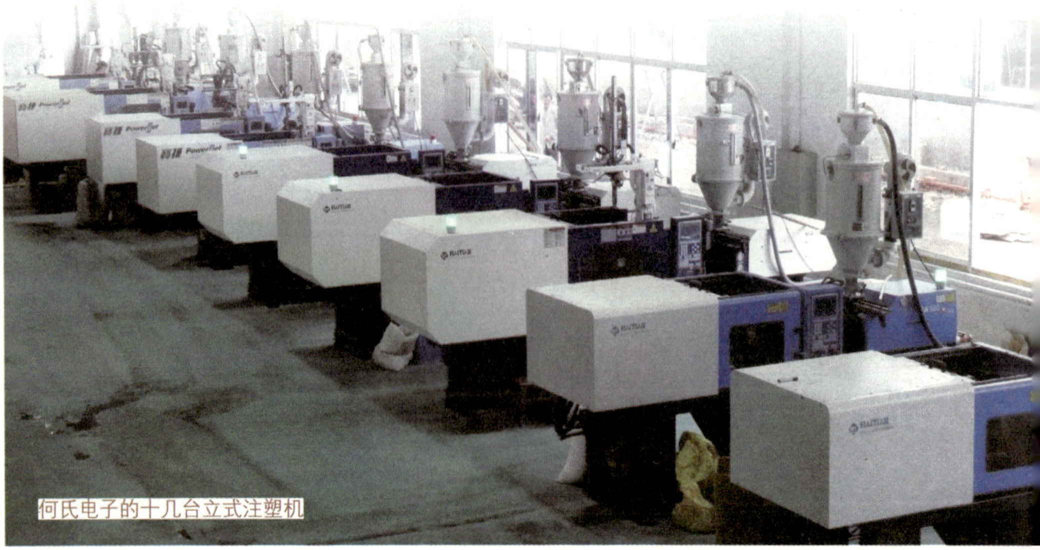
何氏电子的十几台立式注塑机

何氏电子的员工操作设备生产航空耳机

不安分的他，开始了第一次转行——去珠海的不锈钢厂学做铝合金防盗网、防盗窗。一年后，他就在广州开起了自己的不锈钢加工店。

可由于缺少本钱，资金周转困难，不锈钢加工店难以生存，他只好放弃了。

第一次创业失败后，他前往宝安打工，几个月后又觉得前景不乐观，就前往南昌学习建筑模型，3 个月后返回深圳，进入山之田模型公司。

这一次，他变得更加成熟了。山之田公司非常重视员工培训，他努力工作，静下心来学，先后担任楼房部、户型部负责人。在山之田公司，他最大的收获是学会了与人沟通，学会了怎样做人。

2007 年 1 月，何贱庚辞职返回宜春，进行第二次创业。当时，他在山之田公司做项目负责人，月薪有五六千元，为何要辞去高薪工作返乡创业呢？很多朋友对他“转行”很不理解。

他说，虽然在这家公司干得挺好，收入高，但当时国家对房地产的调控政策越来越多，觉得这条路不太好走了，就想回来寻找发展机会。

他还注意到，当时沿海发达地区逐步开始产业梯度转移，觉得在沿海产业转移之前回到宜春创业，创业机会更多，成功的可能性会更大。

他回到宜春，先合伙做起了贩卖茶枯的生意，但因为季节性太强，并不适合长远发展。他思来想去，还是决定办工厂，因为在外打工多年，积累了经验，也很想闯一闯。

“草根”的创业之路是磨砺之路，在不断的选择中，走向成熟。

从身边找机遇，大需求里的小配套

在放弃茶枯生意后，何贱庚发现身边很多农民把耳机配件领回家里加工，按件计酬。

那时，他以为身边大量农民加工的耳机，可能只是普通的收音机耳机，因为价格低廉。

为什么会有这么多人去加工耳机？需求到底有多大？一连串的疑问，驱使何贱庚去探究。

在一次次走访接触中，他发现了一个惊人的“秘密”：这些耳机是飞机上属小礼品性质的航空用品，由航空公司向每一位乘客免费赠送，用以保护乘客的耳膜。

大需求，意味着大市场！大市场，就需要大量产品供应。何贱庚觉得，大需求里的小配套，大有文章可做。

这就是航空耳机，也叫降噪耳机。因为好奇，他又发现了一个“大需求”：国际航空市场对航空耳机的需求量非常大，大得惊人！

何贱庚观察发现，这种各家各户松散式的加工方式，由于农户的技能千差万别，航空耳机的产品质量难以保证。

他想，如果能办一家工厂，把大家集中起来，实行规范化生产，一定会生产出质量更好的航空耳机。

想到这些，何贱庚再也抑制不住激动的心情，果断地创办电子厂，开始招工，生产航空耳机。

“除非不做，要做就一定要做好！”何贱庚有股子犟劲，认准了的事一定会走到底。

2007年8月8日，何贱庚正式跨入电子行业，在工商局注册了飞翔电器厂，从事航空耳机的加工生产。

“当时很多人不理解，说我跨行这么大，去生产低廉的耳机，有什么奔头呢？”何贱庚回忆道。

“可我不这样认为，只要认真去做，没有做不好的，自己多学习、少睡觉、多钻研，一定会有所成就。”何贱庚坚信自己的判断和选择。

他在自己的新房子里空出一层约200平方米，办起了电子加工厂，请来周边村民，集中加工航空耳机。

发展升级，一步一个脚印

生产航空耳机需要大量的人力，属于劳动密集型产业，在中西部欠发达地区，对促进农民增收、就业有好处。何贱庚跨行生产航空耳机，能走好这条创业之路吗？

那个时候，他的航空耳机仍然属于来料加工，耳机配件从广东潮汕地区采购，加工成耳机成品后，再卖给航空公司的采购商。

订单不断，他家里的小加工厂容纳不了那么多工人。为了扩大生产，他在三阳镇集镇的粮管所租下了4间共约1500平方米的闲置仓库，聘请了150多名工人，扩大了航空耳机生产规模。

求新求变，发展升级，是何贱庚在大需求里的小配套中，做得最为出色的一篇文章。2010年1月4日，随着生产规模的扩大，效益日趋变好，何贱庚申请注册了何氏电子有限公司，实现了由小加工厂向电子公司的华丽转身。

何氏电子由最初的来料加工，升级为买料组装，再到全部自主生产。在发展升级的道路上，何氏电子的嬗变才刚开始。

从2010年起，何氏电子陆续投资数百万元购买生产设备，先后买进9台卧式塑胶注塑机、2台抽线机、14台立式注塑机，逐步实现了耳机壳、线、喇叭的自主生产。

2013年，外国客户前来考察，看到何氏电子有限公司在租赁的仓库生产航空耳机，认为这不是长远之计，希望他们能办一家真正的规范化的电子厂。

“外国客户给我们提出了建议，我们就认真考虑。当时的想法是，要做就做好，要么就不做。”何贱庚说。

客户的提醒，给了何贱庚新的发展动力。很快，他筹集资金在三阳镇集镇旁边购置了20多亩地，准备新建电子厂。

他说，办企业一定要有自己的平台，把新厂建在三阳镇集镇，招工方便，运输也方便，眼光一定要放长远。

租仓库生产，依旧如火如荼，但新厂建设也被提上议事议程。2015年4月，何氏电子新厂房开工建设，首期投入400多万元，新建了一幢5000

平方米的厂房，并于 11 月中旬投产。

何氏电子的二期工程，还将建设 7000 平方米的厂房、办公楼、员工宿舍、食堂。何贱庚说："要做就做好，我们尽量不做让员工后悔、让自己遗憾的事，考虑事情尽量超前一些。"

"平时做好了，机遇自然会来"

"我只是做服务，服务好员工，员工就会乐意帮我做事；服务好客户，客户就会下订单；服务好供应商，供应商就会给我供货。老板是最大的服务员。"何贱庚说。

办企业，不仅要定好企业的发展方向，还要抓好团队建设。何贱庚告诉我们，何氏电子现在的管理人员，多数是从员工中培养起来的。他把学到的东西通过经常性的培训传授给班组长，再由班组长培训员工，培养一个优秀的航空耳机生产管理团队。"我要满足客户的需求，我们的客户都是大客户，有美国的达美航空，有加拿大、墨西哥的航空公司，还有海南航空、南方航空。"何贱庚说，客户的需求就是努力的方向。

客户开发与产品多样化，是企业生存与发展的关键。何氏电子在客户开发方面的理念是，首先把自己做好，提高在行业内的知名度。每周一的管理人员例会和新产品生产例会，何贱庚都会提出如何完成新订单、新产品生产的注意事项。

对于供应商的货款，何氏电子一直坚持按时付款，从不拖欠。何贱庚说："我们坚持这样做，就是要让何氏电子走出去，获得好口碑。何氏电子在航空耳机行业，主要是口碑赢得了市场，做好自己的产品，满足客户的需求，就是最大的优势。"

因为何氏电子在航空耳机行业内的影响力和知名度，国际航空公司在中国的航空耳机采购商都会主动找上门来，与何氏电子签约下单。

何氏电子虽然地处三阳镇，但是经常有美国、加拿大、墨西哥、澳大利亚的客人前来考察。何贱庚是农民出身，他想，怎样才能与外国人打好交道呢？他只有学，不仅要喜欢学，还要虚心地学。有一位加拿大客户喜欢足球，而何贱庚只喜欢篮球，对足球不了解。为了拉近与加拿大客户的距离，他半夜起来看足球比赛，了解足球、球星，随后与加拿大客户交流时，就多了很多共同语言。

他还从乡下买来猪草喂养的土猪，请人现场宰杀，让外国客人感受一下宜春的"土法土味"。他还带着外国客户下田，去体验乡下人的夜间"照黄鳝"，幸运的是"照黄鳝"时意外地抓到了一只野生甲鱼。这位老外说："我在这里的感受，一辈子都忘不了。"

何贱庚用心接待客户，真诚服务客户，让客户留下了深刻印象，也建立了良好的业务合作关系。

何氏电子的一位工人正在搬运航空耳机产品

美国的达美航空公司是何氏电子的老客户，向何氏电子采购航空耳机已有 6 年，目前航空耳机的年订单量达 3000 万条。

2012 年，墨西哥航空公司的采购商又找上门来，采购何氏电子的航空耳机，年订单量达 700 万条。

2013 年，加拿大航空公司也伸来橄榄枝。国外贸易公司的采购商找到何氏电子，每年采购约 1000 万条航空耳机。

海南航空的航空耳机订单量达 1000 万条，南方航空也签了两年的供货合同，目前暂定供货 1000 万条航空耳机。

在何贱庚的印象中，感触最深的是美国达美航空公司。达美航空与何氏电子有着 6 年多业务往来，以前是国内的贸易公司中标作为采购商，向何氏电子采购航空耳机。后来竞标换成了别的采购商，新换的采购商依然选择何氏电子供货。

何贱庚说，航空耳机的需求量特别大，一般的小厂做不来，我们做了这么多年，从来没出过质量问题。美国达美航空公司在中国换了两次采购商，最终还是选择何氏电子为供货商。

从迷茫乱闯到坚定地走"小配套"之路

从 19 岁外出打工，到跨行创业，何贱庚在创业路上不断摸索，他自己形容那时候真是“乱闯”。

出身“草根”，却成为国内航空耳机业的佼佼者，与国际航空公司打交道、做生意，何贱庚的创业之路越来越精彩。

“我只不过是脚踏实地把航空耳机做好，不觉得这是一件很难很特别的事。”何贱庚谦虚地说。

任何一种行业都有机遇。何贱庚颇有感触：何氏电子的航空耳机事业，就是在市场上找好了定位，定好位才能逐步去摸索，把何氏电子的航空耳机做出好品质、好口碑。

“根据航空耳机市场，生产适销对路的好产品，逐步专业化，奠定了在行业内的地位，自然会有客户优先选择你。”何贱庚说。

何氏电子的壮大和品牌影响力的提升，改变了宜春航空耳机生产加工业格局，以前各家各户做航空耳机，现在 90% 以上在帮何氏电子做耳机。

在三阳镇集镇，一些开店的商户从何氏电子领取一些耳机料，空闲时在店里加工，既打发了时间，又能赚取点加工费。

在有些村庄，村民们以前打麻将成风，自打从何氏电子厂领回一些航空耳机配件去加工后，打麻将的人少了，而且村民收入也增加了。

这些年，何氏电子每年上缴税款 100 多万元。有人说，何总交了这么多税，为社会做了大贡献。何贱庚却说，这是应该做的，依法纳税是本分的事，“我不买豪车豪宅，不大吃大用，只想把本分的事做好了”。

作为“草根”创业先锋，何贱庚有着自己的快乐：把一件事办好了，会快乐好几天；遇到的问题一旦解决了，也会很高兴；客户有产品新需求，他们生产出来了，也是快乐。这些快乐，已经是何贱庚生活的一部分。

“我的兴趣在这里，一心一意做好航空耳机，企业发展得越来越好。细节决定成败，兴趣就能做好细节。”何贱庚在用心做航空耳机事业。

何贱庚的体会是，既是创业者，又是管理者。最好的管理者就是把不同性格的人聚在一起为你服务，形成向心力，这是管理的最高境界，这就是最好的管理。

很多客户与何氏电子做生意，很真切的感受是：何氏电子在不断地变。“不变就会落后。”何贱庚说。何氏电子变的是产品质量、生产设备、工厂车间、生产环境，每年都会有新变化。

何氏电子不断地改变航空耳机的传统模式，危险的工序尽量使用机器生产。用注塑机取代人工，引进“机械手”，减少安全隐患。

“我们是一个乡镇里的企业，用‘机械手’生产航空耳机，跟国际接轨，国外客户都对我们有好印象，很愿意采购我们的航空耳机。”何贱庚说。

何氏电子的新厂房里还有专门的测试房，对此很多人不理解：生产低端的航空耳机，为何要用高端设备，何必要花100多万元配一个测试房？

何贱庚却不这样认为。他说，有了测试房，可以进一步提高航空耳机的质量和生产稳定性，一是让自己对产品更了解，二是给客户的感觉也不一样，三是为未来发展布局。

这些“不寻常”的投资和客户服务，都透露出何贱庚办企业，已经办出了无穷乐趣。

曾经迷茫。十年前有五六千元的月薪，但何贱庚感到不踏实，毕竟这是在为别人打工。

曾经舍得，有舍才有得。如果不放弃高薪，勇于创业，也许他现在还只是一名打工者。

曾经敢闯。如果当初不走出去，就只会知道身边的一片小天地，却不知道外面的世界很大、很精彩。

这些经历，都是一个人的财富，让自己以后更完美，无论成败，都要感谢过去。

点评专家：

创业不一定都在“硅谷”，“草根”世界也可以崛起。

大世界当然有大需求，大米饭的需求够大的了，但也是一粒米一粒米组合而成，这就是大有文章可做的大需求中的小配套。

大飞机零件成千上万，技术要求也十分精高，没想到吧，一对小耳机也可以做出如此大的成就。问题不在于你做的东西是大是小，关键看你做得是好还是不好。

好风凭借力，何贱庚善于发现自己的目标，认真地去把它做好，就可以站在大需求的飞机上，飞得很远很高。

点评人：陈东有

创业的核心在于具备创业的思想，
而创业的思想首先是敢于打破原有的利益平台。
有些人是被外界逼上了绝路，
有些人是抛弃了原有享乐的环境，
是自己把自己赶上了绝路。绝处才能逢生。

——廖志华

02

从“铁饭碗”到“金饭碗”

——“70后”大学生廖志华的创业之路

◎邹海斌

手捧“泥饭碗”的人,总是渴望有个打不烂的“铁饭碗”。他考上了大学,跳出了“龙门”。

有个“铁饭碗”的人，总是渴望有个安逸舒适的“银饭碗”。他在央企工作十多年，有个“银饭碗”。

然而,他最终选择放弃“铁饭碗”,丢掉“银饭碗”,追求属于自己的“金饭碗”。

寒冷冬日，一条条流水线上，一颗颗粒子像是欢跳的音符，经过一道道工序，神奇地变成了一根根打包带，销往一家家有需求的厂家。

高安市聚福包装有限公司，是目前江西省唯一一家以原材料加工、打包带设备研发制造、成品加工为一体的轻质打包带生产企业。聚福包装也是目前江西省打包带产量最高，国内少数用自行研制的设备生产出每卷3000米以上的夹心打包带，且能顺利通过全自动打包机的生产企业。

第一惊！大学生停薪留职，“下海”打工

廖志华，1971年4月出生于高安市独城镇景东村老廖组，自幼好学上进，成绩优异。

廖志华认真察看机器运转情况

1992 年，廖志华参加高考，考上了宜春学院（原宜春农业专科学院），成为村子里少有的大学生。乡亲们都夸赞他，将来必有出息，或许还能当官。

1995 年，廖志华毕业了，被分配到高安市独城镇政府工作。村里人都拍着廖志华的肩膀说："志华，'铁饭碗'到手了，好好工作啊！"

刚参加工作不久，廖志华就被委以重任，分配到独城镇企业办，重点抓乡镇企业管理工作。可工作不到一年，他就选择了停薪留职，"下海"了！

"这是疯了吗？"乡亲们很失望，同学们也很不解，搞不明白他为什么选择"下海"。

"当时乡镇超编严重，缩编分流是迟早的事。既然迟早要走这条路，不如趁早出去。"廖志华说。

原来，因为"铁饭碗"吃香，当时独城镇"吃皇粮"的有 120 多人，严重超编超员。廖志华注意到，国家正在号召精简机构、精减人员。他敏锐地判断：缩编分流是迟早的事，靠本事吃饭的日子就要来了。

青春不能耽误！廖志华在镇里工作不到一年，就申请了停薪留职，"下海"去打工。

1997 年初，廖志华前往福建省石狮市打工。可这条打工之路远没有他想象中的美好。

一次次求职，这名大学生屡屡碰壁。他只好改变策略，在应聘时不敢再说自己是大学生，只说自己是初中文化，只要有活干、有饭吃就行。

在市场经济中，生存永远是第一位的。廖志华终于找到了一份工：在石狮雪上村盛峰五金厂做杂工。同年，他转入一家小鞋厂，同样做杂工，做些拔鞋钉、搬运鞋底的粗活。

当时，廖志华叮嘱同在鞋厂打工的堂哥，不要透露他是大学生，否则鞋厂不会要他。他填简历时，都是写初中学历。

廖志华在包装带生产车间

“为什么愿去做杂工？”记者问。

“人首先要生存，而且既然选择了‘下海’，我也有心理准备。因为只有生存下来，我才有机会寻找发展机会。”廖志华说。“先就业再择业”，在十几年前廖志华就有这样的理念。

他一边打工，一边到人才市场求职，寻找更好的工作机会。

1998 年正月，“下海”整整一年之后，廖志华终于找到了一份比较满意的工作，入职福建省晋江市康大鞋业有限公司，从事仓库管理员工作。

廖志华毕竟是大学生，具备较高的综合素质。在康大鞋业，他兢兢业业，努力工作，出类拔萃，渐渐从仓库管理员干到了办公室主任，后来又被提拔为副总经理，月薪3000多元。廖志华的事业算是顺风顺水，前景一片光明。

可廖志华又不安分了……

第二惊！辞去企业高管，再寻新出路

虽然廖志华在康大鞋业担任高管，但他却考虑自己应该再提升一个档次，谋一个更好的发展前程。

他了解到，国家注册审核员的职业稳定，收入很高，而市场上审核员的人才奇缺，人才需求空间大，审核员有很大的发展潜力。

第二个判断又一次改变了他的人生轨迹。

他决定报考国家注册审核员，一边工作，一边自学，认真准备考试。

功夫不负有心人。经过一年时间努力，廖志华顺利通过了国家考试，拿到了国家注册审核员资格证。

他向老板提出辞职，想辞去副总经理职务。老板问他，是不满意当前的薪水吗？如果薪水不够，每个月的薪水可以加到 1 万元，年终还有分红。

廖志华摇摇头。因为他怀揣更大的梦想，想开拓创新的事业。

志向不在此，他最终说服了老板。2000 年，从康大鞋业辞职后，廖志华在中国机械科学研究院实习了半年。因表现出色，他留在了中国机械科学研究院中联认证中心工作，从事质量与环境审核工作。

廖志华是个懂得感恩的人。尽管离开了康大鞋业，他依然抽出时间帮助康大鞋业，尽力为其排忧解难，为康大鞋业提供产品定位、管理模式构建等决策参考，免费服务了三年。

他在中国机械科学研究院的工作也颇有起色，迅速成长为中联认证中心的业务骨干。2009 年，中联认证中心委任他分管深圳分公司。

第三惊！辞去 20 余万元年薪的工作，返乡创业

廖志华在中联认证中心工作了 10 年，月薪近 2 万元，工作很出色。

“很多人认为，打工能打到这个程度，算是很了不起了。但我始终认为，应有所突破，因为在企业工作受约束，不能做自己想做的事情。”

2011 年，廖志华又做出了惊人的决定：辞去工作，返乡创业。

“我不想干了，我要自己去创业。”廖志华对老总说。

“你在这里干得好好的，旱涝保收，你知道创业的水有多深，有多艰难吗？”老总劝他不要辞职。

放着 20 多万元年薪不要，辞去“银饭碗”返乡创业，白手起家去办厂，廖志华的脑子进水了吗？

这是一道坎！自大学毕业后停薪留职“下海”，辞去鞋业公司副总，再到丢掉中联认证的 20 多万元年薪，廖志华又一次做出了惊人的选择。

“我要掌握自己的命运，有多大才能就发挥多大才能。”廖志华说。人们都埋怨体制束缚，他就想把自己解放出来，让自己有机会充分释放才能、展现才智，创造更大的价值。

这次辞职创业，廖志华能成吗？人们用怀疑的眼光，审视着这个不安

分的“疯子”。

第四惊！聚福包装做活了，做成了千万产值

廖志华回到家乡，准备办厂。他认定了这条路，就一定要坚持走下去。

“我不能蛮干，而是要反复评估、论证，不能仅考虑个人的理想，企业的胜算一定要大，哪怕走得慢一点。”廖志华说。

他的家乡是高安市独城镇。这里是高安市的“金三角”，建有中国建筑陶瓷产业基地，有数十家陶瓷企业、100 余条陶瓷生产线，数万工人在这里生产。

廖志华通过市场调研后发现，建筑陶瓷产业基地的陶瓷生产企业需要大量的打包带，他再一次判断：全自动打包是基地发展的必然趋势，因为一条全自动的打包线可以代替 60 个打包工人的活。这必然会成为陶瓷企业的选择。

市场是存在的，关键是看如何进入这个市场，如何找准在这个市场的位置。廖志华思来想去，决定引进高档的全自动打包带生产设备。

“当时别人买 3 万元一台的设备，我买的是 19.5 万元一台。”廖志华说。他想在进入打包带市场时，抢占市场制高点，掌握市场竞争主动权。

理想很丰满，现实很骨感。

廖志华想创办一家生产全自动打包带的企业，困难却接踵而至：首先是资金压力，虽说有点积蓄，却只能勉强办个投资不大的小厂；其次是要面临建厂房、装变压器、人员招聘、设备及原材料采购、组织生产、寻找市场、资金回收等一系列难题。

在筹措资金时，他算了算，自己有 80 多万元存款，另外房屋抵押贷款 50 万元，加起来就是 130 万元，而办厂的预算大概需要 200 万元，仍有 70 万元的缺口。

为筹集办厂资金，他动员亲朋好友，愿意参股的尽量参股，不愿意参股的借些钱给他，算些利息也行。可多数亲友对参股兴趣不大，借钱时也不是想像中的那么顺利。

要向亲友们借 70 多万元，对于这些在家务农或打工的人来说，确实

一名工人正在给包装带产品打包

是一个天文数字。“有些好心的朋友拿来1000多元，问够不够，不够家里还有几百元准备买农药、化肥的钱，要不先让我用着，让我着实很感动。”廖志华说。

正在他左右为难之际，黄沙镇人力资源和社会保障所给予了大力支持，让他参加小微企业创业培训，传授了很多实用的知识，又帮他争取无息贷款。

资金不多，但总算可以先动工了，只是日子过得紧巴巴。他在村中租了一块荒山，赶紧平整土地，建简易厂房。由于他坚持将产品定位为做适用于陶瓷行业的轻质打包带，生产设备所需配套的变压器功率要更大。

而设备买回来时，厂里变压器又没安装好，安装调试设备的人员说安装时间都有计划，要么更改日程，再等一个多月，要么承担更多费用。

廖志华千方百计求人帮忙，总算把变压器安装好了，便开始组织生产。可生产出来的打包带，几乎是废品，很不理想。

怎么办？

他想请一个专业的师傅来，可懂这种设备的师傅又很难找。看着空躺在厂里的设备，目睹厂里等着做事的工人们，他束手无策。

一天天过去了，员工的情绪都很低落。有些工人说家中实在有事，干不了，便离开了。

“我就想去原来买设备的地方找人，可人家有规定，不允许到他们那里挖人。”廖志华说。

千辛万苦，终于找来了师傅，打包带总算是生产出来了，可员工又走了不少，需要重新招人。

员工招来了，打包带也做好了，他向一些陶瓷厂推销产品，可陶瓷厂总说把资料放这儿，就没有下文了。几个月下来，没有一家陶瓷厂愿意试用，样品一直放在客户办公室。

销路在哪里？“我不喜欢托关系来推销产品，记得我在福建晋江市委党校讲课时，我在台上要求各企业主一定要依靠自身产品的性价比来获取市场，只有依靠企业自身，才可以长久。可如今到了我这，这话就像是嘲讽自己。”

员工每天在生产，厂里每天得花钱，完全是靠借钱在维持，而产品又没客户要。廖志华又急又难受，常常一个人呆呆坐着，一言不发，想自己一个以前回家时，人家认为是“富翁”、“大款”的人，现在落到了这步田地。

“好在我在广东工作时，高安市在广东的招商办挂在我那里，积累了一点人脉，认识了一些老板。”廖志华说。总算有陶瓷厂愿意试用聚福包装的打包带了，廖志华心里的石头终于落下了。

2012 年，他获得无息贷款 40 万元，次年又获无息贷款 30 万元。他创办的高安市聚福包装有限公司，逐步走出了困境。这是廖志华一手打造的企业，就像是一手抚养长大的孩子。

由于认准了陶瓷厂的打包带一定会朝着轻质、全自动化的方向发展，聚福包装的打包带产品进入市场后，企业客户使用后十分满意。

随着陶瓷厂不断地推行全自动化打包，聚福包装的全自动轻质打包带产品很快打开了市场，订单不断。

聚福包装乘势而上，不断更新产品、改善技术、追加投资、扩大生产，目前已发展成 5 条高档打包带生产线，另有多条全新料生产线和手工带生产线，仅全自动打包带日产量达 9 吨，每月有 140 万元的销售收入，年产值也上升到 1500 余万元。

从最初投资 100 余万元，到追加 150 万元投资，聚福包装逐步发展壮大，现在总投资已经突破 800 万元。

“虽然公司仍处在初步发展的小企业阶段，但我相信，在各方面的努力和支持下，聚福包装会越来越好，我对未来有信心。”廖志华信心满满地说。

创业的核心在于具备创业的思想，而创业的思想首先是敢于打破原有的利益平台。有些人是被外界逼上了绝路，有些人是抛弃了原有享乐的环境，自己把自己赶上了绝路，绝处才能逢生。

廖志华无疑是后者，但他具备创业的思想，敢于丢掉既有的工作，不断求新求变。

身处绝境时，要学会在绝境中求生存、求智慧、求胆识，冷静地把握宏观局势，充分地认识到道路行进中的风险与收益状况，细致地管理好过程中的每个细节，相信自己，胜利会属于自己的。

再出发！创业最大的快乐就是有成就感

从大学毕业分配了工作，在没找到更好的工作情况下，他主动“下海”去打工。创业需要勇气。

在康大鞋业老板赏识、重用的情况下，他又放弃高薪，去做国家注册审核员。虽然高层管理人员岗位和高薪都是到手的果实，他还是选择了放弃。

在国企当审核员的业务红火，当时月入近2万元的情况下，他又选择了抛弃20多万元年薪。

廖志华的几次选择，似乎都很“走运”。他却说，这几次选择，都证明了他的判断是正确的，他的选择是对的。虽然决策很痛苦、过程很艰苦，他仍然坚持了自己的选择。

廖志华算了一笔账：从个人收益看，以前年薪二三十万元，到现在年收入有上百万元；从社会效益看，他的聚福包装厂安置了40多人就业。

他还说：“从长远发展来说，我在中联认证中心的职务晋升已经到顶了；现在办企业，我还有拼头，可以做得更大、做得更强，又准备投入150万元，新上两条高档打包带生产线。”

聚福包装的轻质打包带比别的产品更轻，每一卷打包带可打更多的包，因而在市场上更具竞争力。廖志华在生产过程中，懂得如何从原料、工艺等环节科学地控制成本。

从最初无人试用到市场上渐受欢迎，聚福包装的客户也越来越多，有新瑞景集团、金泰源陶瓷、金丽陶瓷、铭瑞陶瓷、瑞州陶瓷、金阳陶瓷、天朗陶瓷、佳宇陶瓷、江西晶昊盐化、光正集团等等，聚福包装公司成为高安市建筑陶瓷基地最大的打包带生产企业。

廖志华的创业成果不算大，但他的每一步都很大，他在努力地追求自己的价值，不断地实现自己的价值。“如果按照我的思路走下去，聚福包装一定会越来越好。”

工人们在包装带生产车间忙碌

让成本更低，让质量更好，这是聚福包装公司的努力方向。廖志华正好充分发挥认证管理的专业知识，在人员分配、排班、原料成品堆放等方面做出科学合理的安排。

聚福包装的原材料采购全部现金支付，从而实现质优价廉、从不拖欠，也赢得了原材料供应商的好口碑和信赖。

“创业虽然很艰苦,但也有乐趣,最大的快乐就是有成就感。”廖志华说。

从抛弃“铁饭碗”，到放弃“银饭碗”，廖志华的选择总是那么惊人。

他在不断地追求，不断地创新，打造属于自己的“金饭碗”，证明自己的智慧和价值。

创业路上，找到新的起飞点，廖志华踌躇满志再出发！

点评专家：

创业者的路是不一样的，就像大千世界。市场呈现给创业者的机会很像大自然，有时是风和日丽，有时是狂风暴雨，有时是一望千里，有时是雾霾重重。所以，有的创业者很可能一下就找到目标，其乐无穷。有的创业者则需要不断地探索，需要坚持和毅力，咬定青山不放松，以寻找自己最有价值意义的目标，其中会有更多的艰难和辛苦，当然乐也在苦中。廖志华就是后一种创业者，他从来没有失去自信，从来没有停止自己的探索。

点评人：陈东有

人无信不立。诚信是立身、立业的根本。
作为一个白手起家的农家子弟，
只有诚信做事、诚实做人，
才能赢得乡亲和百姓的信赖，
才能在激烈的市场竞争中立于不败之地。

——华港发

03

深山翠竹耐岁寒

——记农民华港发的创业之路

◎林雪兰　张　弛

大山深处的弋阳县叠山镇周潭村，依山傍坡坐落着一家并不起眼，甚至略显简陋的乡村小微企业——华美毛竹加工厂。

企业的主人名叫华港发，是一位土生土长的普通农村汉子。2005 年以来，已逾不惑之年的他下岗不失志，依托当地丰富的竹林资源，凭借吃苦耐劳的精神，凭借诚实守信的口碑，二度艰苦创业，引领山村百姓发展竹木加工，推动了企业“芝麻开花节节高”，在乡村舞台上书写了自己人生的华美传奇和精彩乐章！

下岗不失志，创业路上奋蹄疾

54 岁的华港发出生于弋阳县叠山镇马岭村董洲小组，父亲在他 10 岁的时候不幸去世，是母亲含辛茹苦把他们五姐弟拉扯长大。华港发回忆说：“我妈妈很能干，当时在公社出工，她一天能记 6.5 个工分，有些男人一天也才 7 个工分。后来她还被评为了县劳动模范。”

母亲的言传身教，让华港发从小就成了一个懂事的孩子，造就了他吃苦耐劳的品质，浑身充盈着农村孩子特有的淳朴勤劳。很小的时候，他就帮着妈妈带弟弟，再大一点，就抢着做家务活，让妈妈能安心去做事。由于家庭贫困，他读完小学三年级便辍学了，14 岁起开始在家务农，用稚嫩的身躯帮妈妈挑起了家里的重担。1995 年，因为人踏实勤快，他被选聘到乡镇农林特产综合公司上班，主要负责收购毛竹、西瓜、油菜等农副产品。2000 年后，公司实行自负盈亏，经济效益每况愈下。2003 年，他不得不下岗回家。

华港发天性好强，骨子里始终有股子不服输的劲儿，赋闲在家不久，他便萌生了自己创业的念头。叠山镇是个典型的山区镇，有着丰富的毛竹资源,当时已有浙江商人在此开办毛竹加工厂。华港发暗想,自己年纪大了,出去打工也赚不到什么钱，但自己有从事农副产品行业经营的经验，何不就在家里办个毛竹加工厂？何况本地人就近办厂也有优势。由于华港发一向为人忠厚老实、勤快肯干，平时就深得乡亲们的信任，得知他有办厂的念头，村里的邻里乡亲鼓励他说："港发，浙江人在这里搞加工都能赚钱，你办厂也一定能行的，我们都愿意帮着你一块做。"就这样，在乡亲们的支持下，华港发说干就干，到浙江、广州考察一番后，于 2005 年正式创立了港发毛竹加工厂，厂址就选在叠山镇周谭村。

一个白手起家的"泥腿子"，创业办厂说起来容易，做起来却很难。从创办企业之始，华港发首先面对的就是资金难题，手头的资金远不够办厂之需，他就凭个人信誉到处借钱，向当地的父老乡亲借，向亲朋好友借，整天东奔西跑、东挪西凑，好不容易才凑齐了办厂所需的资金。后来厂子开起来了，起初企业只是搞衣架、席子等生活用品的半加工，利润很低，头几年基本处于只能维持正常开销的状态，根本无法获得更大的利润。一旦企业的资金周转出现困难，华港发实在没法子了，还得借高利贷。在此期间，已在镇里办竹木加工企业的浙江客商，正准备转型发展，又与华港发相熟，出于对他的信任，关键时候出手相助了一把，倾力支持华港发创业办厂，还给他找了技术人员，总算使企业度过了最艰难的时期。

招工也是一大难题。原先，当地村民有些会去浙江客商办的厂里干活，但因为产品销量少，村民一年才能干 100 多天的活儿，远不如出去打工划算。港发毛竹加工厂开办之初，村民们虽大多很支持，但很多人心里仍报

华港发在厂里与职工交流

以怀疑，怕这个新办的企业不稳定，没有办法维持长久，于是都不想做厂里的固定工。人手不够，怎么办？华港发只能先按临时工去招人，今天叫你，明天叫他，不分昼夜到村民家里做工作，再三保证绝不会拖欠他们的工资。对于临时工，他则一个月结一次工资，从不拖欠、食言。虽然自己苦点、累点，但华港发硬是用行动赢得了村民们的信任，到他厂里打工的人也逐渐多了起来。

20 多个固定工人稳定了，另一个难题接踵而来，产品销到哪儿去？当时，对于华港发而言，本地的竹制品卖不起价格不说，还因为销路少，竹木加工企业一年只能生产 100 多天，开工周期严重不足。要想保证这么多工人的基本工资，打开销路迫在眉睫。华港发绞尽脑汁，实在没辙时，就用上了最土的办法，给各地的经销商一个一个打电话……被拒绝没关系，面子更顾及不了。精诚所至，金石为开。外地经销商们渐渐为他的真诚所打动，加上企业的信誉很好，慢慢就有一些经销商和他达成了长期合作意向，只要华港发打去电话，他们就会接收他的产品。2010 年至 2011 年，港发毛竹加工厂的产品陆续销往浙江、南昌、湖南、湖北、河南等地市场，企业开始步入正轨，日渐红火。

二次再创业，不畏艰辛又出发

早在 2008 年的时候，本村农民徐庭米就找到华港发，说不愿在外打工了，想跟他合伙经营港发毛竹加工厂。因为当时厂子资金短缺，华港发一个人支撑实在困难，感到压力很大，考虑到多一个人多一分力量，而且

华港发与工人在车间同劳动

徐庭米跟他还是乡亲，为人也实在，华港发同意了他的请求。就这样，徐庭米以合伙人的身份持有了企业一半股份，两人开始合伙办厂。有了徐庭米的加入，华港发肩上的压力确实减轻了不少，不说别的，光解决资金周转问题，两个人一起出去筹钱，你借几万元，我借几万元，也总比原先华港发自己一人单打独斗来得轻松。

徐庭米不懂毛竹加工和销售的门道，华港发就手把手地教，像师傅般一点点带他，从不藏着掖着。然而，俗话说：亲兄弟，明算账。两人合伙的时间久了，慢慢在经营理念上产生了一些矛盾，比如产品的价格，华港发觉得赚得多一点少一点没关系，加快资金的流动更要紧，而徐庭米往往不同意，还有在员工管理方面的分歧等等。2011年，厂子的效益好起来了，他俩的分歧却渐渐加大了，徐庭米有了单干的想法，而华港发也越来越感到两人观念的差异束缚了手脚，很多不错的想法难以独自决断，瞻前顾后、畏首畏尾的经营风格影响了企业的发展。

一番冷静的思考后，华港发毅然做出了一个令人吃惊的决定，把厂子盘给徐庭米。这下家里人不干了，都说他傻，自己辛辛苦苦创办的厂子为什么要让给别人，坚决不同意他卖厂子。面对家人的责难、众人的不解，华港发说："庭米的脾气不太好，要是我不把现成的厂子给他，他很难再办一个，而我选择离开，却还能再办一个新厂。"就这样，华港发将历尽艰辛创办的厂子转给了徐庭米，也正是这出乎寻常的果敢义举，让两个人最终和谐平静地分了手，但友谊却一直延续至今，有时还会在一块合作。

告别了老企业，华港发内心依然涌动着新的梦想，准备另起炉灶、再次创业，重新办一个新的毛竹加工厂。听了华港发的想法，他的一双儿女首先跳出来反对，对他说："我们都已成家立业了，你年纪也大了，办这个厂又挣不到什么钱，还这么累，既然放弃了老厂，就不要再做了，在家里多休息吧！"儿女的心疼华港发自然清楚不过，但此时他想的不是自己的安逸，而是更多乡亲的叮咛，他忘不了乡亲们曾对他说的话："港发，我们信得过你，都愿意跟着你干，你不办厂我们去哪里做事呢？！"为了自己的梦想，也为了乡亲们的明天，华港发顾不上家人的反对和老友的劝诫，毅然选择踏上二次创业之路。

和第一次创业一样，他又一次把自己推向了资金短缺的窘境。此时，他手中只有前次办厂和盘出企业的微薄收益，总共也不过三四十万元，而办个新厂至少需要七八十万元，除了县劳动就业局扶持的无息贷款5万元，剩下的全靠东挪西借了。开弓没有回头箭。为了筹措资金，他甚至把姨父的房子都拿出来做了抵押，好在有了上回创业的经验和积累的人脉，借钱比以前方便多了，因为乡亲们都了解了他人实在、讲信誉、办实事，相信他借了钱一定会还。不久后，他创办新厂的资金便有了着落。

新厂的选址同样让华港发颇费一番心思。他看中的一块地方还是在周潭村，是原来粮食部门废旧的粮库，虽然已经荒废了，但好歹也是国有资产，手续较为繁杂，他几经周折才得以承租下来。办毛竹加工厂，生产时难免会产生一些噪音，加上当地邻里关系较复杂，个别村民起初并不同意，好在华港发平时人缘好、口碑佳，村民们大多深知他的为人，故而都帮衬着做通了工作。华港发对此深有感触地说：“我没有读过什么书，没有伶牙俐齿，不会花言巧语，只会实实在在干点事，也许正是看到这一点，乡亲们才都信得过我啦！”

2012年1月，华港发新办的华美毛竹加工厂正式开张，因为有了前些年的积累，厂子很快走上了正轨，渐渐打开了局面。为了加快企业的发展，他扩大了企业生产规模，员工由原厂的20人增加到了60多人，让更多的乡亲实现了家门口就业。他还投资引进了一整套毛竹加工的先进设备，着力提高生产效率，原来企业每天只能消化500根竹子，现在每天消化1000多根，扩大了1倍多，不仅能消化本地的毛竹，原材料采购还辐射到了邻县邻乡。企业生产的产品也由原来简单的加工竹席、一次性筷子扩大到加工竹工艺品、医用棉签和外贸品等，远销南昌、湖南、河南等地。在此基础上，华港发又下力气创新经营管理模式，原来员工都是按天计工资，效率不高，于是他就在企业全面推行按件计酬制，多劳多得，工效挂钩，大大提高了员工的积极性，同时还引进2名管理人才，按现代企业要求管理生产。如今，他的企业效益日益攀升，年产值已达500万元以上。

华港发巡查竹林基地

诚信干事业，泽被乡村惠百姓

人无信不立。在华港发心里，诚信就是他立身、立业的根本。他深深懂得，作为一个白手起家的农家子弟，只有诚信做事、诚实做人，才能赢得乡亲和百姓的信赖，才能在激烈的市场竞争中立于不败之地。

对经销商他讲诚信。凡是卖出去的产品，华港发都有信誉保证，从他那进货都很爽心、放心，经销商们都很信得过他。2015年四五月间，因为雨水太多，又已打包，一批一次性筷子出现了发霉现象，华港发一时没有察觉，等货发到南昌，经销商打开才发现。得知情况，华港发二话不说，主动承担了经销商的一切损失，赔了六七千元。正是这份诚信，让南昌的经销商不由得赞道：华老板，值得交！

对父老乡亲他更讲诚信。市场行情不好的时候，周边乡亲们的毛竹一旦卖不出去，往往都来找华港发帮忙。只要乡亲们过来，他都来者不拒，照价全收，即使造成自己库存积压也不计较。2015 年上半年，因为雨水太多了，毛竹不好卖，乡亲们又找到华港发销毛竹，他全都应承了下来，每天三四千根毛竹进厂，拉竹子的车子排着队一车又一车，货物积压在仓库，企业资金周转一时不灵，但华港发硬是咬牙借了 90 万元，把村民们的毛竹钱一一结清，与乡亲们一道共渡难关。这样的事，他至今已记不清做了多少回。

对员工们也是如此。从办厂之初，华港发就立下承诺：绝不拖欠员工一分钱工资，而且这份承诺一直与他如影随形。2012 年的冬天，快过年时，因为新厂刚刚运转，很多销路还没打开，产品大量积压在仓库，这时企业又要开始囤积明年开春开工的原材料，资金一时出现困难。为了不拖欠工人们的工资，华港发只得到亲朋好友那儿借来三四十万元，及时把员工的工资一一发放到位，让他们都过了个平安顺心的快乐年。而那一年，他自己却亏了 30 万元。对此，华港发说："员工们靠工资吃饭，再苦再难也不能拖他们的血汗钱哪！"

企业有了发展，华港发始终没有忘记让员工们、乡亲们共享发展红利。2012 年以来，他给所有的员工都买了工伤保险，让员工们安心生产；逢年过节，他都会及时给员工们发福利，送上节日的心意。60 多岁的村民孔令港长期生病，儿子又患有精神病，家庭生活实在困难，华港发便让他到厂里来做轻松的活计，捡捡边角料，每个月给他开 3000 多元的工资，让他维持家里的生计。

华美毛竹加工厂的发展壮大，给当地的百姓的就业、致富带来了新的福音。如今，在他厂里上班的女员工，月工资有 3000 元，男员工有 6000 元，大大提高了当地百姓的收入水平。原来乡亲们砍毛竹都要自己一根根扛下来，效率低不说，还非常耗费体力，现在企业直接雇三轮车到山上收购，有效减轻了村民的负担，还提高了他们的劳动效率。原来当地村民一天最多砍 20 根毛竹，现在能砍到 50 根了，收入由此增加了不少。正因为原竹销售有了保障，当地百姓种植毛竹的积极性大为提升，种植面积增加了 30% 以上，收入自然也跟着水涨船高了。

抱着感恩的情怀，华港发还把满腔热情投入了公益事业。每年的儿童节，他都会给村里的孩子送上礼物；凡是乡亲造桥、修路，他都积极捐钱出力，为百姓的生活、出行提供方便；看到村里谁家有困难了，他主动慷慨解囊，每年都保证一定比例的公益投入。周潭村旁的梅管公路是村里通向外面的唯一一条山区公路，有些地方茅草丛生，视野往往受影响，容易发生事故，华港发每年都主动出钱请人清理路边的茅草，帮助养护村公路，保障了公路的畅通和行人的安全。

从乡村“草根”成长为一名民营企业家，华港发的创业之路充满了艰辛，充满了坎坷，但他对此义无反顾、无怨无悔。因为在他的心中，始终涌动着创业的激情，始终充盈着感恩的情怀。如今，他的创业梦想，如同漫山遍野翠绿的竹林，依然在向高处延伸，向远方漫展……

点评专家：

勤劳是创业的基石，诚信是创业的秘诀。

打着赤脚从大山深处走上创业之路的泥腿子，最宝贵的财富、最有价值的资本就是他那被生活的艰辛磨炼出来的对创业的顽强和执着，就是他对山村父老乡亲们感恩的赤诚之心。凭着这，泥腿子成为了成功的创业者。

有人问我，如何迈开创业的第一步？我说，你看看华港发。

点评人：陈东有

提升产品质量仅仅是打开市场大门的先手棋，
在信息时代只有打造出自己的品牌，
才能在市场上长久占据一席之地。

——赖大林

04

一根米粉串起创业梦

——记石城县米粉创业者赖大林

◎邱有平　赖旭辉　鄢朝晖

石城米粉，美味可口。据石城县志记载：清嘉庆年间，石城米粉入贡朝廷，嘉庆帝品后龙颜大悦，赞不绝口。1959 年，中共中央召开庐山会议，毛泽东点名要品尝石城手工米粉。自此，石城米粉声名远扬。

石城米粉好吃，贵在选用石城当地优质大米和清甜的赣江源头水为原料，经传统工艺与现代先进生产设备精制而成，色泽明亮，如银如丝，烹饪后软而爽滑，润而适口。它耐煮宜炒，以独特的风味深受人们的青睐。

说起石城米粉，不得不提到一个人——江西省恒鸿食品有限责任公司总经理赖大林。1966 年出生于石城县横江镇秋溪罗云村的赖大林，当过农民，做过工人，自己创业做米粉这行，其实是半路出家。经过十几年的努力，他把一个米粉小作坊做成大企业，把石城米粉推销到全国乃至世界各地。

小作坊起家

走进石城县小松镇工业园区的恒鸿食品有限责任公司，但见厂房内两条现代工艺生产线机器轰鸣，烘干车间的空地上支着一排排木架，晾晒着一挂挂雪白通透的米粉，构成一道独特的风景线。

“仅厂房和这两条现代工艺生产线的投资就要 4000 多万元，年产米粉可达 3 万吨，年销售额将突破 2.5 亿元。”赖大林说，“如果让时间回到 20 年前，这一切是做梦也不敢想的。”

时间回溯到 1992 年，那年赖大林初中毕业，外出来到福建，在福州一家国有企业当技工。五年后，企业因经营不善倒闭，赖大林下岗了。失业后的赖大林只好走街串巷做起了小本生意，可微薄的收入难以维系一大家子人的生计。

天无绝人之路。1998 年，赖大林探亲回到福州，并带了一些家乡的手工米粉给朋友品尝。谁知，朋友在品尝后对赖大林带回的手工米粉赞不绝口。正为生计发愁的赖大林突然灵机一动：福建人从来没有尝过我家乡这么好吃的手工米粉，这或许是一个商机。心动不如行动，赖大林立刻做出一个决定——在福州办一个米粉作坊。

急于创业的赖大林不顾家人劝阻，在福州新店租下几间简陋的民房作为生产作坊，并马上回到石城采购生产粉干的机器。由于没有生产米粉的经验和技术，赖大林向石城当地米粉生产师傅请教学习。回福州时，他还带回一位师傅和一台生产米粉的旧机器。经过一个多月的研究，米粉终于做出来了。他兴冲冲地把生产出来的米粉拿给同事们品尝，可结果却令人大失所望。

问题出在哪儿？赖大林百思不得其解。在请教石城当地的师傅后，他才得知问题出在原料上。原来，石城米粉之所以口感好，是因为选用了石城当地的“79106”大米为原料，这样生产出来的米粉才口感爽滑、软中带韧、耐煮宜炒。于是，赖大林赶紧从米店买回 1000 斤“79106”大米，一个人关在作坊里一次又一次地实验。一个多月后，1000 斤大米终于被他“鼓捣”出 80 斤米粉。

赖大林又把自己生产出来的米粉拿给同事们品尝。这一次，米粉终于赢得了同事们的认可。高兴之余，赖大林又开始犯愁了——销路怎么办？

为了打开销路，赖大林夫妇晚上生产米粉，白天挑着米粉跑市场，然而，赖大林的手工米粉根本无人问津。情急之下，赖大林做出一个让家人难以理解的决定——免费赠送品尝。他安排妻子在当地市场租了个摊位，免费赠送和推销米粉，他自己则走街串巷推销米粉。半年之后，由于赖大林制

赖大林介绍企业发展情况

作的米粉风味独特，没有食品添加剂，而被誉为“绿色粉干”，备受当地人青睐。批发商纷纷找上门，批量采购他的手工粉干。

这时，一台机器、两个劳力，已经难以满足市场的需求。赖大林知道，要扩大生产，就要筹钱添置生产机器，备足大米原料，还要招工。一年多的努力，米粉作坊终于有了变化，更可喜的是米粉俏销福建、江西、湖南等地，每年给赖大林带来五六十万元的经济收入。

返乡再创业

天有不测风云，2008 年全球金融危机爆发。赖大林的米粉厂因成本高、招工难等原因，生意逐渐萧条。无奈之下，赖大林只好变卖机器，返回家乡石城寻求机会。

“那段时间，我经常到当地的米粉作坊去转悠。调查中我发现，大多数家庭式米粉作坊生产设备落后，效率低，而且产品品种单一，难以满足

江西恒鸿食品有限公司向宁都县受灾乡镇固村镇免费发放米粉

市场需求。”赖大林说，“要想抢占市场，就必须扩大生产规模，提升生产工艺。”

赖大林当机立断，在离家不远处的一座荒山上租下一个废弃的鞭炮作坊，作为自己的米粉生产基地。经过一番修缮，米粉加工厂终于建成了。赖大林拿出多年的积蓄重新采购了米粉生产设备和原料，招来几个本地工人，紧锣密鼓地开始了米粉生产。

然而好景不长，由于前期投资大，导致厂里流动资金困难。“那时候银行贷款门槛高，民间借钱利息贵，就在万般艰难之下，得知县里有财政贴息小额担保贷款。”赖大林说，“于是我申请了 5 万元小额贷款。”得益于这 5 万元“及时雨”，赖大林挺过了创业路上第一个道坎。

随着市场不断拓展，赖大林又有了办加工厂的想法。2009 年，他告别加工小作坊，另觅新址建起了占地 2500 平方米的新厂房，还添置了新的米粉生产设备，工人也达到了十多人。

就在赖大林准备放手大干的时候，原料采购成了他最为头痛的一件事。原来，由于米粉主要原料“79106”大米市场需求减少、价格走低、产量不高，当地的农户大多种植杂交水稻，不愿意种植“79106”水稻。

巧妇难为无米之炊。没有生产原料，就难以做出好吃的米粉。就在赖大林一筹莫展的时候，当地政府得知情况后立即发动当地群众，免费提供

“79106”水稻稻种，并对种植户进行经济差价补贴。

充足和优质的大米，不仅有效解决了赖大林的原料之忧，还大大提升了米粉的品质。赖大林说：“酒香不怕巷子深，好货在手不愁销。凭借以前攒下的好口碑，很多福建、江西、湖南等地米粉批发商又纷纷找上门来，批量采购我的手工粉干。”

2011年，赖大林申请获得30万元的二次扶持财政贴息贷款。于是，他进一步扩大厂房面积，添购新型生产设备，工人增加到50余人，米粉产品也由单一的手工米粉发展成粉干、粉条、空心粉等多个品种，产品除了销往福建、江西、湖南、香港等地，年销售额突破1000万元。同年，赖大林的米粉厂被评为县农业产业化龙头企业。

铸就新品牌

随着米粉产业的做大做强，赖大林的手工米粉的知名度也在不断提升。

2011年底，赖大林的米粉厂迎来了一批来自香港外贸公司的客户。当他们走进生产车间看到米粉加工设备还停留在传统“老把式”时，感到非常吃惊。他们向赖大林提出“企业发展要走标准化、规模化发展之路”。

“要做旺米粉产业，就要建一个现代化、标准化的生产厂房。”赖大林开始思考企业升级发展之路。

思路一定，立马就干。赖大林抓住苏区振兴发展优惠政策，积极向相关部门争取扶持建设资金。“政府专门从小松创业园划出21亩地给我建厂房，并发放了300万元‘财园信贷通’。”在赖大林看来，正是这些苏区振兴发展扶持政策和当地政府的大力支持，让他有了更足的创业底气和信心。

2012年，赖大林投资8000万元，在石城县小松创业园建成标准化米粉生产基地，并成立了江西省恒鸿食品有限责任公司。全新的现代化厂房，一流的生产设施……让赖大林的米粉企业一下子跨入了新时代。

卓越的产品质量是敲开市场大门的一把“金钥匙”。为提升手工米粉的品质，他认真把好原料关，精选当地特色的“79106”稻种，并与农户签订长期生产合同和绿色无公害种植承诺书，坚持使用“79106”大米，

赖大林在车间称量米粉

赖大林在石城县横江镇确定米粉发放受灾户名单

做到绿色有机无公害。同时，他严格把好生产的每一个环节，结合传统手工艺和现代先进生产技术，生产出口感爽滑、软中带韧、香气宜人、风味独特的石城手工米粉。

带上自己生产的手工米粉，赖大林参加江西省绿色食品博览会。展会上的新理念、新工艺、新产品、大品牌，让赖大林大开眼界。

"提升产品质量仅仅是打开市场大门的先手棋，在信息时代只有打造出自己的品牌，才能在市场上长久占据一席之地。"之后多次出门考察学习，让赖大林悟出了其中的经商之道。

同年，赖大林为自己的手工粉干注册了"石诚"米粉商标，并通过了国家 GMP、ISO22000 质量体系、有机产品认证，着力打造绿色无公害放心食品。

经过新一轮的发展升级，赖大林的米粉企业不断壮大，工人增加到 80 余人，年产量达 3000 吨，年销售额突破 3000 万元，企业也成为赣州市龙头企业，“石诚”米粉商标也被评为“江西省著名商标”，产品远销全国各地，深受广大消费者的推崇和喜爱。

创新无止境

随着米粉产业逐渐做大，面对浸泡大米后发酵产生的大量酸水和米粉生产的下脚料，赖大林总觉得弃之可惜。如何使其变废为宝，成了赖大林思考最多的问题。

赖大林决定在米粉生产中推行循环发展，解决废水和下脚料问题，投资200多万元新建养猪场，把大米浸泡后发酵的酸水和米粉加工后的下脚料作为底料，进行生猪养殖。赖大林介绍说，由于淘米水和米粉料养分充足，生猪长势好，年存栏率达2000头。

有了生猪养殖基地后，赖大林又着手新建米粉原料基地、大米加工厂、蔬菜种植基地，一方面保证米粉原料品质，另一方面大米加工后的米糠可以用来养猪，节约成本，形成“基地种稻—大米做米粉—米粉料养猪—养猪产沼—沼渣种菜”的循环经济产业链。

创新无止境，只有不断科技创新，才能持续吸引消费者的眼球。赖大

赖大林向员工传授如何识别米粉质量

林向县科技局积极争取科技创新基金 50 万元，开发米粉生产新工艺。公司创新利用双螺旋挤压机挤压集成技术，实现简化工序、减少营养流失和节约成本的目的。公司还大胆创新产品，开发出具有保健功能的莲子米粉、辣木子米粉、五谷杂粮米粉、韭菜米粉和胡萝卜米粉等新品种，产品种类不断翻新。

2014 年，赖大林的“石诚”手工米粉成为俏销国内市场的一张“名片”，企业也被评为省级龙头企业。

在米粉产品打开了国内市场的同时，赖大林又将目光瞄准了外贸市场。“要开拓海外市场，就要改变传统的销售模式，发展电商营销。”在商场中摔爬滚打多年的赖大林有了新的发展规划。然而，电商营销对于 50 多岁的赖大林来说是个难题。

如何让自己生产的米粉畅销全国并走出国门？赖大林立马想到了正在清华大学农产品加工仲裁班上学的儿子，并寄给他一批手工米粉进行免费推介。通过赖大林儿子的努力推介，“石诚”手工米粉赢得了班上许多同学的认可与好评。在儿子班上同学的推介下，赖大林先后与全国各地 2000 多家超市签订合作协议，借助超市大平台，向全国各地消费者销售绿色米粉。

同时，赖大林还通过电子商务平台，积极开拓海外市场。现在，赖大林的米粉等产品已成功进入江西、福建、广东、广西、上海、北京、浙江、江苏、湖南等地，并成功进入沃尔玛、永辉、天虹、大润发等大型购物超市，产品还打进了美国、加拿大、菲律宾、东南亚等国家和地区市场。

殷殷桑梓情

自己富了不算富，大家富了才算富。实现从农民到企业家华丽转身的赖大林在创业成功后，更加不忘乡亲。

“我们将与 2000 多名农户签订合作协议，以‘公司＋合作社＋基地＋农户公司’的形式，成立米粉加工和种养合作社，形成‘基地种稻—大米做米粉—米粉料养猪—养猪产沼—沼渣种菜’的循环经济产业链，带动千家万户一起致富增收。”赖大林说，他为种植户特别是贫困户免费发放

“79106”稻种，进一步扩大水稻种植面积，全程提供技术指导、疾病防治、田间管理，并按每吨大米高出市场价 300–500 元的价格收购，保证种植户的经济效益。

“现在公司已进入正规化生产阶段，就业工人 100 余人，日产米粉达 10 吨。”在赖大林米粉产业的带动下，水稻种植基地面积达 10787 亩，直接带动农户 3651 户，户均年增收约 5000 元，许多贫困户因此增收脱贫。

赖大林的企业成长起来了，乡亲们也因米粉富起来了，但他仍然觉得自己为乡亲们做得还不够。他说：“下一步我们将继续扩大生产，提高产能，预计三年内实现日产米粉 100 吨，米粉、生猪、蔬菜、水稻等实现综合产值 2.5 亿元，直接带动 700 户当地农户就业。同时，在带动就业的基础上，我将对一些有创业需求的贫困户、员工等进行资金和技术扶持，帮助他们实现创业梦想。”

赖大林不仅要带富群众，更时刻心牵着家乡百姓。2015 年 5 月 19 日，赣南地区包括石城县在内的许多地方发生了特大洪灾。洪灾发生后，赖大林第一时间组织人员前往灾区进行救援。得知灾民受灾严重和食物紧缺，赖大林马不停蹄地安排人员前往受灾区，为受灾群众发放价值 5 万元的手工米粉及其他食物。洪灾过去后，赖大林又组织人员前往石城县大由乡等地，为当地受灾群众免费发放价值 2 万元的“79106”稻种，并安排技术人员指导群众生产自救，帮助 200 多户受灾群众抢抓时机补种水稻 500 多亩，避免了农民因水灾减产、绝收。

点评专家：

大凡“草根”创业者，都有一个共同的特点，那就是创业之路行走再远，还得回报故土；创业成就攀登再高，还得脚踏实地。这不是老生常谈，而是成功经验。在故乡的大地上，有创业者克服千难万险的精神支撑；在故乡的大地上，有创业者不断调整自己发展的方向航标。赖大林创业成功，靠的就是脚踏厚实的大地；他带富一方乡亲，靠的就是对这片故土的深爱之情。

点评人：陈东有

机会是什么？

机会就是别人没看到时你看到了，

别人不明白时你明白了，

别人犹豫不决时你果断地做了。

当别人看到了，明白了，

想要做时，你已经成功了！

——陈冬云

05

把理念“装”进箱包

——美纳途箱包有限公司总经理陈冬云的创业历程

◎钟海华

他戴着眼镜，却对市场有着敏锐的观察；他身材不高，却能扛住巨大的压力；他此前从未接触箱包领域，却有着令业内人士刮目相看的创新精神。他把自己独特的经营理念“装”进了他的每一个箱包。

他叫陈冬云，1968年生，贵溪人，美纳途箱包有限公司总经理。

从线下到线上，从代销品牌到创建自己的品牌，从国内业务扩展到国际业务。短短数年间，陈冬云将他的箱包生意迅速扩张，如今，他的年销售额已经达到了2亿元……

采访当天，陈冬云刚刚送走了两拨前来参观、考察的队伍。在他的公司，仓储库房的规模令人惊讶，一辆接一辆的发货车辆驶进驶出；精心布置的产品展示厅里，各类箱包令人目不暇接；集中办公区，员工们噼里啪啦地敲打着键盘，忙碌地应对着来自全国各地的网上买家。

洞察的力量

世界上从来不缺少商机，缺少的是发现商机的眼睛。

在讲陈冬云的故事之前，先讲另一个故事。

在泰国，有一个奇怪的雕像，正面看是一个婀娜多姿的女人，但脸却被长长的头发遮住了；到背后一看，光秃秃的，一根头发也没有。泰国人说，这是“机会女神”之像。当机会来到你的面前时，我们往往看不到她的脸；可当机会走了的时候，我们再去抓却抓不到，因为后面光秃秃的。

机会是什么？机会就是别人没看到时你看到了，别人不明白时你明白了，别人犹豫不决时你果断地做了。当别人看到了，明白了，想要做时，你已经成功了！

回到陈冬云的故事。如果说商场如战场，那陈冬云在每一场战役中，都能够凭借敏锐的洞察力迅速赢得先机，然后一击制胜。对手还未出手，他已经吹散枪口的硝烟，潇洒地转身离去。

1993 年，贵溪市还没有一家五金批发店。陈冬云捷足先登，和亲戚合伙，一口气开了三家店，吃下了五金批发的第一口蛋糕。

旁边人猛然醒悟，开始跟风，但陈冬云却挥一挥衣袖，带走了丰厚的利润。此刻的他，已经盯上了新的商机。

随着农村电网的全面建设，贵溪市的各个乡村陆续通电。陈冬云意识到，家电销售的机会来了。他成了当时贵溪为数不多的几家家电店的老板。

此后的几年，陈冬云敏锐的市场嗅觉让他一次又一次地走在了别人前面。他陆续开起了当地第一家舞厅、第一家保龄球馆、第一家电玩城……

1998 年，经过考察之后，陈冬云发现贵溪市的零售业还处在小卖店的水平。商店里的劣质商品很多，市民有钱也难买到满意的商品。于是，他萌生了开超市，改善当地零售状况的想法。

当年 10 月 26 日，贵溪第一家超市“云梦生活超市”诞生了。络绎不绝的顾客对商品质量及店内服务非常满意。不到两年时间，“云梦超市”就成为当地百姓心中最佳购物场所。

随着人们生活水平的提高，人们的健康意识越来越强。超市步入正轨后，陈冬云把目光投向了药房。2003 年，他开办了第一家“云梦大药房”，随后又开了 3 家连锁店。

这十年里，社会变化巨大，时代变迁明显。风起云涌间，自然也孕育了无限的商机。陈冬云的每一次转型，都准确无误地踩着时代的鼓点。

也许有人会说，陈冬云是运气好。但其实，对商机的洞察并不是他与生俱来的天赋。机会永远留给有准备的人，而陈冬云就是那种时刻准备着把握机会的人。“每个人都应该与时俱进，把握时代脉搏，才能把握商机。”陈冬云说，“我平时不抽烟、不喝酒、不打牌，工作是我唯一的乐趣。”他耗费大把的时间来分析市场、寻找商机。所以说，他的成功，只是天道酬勤、水到渠成的自然结果。

当然，事情从来不会一帆风顺。

就在大家都惊叹于陈冬云对商机的洞察和把握能力时，他却差点让大家看了一个大笑话。

2010 年，陈冬云转战箱包市场。这个看似突然的决定，其实是他深思熟虑后做出的决定。随着普通百姓生活质量的提高，旅游已经成为普通百姓的常规消费方式之一。旅游业的兴起，自然可以带动箱包业的发展。

陈冬云在贵溪开了一家箱包店，出售广东生产的某知名品牌箱包。尽管箱包的品质很好，得到了消费者的好评，可箱包店开张以来，生意一直很惨淡，再不寻找出路将难以为继。

陈冬云的弟媳爱网购。她建议在网上开一家网店，专卖箱包。经营困难的陈冬云接受了这个建议，在淘宝网注册了一家网店，开始在网上卖箱包。让陈冬云大感意外的是，线下很难卖出去的箱包，在网上却卖得很红火，有时一天能卖出几十只箱包。

美纳途箱包电子商务产业园

箱包在网上卖得红火，这让陈冬云看到了网店的魅力。他决定抓住电商迅速崛起的机会，在网上施展拳脚。

坚持的力量

电商强势崛起，箱包市场群雄逐鹿。

对陈冬云而言，这是一个绝好的机会。他决定创立自己的品牌，从市场竞争中杀出来。

这一次，陈冬云下了“重注”。

他和弟弟陈红云合伙，投资 200 万元，成立贵溪市美纳途箱包有限责任公司，并将公司定位为专门销售高端拉杆箱的电子商务企业，同时创立自主品牌“manato（美纳途）”。“之所取名叫‘美纳途’，就是美丽旅途从此开始的意思。”陈冬云说，“拉杆箱是很多人外出所必需的物品，一个品质好的拉杆箱，能给人在旅途中带来美好的心情。”

他积极组织科研团队，专门研究国内外市场各种高端箱包，潜心设计自己的箱包款式，并成功申请属于公司的外观设计专利。

直到目前，一切进展顺利。

2011 年冬天，陈冬云拿着自己设计的第一批箱包款式来到国内著名的箱包生产基地嘉兴，寻找生产企业，准备下单生产。

他遇到了第一个难题——没人愿意接他的单。

由于资金紧张，陈冬云不可能一开始就进行大规模生产，所以订单量很小，他决定每个款式订 200 只。这自然不受厂家的待见。一些厂家甚至连门都不让他进。即使让他进去，也只是随便派个业务员敷衍一下。一些厂家向他直言：“你这个订单量太小了，我连模具都懒得制作。再说了，现在品牌箱包这么多，你一个人创立的新品牌，还能掀得起什么大浪？”

在寒冷的嘉兴，陈冬云一家接一家地谈，功夫不负有心人，终于有一家箱包厂愿意接单。陈冬云长舒了一口气。

2012 年，期待已久的美纳途箱包终于摆上了陈冬云的网络店铺。

第一个月，一个箱包都没卖出去。

第二个月，一个箱包都没卖出去。

第三个月，一个箱包都没卖出去。

巨大的、无边的失望笼罩着兄弟二人。

难道陈冬云又看错了吗？“开弓没有回头箭，这个时候放弃，那就前功尽弃了。我们不能灰心，不能让别人看笑话。”兄弟二人互相鼓励，在逆境中顽强坚持着。

冷静下来之后，陈冬云开始认真分析失败的原因。“一个新的品牌，对客户而言，肯定需要一个接受的过程，这是客观原因。但从另一方面分析，由于新产品设计上还存在一些不成熟的地方，所以要尽快加以改进。”

陈冬云和弟弟一边加大营销力度，一边钻研产品设计。

那是一段漫长又煎熬的日子，持续的亏损让陈冬云承受着巨大的压力。那段时间，陈冬云时常想起自己小时候砍柴、挑猪粪、割稻子，累到双腿发软，几乎没有力气再往前一步，但自己并没有停下来，而是咬紧牙关继续前行。那段时间，陈冬云夜不能寐，拼命联系客户，想方设法营销，有时候一天接打的电话竟然有五六百个，累得“就想把手机砸掉”，但是依然得继续。

“这就是坚持的力量。”他说。

三个月之后，第一个箱包终于卖了出去。回想当时的情景，陈冬云直到现在依然心潮澎湃，“那心情，比中了 500 万元大奖还高兴”。

当然，冰冻三尺，非一日之寒。当年的销售额只有几十万元，只能用惨淡来形容。

困境仍在，陈冬云还得继续坚持。

时间来到 2013 年。陈冬云找到上海一家专业广告公司，将产品的包装、策划、明星代言、广告宣传等事务打包出去。同时，着力提升设计水平，接连推出多款新产品。效果开始逐步显现，当年，美纳途箱包的销售额达到 6000 万元。

艰难甚至虐心的坚持，终于换来了成功。2014 年，销售额突破 1 亿元，2015 年，销售额达到 2 亿元。陈冬云说，2015 年仅“双十一”当天，销售额就突破了 1000 万元。

陈冬云正在介绍他的产品

如今，美纳途的产品已进入淘宝、天猫、京东、企业店铺等各大电子商务平台，拥有线上分销商200余家、线下分销商10余家。在淘宝和天猫网络平台上，销量排同类产品全国前三，全省第一。越来越多的经销商慕名前来采购。同时，美纳途的产品在国外市场开始发力，目前已经销往美国、澳大利亚以及“一带一路”沿线国家。

创新的力量

创新是产品不断发展和进步的动力之源，是企业始终保持竞争力的最大法宝。

在美纳途箱包有限公司的产品展示厅里，陈冬云随手指着一只普通箱包介绍说，这只箱包的拉杆很结实，采用的是加厚航空铝材，有一定的弹性幅度，拉起来手感很舒适；手提扣在不需要时也能自动返回，但却很缓慢，不至于伤到手；另外，箱包的四只轮子，采用万向静音轮，不仅可以随意转动，很结实，行走时也不会发出噪音。

这些人性化的设计充分体现了美纳途设计团队的创新理念。

从拉杆到轮子，从面料到箱锁，美纳途对细节的重视，彰显着陈冬云对品质的追求。

近几年，美纳途几乎每半年就要推出一款新产品，源源不断的新品既是对顾客需求的一种满足，也是与市场潮流的一场约会，更是对此前设计缺陷的一次弥补。

“任何一件商品，都不可能让顾客有百分之百的满意。”陈冬云坦言。他介绍说，现在，每天能卖出上百个甚至上千个箱包，但也有极少部分顾客给了“差评”。如何对待顾客给出的“差评”，考验着陈冬云。“对于每一个‘差评’，我们要求客服人员尽心与顾客沟通，仔细询问顾客对产品哪个部分不满意。”陈冬云说。正是积极认真的服务态度，让陈冬云准确地把握了箱包市场的需求动向。有一次，有顾客反映部分箱包在运输过程中由于刮擦而导致箱面出现刮痕，影响箱体美观，顾客提出疑问，“能不能设计一款不容易被刮擦的旅行箱呢？”陈冬云立即和弟弟一起，与设计人员商量解决办法。经过多番实验，终于研制出一款防刮擦的旅行箱。产品一经推出，大受欢迎。

如今，美纳途已经拥有 20 多个款式，并且都已经申请了专利，是全网硬箱品牌中品种最多的。

当然，创新并不仅仅体现在产品的设计上，同样也体现在经营理念的转变、发展方向的调整上。

随着公司的不断发展壮大，2015 年，在贵溪市政府的引导帮扶下，美纳途箱包公司正式进驻贵溪市工业园区，专业打造美纳途箱包电商分销基地。在这里，陈冬云拥有了面积达 1.3 万平方米的全国最大箱包仓储基地。美纳途迎来了发展的又一个里程碑。

2015 年 10 月，陈冬云成功地在美国注册美纳途商标，并在美国注册成立了公司。不久的将来，美纳途的产品将更为便捷地进入美国市场。

电商离不开实体店的支撑。最近，陈冬云准备将自己产品的生产厂家引入贵溪，与该厂联合在贵溪创办美纳途箱包的生产基地。届时，一个集产品研发、生产、销售为一体的全国一流线上箱包企业将展现在大家面前。

员工们正在忙碌地应对着来自全国各地的网上买家

随着美纳途箱包有限公司的发展壮大，来这里学习的人也越来越多，陈冬云对于这些有创业想法的人都是来者不拒，耐心指导。"'互联网+'让我尝到了甜头，但我更希望带动更多的人在网上创业，把传统的商品搬上网，实现更大的突破。"陈冬云说。

经过人力资源和社会保障部门的批准，2015年，陈冬云开办了贵溪市美纳途电子商务职业培训学校，以这种"授人以渔"的方式，为当地电商人才的培养发挥着积极的作用。

随着OTO模式的兴起，已经在电商领域搏击了数年的陈冬云，最近又了新动作。他依托自己的云梦超市，做起了同城配送业务。塔桥的橘子、罗河的大棚蔬菜、西排的竹笋，当然还有贵溪的捺菜和灯芯糕等当地的农产品和土特产，在这种新的商业模式的运作下，商品更加便捷地进入千家万户，这既让消费者受益，也让当地百姓增加了收入。

结语

陈冬云从小在农村长大，家里条件很不好。这个8岁开始放牛、12岁便上山砍柴的乡下孩子特别能吃苦。下地上山、做饭种菜，家里的活没有不会干的。谈起自己创业的初衷，陈冬云毫不讳言："太穷了，穷怕了！所以我对赚钱的渴望特别强烈。"

17岁那年，陈冬云还在上学，但他已经开始在哥哥的照相馆"工作"了。每天放学，他就走村串户给大家照相。从江西农业大学毕业之后，他被分配到当地的检疫站上班。不安分的他在单位并没有待太久。后来的故事大家都知道了。

回顾陈冬云创业之前的经历，是为了更好地理解陈冬云的想法。

陈冬云说："对创业者而言，勤奋才是最有力的武器。"他办公室里挂着的唯一一幅字画，便是"天道酬勤"四个大字。

陈冬云说："一定要敢想，但更重要的是敢干。梦想不是躺在床上就能实现的，想一千遍不如做一遍。"

陈冬云说："其实每个人都是天才，只要把握好自己的特点；其实每个时代都有商机涌动，只要把握住时代脉搏。"

……

这是陈冬云对自己创业经历的总结，也是他成功的"秘诀"所在。应该说，陈冬云之所以在线上箱包行业干得风生水起，正是因为他把这些理念都"装"进了箱包里。

一路吃苦过来的陈冬云，对贫困家庭的孩子、对艰难前行的初期创业者有着特别的感情。他为患病的贫困学子捐款，他悉心培育电商人才，他为村里修起了水泥路……

点评专家：

想创业的人，对机会特别期待，也特别敏感，但往往对机会甚感茫然。而以勤奋工作为自己最有力的武器的陈冬云，对机会的理解是如此的质朴而又深刻：市场的短缺就是机会，消费者的不满就是机会。于是他用自己的勤奋来补市场的某种短缺，用勤奋来消弭消费者的某些不满，于是他抓住到了机会。我想说，这就是创业者的洞察力，这就是创业者的动力。

点评人：陈东有

我们的核心竞争力就是技术，
在管理基础上依靠技术的进步，
企业才能立于不败之地！

——李莉

06

让传统古方“活”起来的人

——记江西乔盛茶皂素科技有限公司法人代表李莉

◎刘启红

初见江西乔盛茶皂素科技有限公司法人代表李莉，便被她一头乌黑发亮的秀发所吸引，其靓丽的外表、精致的妆容，显得干净利落，十足一个女企业家的风范。颇为有趣的是，我们的话匣子就是从“头”说起，并从她的发质,引入了一个“高、大、上”的专业术语,从而展开了她的创业经历。

李莉的头发有何不同？用一句话形容，那就是像打开了一条柔滑的“瀑布”。在我的追问下，李莉道出了其中的秘密，她的头发之所以这么好，是因为她用茶枯洗头。“茶枯富含茶皂素，有养发、生发、黑发、去污、杀菌的功效。长期用它洗发，大家都可以拥有一头漂亮的头发。”李莉乐呵呵地说。事实上，眼下她正在利用茶皂素，让传统古方“活”起来，着力打造一个现代化的健康洗涤企业。

“我为自己代言。”李莉话语铿锵。

海南：创业的起点，一把辛酸一把泪

33 岁的李莉年纪不大，但却已在社会上摸爬滚打了 16 个年头。仅有高中学历的她，在 1998 年就与男友张宜萍一起南下海南淘金。那时的她没有一技之长，如何营生？“什么能做就做什么，哪怕赚一元两元都成。”

李莉说。在她的眼里，海南打拼的日子是她人生中最宝贵的经历，正是这段时日，历练了她敢吃苦、能吃苦的精神。

卖甘蔗是李莉、张宜萍到海南后做的第一件事。她原本以为干这个很容易，最起码让两个人填饱肚子不在话下。可是，当他俩站在街口摆摊时，摊点上的甘蔗却无人问津，一天下来只卖出 4 根，赚了 4 元钱。而邻近的摊贩一天卖出了 4 捆！张宜萍问她："你不觉得人家看我们的眼神怪怪的么？可能别人以为我们是来海南避祸的，不敢靠近我们。"一旁的摊贩印证了张宜萍的猜测，这位摊贩好奇地对他们说："你们穿得这么光鲜，不像是卖甘蔗的。你看看周围，哪有打着领带卖甘蔗的人？"原来，张宜萍本是萍乡上栗县一家政府机关的副局长，但他自砸"铁饭碗"跟着李莉到海南创业，虽然没有了公职，但他身上的干部气质犹在，且还保持着工作时着装的习惯，很是注意形象。这不，人家一瞧就知道不是做小本生意的人。而恰恰对这些似乎有"故事"的人，当地人一般敬而远之。

甘蔗看来是卖不成了，李莉与男友合计，决定再去卖炒粉。于是，他们在当地一家娱乐场所门口支起了一个夜宵摊，每天起早贪黑，其中辛苦自不必说。不过，还是因为他们与其他摊贩"不合群"的言谈举止，让娱乐场的老板看出了一些端倪。"你们不是来躲灾逃难的吧？你们为人处世蛮有水平的，不适合干这样的活，还是去找找其他更好的事做吧？"这位老板建议。李莉与张宜萍细细思量了一下，觉得在海南待不下去了，"做不成什么事，就只有挪地方了。"回忆起海南往事，李莉平静地说，眼里微微泛湿。

于是，在海南呆了近两年后，两人卷起铺盖走人，奔到了另一个南方，一个更加充满机遇与挑战的城市——广州，继续逐梦。

广州：创业的拐点，皇天不负苦心人

浩渺行无极，扬帆但信风。

火热的广州，聚集了众多怀揣梦想的人。1999 年，李莉二人开始在这里安营扎寨，重新张开了梦想的翅膀。

江西乔盛茶皂素科技有限公司喜获萍乡市创新创业大赛冠军

李莉夫妇在检查设备运行情况

到广州不久，两人便应聘到同一家日化公司。对于他们来说，这份工作具有双重意义，一方面，他们从此有了“体面”的职位；另一方面，这个职位是与注重“体面”的人打交道。那时，他们每人每月工资只有1800元，为了节省开支，两个人连床都舍不得买，直接睡在地板上。

在公司里,李莉负责销售化妆品，张宜萍负责生产化妆品的原料，一个是在产品终端，一个在产品底端，这为他们未来创业埋下了“伏笔”。用李莉的话说就是，“广州成全了我事业的基础，让我打开了一扇深入了解日化行业的‘天窗’。”

凭着自己的聪敏好学，李莉二人很快熟悉了日化行业从生产到销售的整套流程，也逐渐积攒了丰富的人脉资源，并建立了稳固的原料、产品销售网络。已结为伉俪的夫妻俩见时机成熟，立即“另立门户”，于2008年开办公司，自己做起了老板。

公司是办起来了，可得拿出过硬的产品才能开辟一片新天地。李莉独辟蹊径，决心开发一种新品，来赢得市场和口碑，创造属于自己的品牌。当时，国内的洗发用品大多含有一种硅油成分,可以让头发洗后光滑柔顺。但不可否认，这种硅油是化学品，长

公司供北京同仁堂的产品

公司的灌装线

期使用会引起脱发。“我们要做不加硅油的洗发水！”想到做到，李莉夫妇高薪聘请了科研人员进行攻关，最终研发了国内第一支不含硅油的人参洗发精。

不过，新产品带来的惊喜并没有延续多久，市场反应给她浇了一盆冷水，让她从头凉到了脚。在一次展销会上，有顾客用过这款洗发水后，怒气冲冲地跑到展台前大声质问李莉：“你们真够大胆的，这样的产品也敢卖！”原来，这位顾客发现洗过头后，头发又干又涩，以为是假货，就上门“讨公道”来了。面对激动的顾客，李莉强忍委屈的泪水，一五一十地向顾客详细解释了产品的成分及功效，并特别指出，因为不含硅油，用他们的产品洗的头发确实不够爽滑。在她的苦口婆心劝慰之下，这位顾客的气消了。“你们做生意也不容易，但新产品还是要进一步改进，消费者才会更认同。”临走时，这位顾客建议道。

顾客一席话，让李莉茅塞顿开。李莉由衷地说：“与顾客的这次争执，让我的观念有了很大的转变，那就是技术的革新，要以满足顾客需求为准则。”

萍乡：创业的据点，而今迈步从头越

那么，如何才能研制出一种既叫好又卖座的新产品呢？李莉一直在探索,眼下,最重要的就是实现洗发水不添加硅油又能保证其柔滑发质的效果。

机遇总是垂青有准备的人。正当李莉思无良策时，说来也巧，在中央四套《远方的家》第223期节目中，正好讲述了一个少数民族地区的居民用茶枯护发的事,张宜萍看后大受启发,心头一喜,高兴得跳起来对李莉说:“老婆，我们有办法了！”

张宜萍发现的“新大陆”,正是国内方兴未艾却潜力无限的茶皂素开发。

茶皂素到底是什么？提到茶枯，大家应该十分熟悉。用它洗过的头发，滑滑溜溜，从古到今，老百姓都很喜欢。茶皂素，就是从茶枯中提取的天然表面活性剂，可广泛应用于轻工、化工、农药、饲料、养殖、纺织、采油、采矿等领域，制造乳化剂、洗洁剂、农药助剂、饲料添加剂等。

李莉夫妇又盘算起来了:如果加上茶皂素,不就可以解决洗发水“干涩”的问题了么？于是，他们带着科研人员调试配方，在反复试验之后终于找到了最佳方案，样品制作出来后，他们又亲身体验，效果令人满意。

可是，要大批量生产，必须有充足的原料供应，而广州没有油茶，怎么办？李莉当机立断，回萍乡，老家的油茶资源多得很！这下，亲朋好友可看不明白了，大家都劝道：“你们在广州做得风生水起，现在又要回来折腾，那当初离开萍乡做什么呢？这不是又回到原点了么？况且，这个事都还只是个未知数，你们做不做得成都还没底，冒那么大风险干吗？”李莉夫妇不为所动，2013年，他们变卖了广州的房产，毅然决然地回到萍乡，开启了第二次创业之旅。

理想很丰满，现实很骨感。让李莉没有想到的是，她和丈夫兴冲冲地跑回萍乡，迎接他们的并非全是掌声。当她拿着相关证照向政府部门申办厂房手续时，就遇到了“质疑”的声音：“对不起，你们是日化企业，可能对环境有污染，我们这里不好让你进来。”面对误解，李莉没有争辩，她相信“是金子在哪都会闪光”的。因此，她毫不气馁，这个地方不接收，就跑下一家。精诚所至，金石为开。在不懈努力下，他们终于在萍

公司科研人员在进行试验

乡经济技术开发区万新工业园内安家落户，妥妥地把企业建起来了，定名为江西乔盛茶皂素科技有限公司。

万事开头难。为了让产品在萍乡打开市场销路，李莉放下了老板娘的身段，重新干起了推销的“老本行”。可是，面对这些新出炉的产品，消费者并没有认知度。有一次，她到一家在当地具有龙头地位的日化品经销商那里洽谈合作，对方问产品是哪里产的，当李莉回答是本地产时，那经销商当即拒绝，“我们不卖本地的产品”，并建议说：“你们为什么不打广州产的呢？”李莉正色道：“我们就是要打造自己的品牌！”话语掷地有声。

油茶：创业的支点，传承古方展宏图

关于茶皂素的前身茶枯，有一个美丽的传说。

传说东汉名医张仲景任长沙太守时，有一日到郊外体恤民情和寻找民间偏方。傍晚，他在一村口看见很多村姑用一种浑浊的黄水洗发，便问道：“河泥之水，怎可洗发？”村姑说：“我们祖祖辈辈都是用这种水洗发，头发越洗越亮、越洗越长。”张仲景非常好奇，寻问此水从何而来。村姑遥指村头的榨油坊说：“你去村头一问便知。”张仲景快步行至村头的榨油坊，一股油香扑面而来，正见一村姑用榨油剩下的渣子熬水，水体浑黄，面上泛起白色泡沫。他问：“何物熬水？”村姑指着牌匾说：“张氏茶姑。”“何意？”“我男人姓张，用本地的山茶籽榨油，我利用榨油剩下的残渣给村里的人熬水洗发，所以大家都称我为‘张氏茶姑’。”张仲景带了些油茶回到长沙仔细研究，探知山茶籽及残渣的药用保健价值，并将此见闻写入医书。此后，在民间百姓口口相传之下，“张氏茶姑”演变成了“张氏茶枯”，在江南流传至今。

李莉查过资料后，不禁对原先习以为常的茶枯刮目相看。她不曾料到，这些看起来毫不起眼的山间凡物，竟然是一座储量巨大的“金矿”。全国目前有6700万亩油茶林，可产1530万吨茶枯，提取136万吨茶皂素，经济价值可达1214亿元；江西有1800万亩油茶林，可产茶枯459万吨，提取40万吨茶皂素，经济价值可达364亿元；萍乡有180万亩油茶林，可产茶枯48.2万吨，提取茶皂素4.2万吨，经济价值可达38亿元。这一组数据，李莉夫妇二人说起来头头是道，可见研习已久。“这个产业可以说是废物再利用，变废为宝，真正可以把茶籽‘吃干榨尽’。”李莉信心满满地说。

李莉的自信来自于企业的原创性。她告诉记者，公司现在有六大类30多个产品，都具有完全知识产权。“核心技术就是我们的‘生命线’。”李莉自豪地说，“我们是江西省第一家研发生产茶皂素纯植物餐具净及果蔬清洗剂的企业，也是国内首创纯植物餐具净及果蔬清洗剂的企业。可以说，我们让传统古方以全新的方式‘复活’了。”2015年1月，通过江西省、萍乡市各级相关部门及专业机构层层审核和认证，乔盛公司获得了江西省第一本关于“餐具洗涤剂”的《全国工业产品生产许可证》、江西省第一

公司生产车间一角

本《化妆品卫生生产许可证》，进一步佐证了李莉的雄心。

好风凭借力，送我上青云。在李莉看来，创业之初，借船出海、借梯上楼，是企业生存的关键所在。为此，李莉夫妇极力寻求行业巨擘的合作，以期“背靠大树好乘凉”。与之不谋而合的是，国内日化行业的“大佬”们也在谋划市场转型，不断推出新产品来抢占市场制高点。当乔盛公司的产品出来，“初试啼声便一鸣惊人”，得到了业界的广泛关注。2015 年 6 月，具有 346 年历史的北京同仁堂正式与乔盛公司建立了战略合作伙伴关系，继而北京同仁堂化妆品有限公司授权并下达了 1800 万元年预购订单。

不久后，霸王集团董事长万玉华经人介绍，试用了乔盛公司的茶皂素洗发精后，亲自与李莉夫妇面谈，将乔盛公司纳入霸王集团主要的原料供应商之一。

管理：创业的亮点，守住阵地扬美名

而今更笃凌云志，莫教冰鉴负初心。

随着公司逐步稳定，李莉开始考量如何整合资源及拉伸产业链。比如，她开始建立自己的油茶种植示范基地，有的放矢地推进“林场 + 农户”的合作社运营模式。李莉的公司预计 2 年之内可以将萍乡现有的野生油茶林及油茶种植基地全部纳入合作社，作为公司实现战略目标的第一步。

当前，生物农药技术在国内一直是个较难攻克的难题，其最重要环节就是基材的选定，最难以突破的是完全降解。可喜的是，乔盛公司利用茶皂素开发的产品，已经完全能够达到生物农药的标准，系李莉发展蓝图中又一条“环保”、“民生”、“绿色”、“健康”的“直航线”。

要做大产业，管理是“法宝”。李莉由衷地说道：“管理是生产力，管理出战斗力。”作为一个浸淫日化行业近 20 年的企业家来说，她深知目前市场上的洗洁精几乎都含有一种从石油中提取出来的化工原料 AES（脂肪醇聚氧乙烯醚硫酸钠），长期使用会对人体健康产生危害。在李莉的“理想国”中，经过严格管理生产出的餐具净、果蔬清洗剂，绝对不含 AES，是公司的“赤诚”之作。“茶皂素是真正获得国家权威机构检验的食品级清洗剂，用它杀菌去污，百利而无一害”。

说得好不如做得好。为了把好质量，李莉只要有空便会沉在生产一线，细心监管生产线上的每一瓶产品，被工人们戏称“火眼金睛”。2015 年 7 月，由于工人操作喷码机不当，把产品的生产日期喷歪了，李莉发现后将这一批次近 5 万元的产品全部收回。“我们不能砸别人的牌子，也不能砸自己的牌子。”李莉语重心长地告诫工人们。

正是在这种精益求精的严苛管理下，乔盛公司对茶皂素的提取工艺达到了“新境界”。李莉透露，公司目前是国内唯一可提取最高纯度为 99% 的晶体状茶皂素的企业，而且可以根据客户的要求生产出不同级别的茶皂素原料，产品可以应用到医用、建筑、洗涤、针织、日用、养殖等多个领域。公司已经向国家申报了 4 项发明专利和 20 项实用新型专利。“我们的核心竞争力就是技术，在管理基础上依靠技术的进步，企业才能立于不败之地！”李莉坚定地说。不久前，在由中国宋庆龄基金会、国家人力资源和社会保障部主办的 2015 年“中国创翼”青年创业创新大赛中，乔盛公司荣获萍乡市第一、江西省第五，并代表江西省企业项目组参加华中地区创业创新大赛，取得了“银翼奖”，赢得了良好口碑。

红雨随心翻作浪，青山着意化为桥。在李莉设计的“时间表”和“路线图”中，我们发现，她看似娇弱的身躯中蕴藏着一个巨大的梦想，那就是在 3 年之内将乔盛公司打造成为全国最大的茶皂素生产基地。“人生有梦，一百岁起步都不晚。何况我才三十而立呢？”李莉沉静地望着远方，目光灼灼。

祝福她——这个让古方“活”起来的女人，美梦成真！

点评专家：

女性创业者创业不易，但是又有自己独特的优势，那就是十分心细，善于观察微观细节，善于想象解决问题的办法。从卖甘蔗到卖炒粉，这是创业者初期的冲动和尝试；从为日化公司当销售员到自己办公司，这是创业者创业过程中的登攀和飞跃。但这都是过程，创业并不重在过程，而是重在发现。李莉的成功除了和常人一样勤劳刻苦之外，就是独具慧眼。她关注人民群众的创造，竟然把民间常见的“茶枯护发”开发成自己创业发展的“金矿”。

点评人：陈东有

在这所没有围墙的大学，
获得了内容最丰富、操作性最强的创业知识。
我们管这个课堂叫“最宽广的创业课堂”。

——李锐

07

梦想在田野尽情绽放

——上高县野市乡大学生村官团队创业记

◎胡光华

“到农村去！这是我们参加大学生村官选聘时最流行的一句话，也因为这句话我们成就着自己的创业梦想。”这是上高县野市乡大学生村官黄舒在“中国创翼”2015年青年创业创新大赛华中赛区复赛开幕式现场，代表团队发言时慷慨激昂的讲话。

就是在这项赛事中，来自野市乡的9名大学生村官凭着团体创业项目“农场总动员”，获得江西赛区团队组第10名，并成功晋级华中赛区复赛。2015年9月，在40个参加复赛的团队中获得华中赛区团队组第8名，并得到了大赛组委会颁发的“银翼奖”。

“农场总动员”项目负责人、野市乡党委委员李锐说，野市乡历来重视并支持大学生村官创业，这些年轻人在农村舞台上展现着自己的风采。

大学生村官们组织的全程机械化统防统治

李锐率领大学生村官团队参加全国性创业大赛

正是凭着丰富的创业实践和极具潜力的创业项目，野市乡大学生村官创业团队才成功登上了全国性的创业展示舞台。通过这次比赛，野市乡大学生村官更加坚定了创业的信心。

广袤的农村给大学生村官创业提供了实践的土壤，一颗颗创业的种子在野市田间地头萌芽

见到李锐的时候，他正和他的创业团队规划着未来的发展蓝图。谈起为什么热衷于指导乡里的大学生村官创业，他打开了话匣子。

作为野市乡党委组织委员，李锐分管着大学生村官工作。2009 年以来，野市乡共接收了 11 位大学生村官。这些年轻人都是刚刚毕业的大学生，对农村工作不太熟悉。当时，各地都鼓励和支持大学生村官创业。李锐心想，鼓励扶持这些年轻人在农村创业，一来可以让他们更容易熟悉农村工作，二来可以带动农民增收，还可以吸引农村青年返乡创业。于是，野市乡党委做出了鼓励支持大学生村官创业的决定，在项目、资金、土地等方

面给予支持。

有了乡里的支持，在李锐的指导下，野市乡的每个大学生村官都规划了自己的创业项目。

2007 年毕业于新疆财经大学的肖玉晨，学的专业是工商管理。2012 年考取大学生村官来到野市乡后，担任野市村党支部副书记。当时，村里有个村民从事贩卖蛇的生意，她灵机一动，何不找几个志同道合的村民一起搞养蛇业呢？2013 年，她与 3 名村民合伙创办了一家养蛇场，主要饲养可食用的菜花蛇。为了确保养殖成功，他们远赴广西学技术，回来后便购进小蛇饲养。由于蛇要吃鸭肉、禽蛋等食物，养殖成本较高，所以肖玉晨每年都要投入七八万元。但是，由于技术过关，蛇的成活率达到 90% 以上。目前，蛇场有菜花蛇 3000 多条。肖玉晨告诉我们，虽然两年多来略有收益，但由于规模不大，利润也就不多，现在她正在扩建场房，准备把养殖规模逐渐做大。她希望今后能带动更多的农户发展特种养殖，拓宽农民增收致富渠道。

青岛大学广告专业毕业的王卫文，自 2013 年起在高坎村担任村委会主任助理。有一位浙江丽水的客商在野市乡生产菌种，2014 年 10 月，王卫文投资 4.5 万元，租了 2 亩地，从浙江客商那儿买来 2 万多根菌棒，发展黑木耳种植。到 2015 年 4 月，这批菌棒共生产出 7 万多斤黑木耳。"新鲜湿木耳批发价为每斤 2.5 元，晒干后每斤卖 50 元，线上线下一起卖，收成还可以。"王卫文说，再试验一段时间，如果效益还好的话，可以带动更多的农民发展这个产业。

野市乡气候温暖湿润，雨量充沛，日照充足，全年无霜期长，少有洪涝灾害，非常适宜发展农业生产。这里早就有种植西瓜的传统，技术比较成熟。黄舒 2009 年选聘到野市村担任党支部副书记后，就看准了这些有利条件，租了 100 亩山地种植黑美人西瓜。这种西瓜属于早熟品种，甜度高。第一次创业，黄舒就尝到了什么叫辛劳，什么叫操心。但她怀着心中梦想，并不言悔。然而，由于气候反常，加之市场瞬息万变，黄舒种植的黑美人西瓜很多烂在了田里。西瓜种植也宣告失败。谈起此事，黄舒并不气馁。她说，创业之路肯定不会一帆风顺，失败了可以总结经验教训，对

李锐在接受采访

今后的成长仍有好处。

李锐告诉我们，不光是肖玉晨、王卫文、黄舒，所有的大学生村官都投身创业，他们有的搞优质水稻种植，有的搞绿色防控，有的种植中药材，只要是感兴趣的，他们就尝试，真有些初生牛犊不怕虎的气势。有的项目成功了，但有的项目也会遭遇失败，不管成功还是失败，大家总是坐在一块探讨、总结。

从产生创业冲动，到置身创业实践，大学生村官们的共同体会是：在这所没有围墙的大学，获得了内容最丰富、操作性最强的创业知识。他们管这个课堂叫“最宽广的创业课堂”。

单打独斗不如“抱团取暖”，在大学生村官创业基地上，升腾起一个个农业新希望

李锐在被大学生村官创业激情所感染的同时，也在思考着一个问题：单独创业资源分散，抗风险能力也弱。如果让大伙儿抱团发展，发挥各自优势，整合各种资源要素，是不是成功的概率会更高？

2013 年 11 月，在李锐的努力下，野市乡成立了大学生村官党支部；12 月，在连山村建立了大学生村官创业基地。创业，需要“慢工出细活”。有了乡、村两级提供的创业基地，大学生村官们使出浑身解数，以最有效的实践，创造出最生动的创业成果。

创业的最终目的，是带动农民增收致富。大学生村官们根据野市乡自然条件优势，提出了以水田、水面、山地为主体的三大类创业增收计划。“千元增收”计划，是大学生村官们以基地为依托，向基地内外农民抛出的创业“橄榄枝”。地还是那块地，人还是这些人，如何向农民兑现“千元增收”

计划？最有效的办法是改变传统耕作模式，引入现代农业科技，提升农业种植的品质效应。首先，对水田实行全程机械化统防统治，提高农田管理的科学精准度；其次，引进水稻绿色防控，购置19盏太阳能杀虫灯，安装了1000只性引诱剂容器，投资21万元，购买了一台自走式喷杆喷雾机，提高物理杀虫比例，减少农药喷洒量，降低农药残留量，让好产品真正卖出好价钱，为增收计划提供有力支撑。这一系列措施，实现了物理杀虫达到三分之二以上，农药喷洒量减少了三分之一以上，大大降低了水稻农药残留量。李锐笑着告诉我们，如今这种方法种植出来的大米深受人们欢迎，即使价格比其他大米贵，也有很多人联系他买米。

连山村一带人均耕地面积为2亩多，离县工业园又近。以前农民打工顾不上种田，转租或撂荒又不甘心，对土地有感情呐！大学生村官和连山村党支部书记冷伟华都在思考着：有没有两全齐美的办法，让农民既种田又打工？最后，成立合作社为农民托管农田的想法冒了出来。经过走访农户听取民意之后，大学生村官与连山村、南村、新塘村等共同成立了种植

野市乡大学生村官创业团队

业合作社。合作社选出了18名理事会成员，其中常务理事有7名。按照“民办、民管、民受益”的宗旨，实行公司化管理模式。这种农田托管模式，即村民在完成插秧后，其余的田间管理事务交给合作社统一打理，直到收割稻子时，农户或自行收割，或请合作社机械收割，稻谷可以自行出售，也可以卖给合作社。为了让农民放心当“甩手掌柜”，大学生村官们强化技术培训、生产管理，还聘请了53名入社农民任专职管理员。每3人为一组，负责300亩稻田农技管理、农机操作等生产流程。为解决规模化生产所需，合作社采取入股融资、独立核算的方式，购进了1台植保机、8台联合收割机，还投资202万元购置了16套稻谷烘干设备对外营业，合作社与社员共同受益。

有了农田托管模式，农民种田、务工两不误，很划算。但开始的时候，主动参加托管的农户不多，村民对新型农业经营模式还存在疑虑。这时候，大学生村官们发挥各自所长，上门入户做工作，把自己对新型创业

罗非鱼养殖基地

的认识和现代农业发展理念全部用上，千方百计打开农民传统思想的“盖子”。终于，功夫不负有心人，经过他们的“推销”，加上乡、村两级的政策支持，参加农田托管的农户，从开始不足10户，发展到现在560多户，范围从原来的连山村发展到附近的南村、新塘两个村，托管面积达到4500亩，合作创业的触角辐射到多家合作社及晶升米业等农业龙头企业。

“稻田托管后，社员只需每亩交175元服务费，即每亩早稻75元、晚稻100元，不包括耕整、收割。而每亩成本降低160多元，增产近百公斤。”连山村党支部书记冷伟华说，更重要的是，托管模式释放了大量劳动力，连山村970人，有260名中青年劳动力进工厂做工匠，从田里“解放”出来了。“每个村民小组只留下三四个劳力种水稻”。

大学生村官创业基地，让野市乡大学生村官抱团创业的激情瞬间绽放。2014年5月，在得知罗非鱼养殖信息后，大学生村官们通过政府搭建的市场桥梁，与一家加工罗非鱼的福建商家达成合作，拿到了罗非鱼销售订单。他们与当地村民共同投资，利用南村、连山、新塘三个村的天然水面，发展罗非鱼养殖。目前，罗非鱼养殖水面达到1000亩，年产值达600多万元，加上草鱼等常规鱼和罗氏沼虾的套养，年养殖总产值超过1000万元。

如何在山地上“淘金”？大学生村官们想到了种植中药材，他们带头并发动农民种植黄栀子、吴茱萸，种植面积达到了1100亩。

李锐告诉我们，大学生村官党支部与当地大南山等多家合作社、米业公司合作，已托管水面1000亩、水田4500亩、山地1100亩。“2014年参与我们‘千元增收’计划的农民养殖罗非鱼后，从每亩水面2000元利润增加到3500元；种植吴茱萸的农民，每亩利润从原来的600元增加到3500元；托管的水田实现了全程机械化统防统治，每亩水田产值由2200元增加到3000元。”

环境是最有效的创业资本，野市乡党委积极营造有利条件，让年轻的创业者一路向前

好苗更需沃土培。大学生村官身处基层，如何规划创业？如何实施创

业规划？从迈出创业第一步，到收获创业的“第一桶金”，大学生村官们的获益更多的是地方政府提供给他们的“创业资本”，即创业环境。在农村基层创业，环境尤为重要。他们创业之初，感觉眼前的一切“都是新的”，充满憧憬。一旦投身创业实践，尤其是建立了创业基地，诸多环节都离不开当地创造的创业环境。

首先是创业“高地”环境。野市地理位置特殊，临近县城，且与上高县工业园为邻，拥有“地利”之好。2014 年，该县将千亿绿色食品产业园规划到该乡境内，与该乡打造县城休闲后花园的发展理念对接，增加了产业发展的“天时”条件。在“天时、地利”俱佳的大环境中，大学生村官们适时提出了“农场总动员”创业计划，即通过土地流转的方式托管水面、水田、山地，打造有机绿色水稻、无公害蔬菜、罗非鱼和罗氏沼虾混合养殖、中草药种植等一体化绿色农业种养基地，开发水田及菜园认养、自助烧烤、钓鱼钓虾、户外拓展等项目。显然，该乡拥有的大环境，为大学生村官们实施创业计划提供了“有源之水”和“有本之木”。

其次是项目发展环境。野市乡抓住上高县绿色食品产业园建设的大机遇，着力引进了 11 个科技含量高、产业带动力强的大项目，诸如津通食品、津通冷链物流等。其中投资亿元以上的项目有 6 个，投资 3 亿元的罗非鱼养殖加工项目、投资 1 亿元的精品农业开发项目等相继落户野市乡。大项目的叠加效应，为大学生村官们的创业计划落地生根提供了肥沃的土壤。

再次是创业服务环境。以推进粮食高产创建示范核心区基地建设为契机，组织乡农技站科技人员开展蹲点服务，聘请县农业科技专家为创业技术顾问，培养创业科技明白人。同时，发挥乡党校的知识传导功能，引进社会力量办学，将高端知识引入乡村干部和创业骨干培训班。两年多来，共举办各类培训班 20 多期，参训干部和群众达 2300 多人次，其中党员参训率达 90% 以上。目前，野市乡依托乡党校和干部夜校平台，建立了以乡党校为主，农技站、合作社为辅的“农民知识化”工程体系，形成技术专家现场讲学、农家书屋和远程教育平台辅助导学、高端学者新理念领学的“三学”模式。

农村创业是一场没有终点的赛跑。野市乡大学生村官组成的创业团队有着更远大的目标。2015 年 11 月，他们成立了江西两仪农业有限公司，注册资金为 200 万元，主要从事有机、绿色、无公害农产品生产加工和销售，现代农业科技应用和推广，生态现代农业观光旅游开发，农业知识科普及传统文化推广。目前，公司已完成选址，并争取到 50 万元的贴息贷款。

野市乡大学生村官创业团队从起点出发，走过春夏秋冬，有过迷惘，有过冲动，更有成功。几年的创业经历，让他们看到了在希望的田野上放飞创业梦想的“绿色跑道”。采访中，野市乡的大学生村官们告诉我们，未来，他们将以两仪农业有限公司为主要依托，继续实施以水田、水面、山地为主体的三大类创业增收计划，并与农民形成利益共同体，带动他们增收。目前他们已注册了“大南山”品牌，合作社生产的大米从此有了自己的“绿色标签”。现在，他们正在进一步规划，从品牌建设做起，让具有野市特色的产品走出上高，走出江西，走向全国，甚至走向世界。从这些年轻而充满朝气的大学生村官身上，我们看到了一条宽广的农业大道，在向着远方伸展……

点评专家：

面对市场经济的汪洋大海，远航需要一支坚强的团队。他们相互协作，相互激励，相互补充，形成搏击滔天巨浪的力量与智慧。因此，团队精神是创业并获得创业成功的基本条件。这是一群大学生村官给我们的启迪。

点评人：汪玉奇

这只是个开始，

我们就是要用小纳米这门武器撬动新能源产业的大蛋糕。

——李翔

08

小纳米创出新天地

——记江西纳宇纳米新材料有限公司董事长李翔

◎张　华　吕玉玺

他是北京科技大学的高才生，美国密歇根大学安娜堡分校材料科学与工程博士。从小学到大学，从国内到国外，从工作到创业，他始终怀揣“工科”梦想，致力于成为民族工业新产品研发的开拓者。

他曾供职于全球500强企业——日立公司，参与美国联合汽车研究组织的项目研究。要利用所学知识承担起为祖国民族工业创新发展贡献力量的责任，使他放弃了每年十几万美元的收入以及优越的工作、生活条件，归国创业。

他长期致力于金属、无机纳米功能材料合成与应用，尖端金属连接技术的研究，其创立的江西纳宇纳米新材料有限公司的“小粒径超高比表面纳米氧化硅的开发及应用研究”参赛项目在首届“中国创翼”青年创业创新大赛中进入前十强，并获得优胜奖。

他叫李翔，福建泉州人，1977年12月出生，现任江西纳宇纳米新材料有限公司董事长，是一位怀揣着工科梦、民族梦、创新梦并阔步前行的创业者。

不倦求学，激扬青春工科梦

梦想无论怎样模糊，总潜伏在我们心底。它就像埋在地下的种子一样，

江西纳宇纳米新材料有限公司的科技成果证书展示

2015 年 10 月 22 日，李翔在"中国创翼"青年创业创新大赛全国总决赛颁奖盛典现场

必定要萌芽滋长，伸出地面来寻找阳光。

李翔的父亲是一名工程师，在父亲的耳濡目染下，从儿时开始，他就有着一个远大的梦想：做一名高端的科研人才。为了实现梦想，他开始了漫长而艰辛的求学之路。

从小学开始，李翔就喜欢读科学类读物。每当别的孩子在外面嬉闹游戏时，他总是静静地躲在书房内，如饥似渴地学习，从书本中探索未知的世界；中学时，每当做物理、化学实验时，他就会忘却一切，眼里只有那些实验器材和各类试剂，在动手操纵和思考中全身心享受实验的乐趣。

1996 年，李翔面临着人生的第一次抉择：高考填报志愿。高考成绩优异的他，在选择报考院校时有众多选择余地。"学医吧，学医收入高，社会地位也很高。""就报南方的高校吧，离家近，气候条件也比北方优越。"面对亲朋好友的各种意见和建议，李翔不为所动，毅然报考了在国内材料学科领域处于领先地位的北京科技大学，并如愿以偿就读金属压力加工专业。

四年的大学时光，对很多学子来说轻松而又浪漫，有足够的时间游山玩水、花前月下。但这一切似乎都与李翔无关。教室、寝室、实验室、图书馆，他的生活、学习轨迹似乎永远都是四点一线。辛勤的付出，换来了丰硕的回报：李翔年年都是优秀学生，两次获得特等奖学金，毕业时被保送本校硕士研究生，并以优异成绩获得了硕士学位，硕士论文获评本校优秀毕业论文。硕士研究生毕业后，他仍不满足，总感觉自己所学知识还远远不够。于是，他怀揣着工科生理想，毅然选择漂洋过海、出国留学。经过不懈努力，他成功被世界排名前 20 名、在材料科学与工程领域享有盛誉的美国密歇根大学安娜堡分校录取为博士研究生。

没有亲人，没有朋友，人生地不熟，面对完全陌生的环境和遇到的各种困难，李翔置之一笑。“既然是我自己的选择，无论身前有多少难关我都要闯过去，好走的路，大家都会走！”倔强而好胜心强的李翔面对全新的学习环境，毫不畏惧，埋头奋进，迅速融入其中。从此，实验室成了他的家，各种实验仪器成了他最亲密的朋友。不管白天黑夜，还是周末假期，实验室里总有他的身影，有时候一天泡在实验室十多个小时也乐此不疲。除了正常的学业外，他因为表现突出还担任系助教，协助导师教学。在留学求知的过程中，他主持或参与的多项研究论文在行业权威杂志上发表。

天道酬勤。2008 年 5 月，李翔顺利通过材料科学与工程博士论文答辩，并留校进行了为期 3 个月的博士后研究。

心系祖国，放弃高薪归故里

2008 年 12 月，学有所成的李翔轻松进入日立美国有限公司研发部，以助理研究员身份在汽车产品研发实验室工作，参与了美国通用汽车公司的下一代燃油直喷发动机的开发与测试。随后，他又参与了美国联合汽车研究组织的项目“镁合金汽车前端车体应用的开发与研究”，参与加拿大、中国、美国协作研究和开发项目，研发摩擦搅拌焊接和摩擦搅拌点焊技术在镁合金焊接上的应用。永不止步的开创精神、卓越的工作成效，让李翔深受公司高层的器重和同事们的喜欢。

在日立美国有限公司研发部工作期间，李翔有机会与大量来自通用汽车公司等世界 500 强公司的顶级科学家合作，大大丰富了自己的理论知识，实践能力也得到了大的提升。但在合作过程中，李翔发现，这些核心技术的专利都是属于美国，属于日立的，中国企业如果需要使用的话，必须要缴纳不菲的专利使用费。面对这种境况，李翔不时叩问自己：我来美国学

2015 年 10 月 19 日，在北京中关村全国“双创周”获李克强总理接见合影

习、工作这么久，难道就为了替外国人发明专利再赚自己国家的钱吗？不！绝不能这样！李翔心中有了答案，坚定而决然。

“在亿万中国人民前行的伟大征程上，发展中的中国比任何时候需要海外人才，祖国需要我，我的心属于我的祖国。”2009 年 11 月，强烈的民族感和责任感让李翔婉拒了美国公司的再三挽留，毅然辞去年薪十几万美元的工作回到祖国，决心用自己所学为国内工业创新发展尽一份心、献一份力。回国后，李翔首先加入父亲创办的公司，担任研发部主任，研发出系列新产品并投入市场，为公司的发展壮大立下汗马功劳。

“虽然是自己父亲的公司，但有时仍感觉难以施展拳脚。”有了丰富的工作经验，李翔开始萌生了自己创业、大展宏图的想法。他还清楚地记得在一次奖学金颁奖大会上，一位国内企业家的感言：“每年国内高校都毕业一大批硕士、博士，也伴随着一大堆科研成果和毕业论文存进了图书馆，能转化成产品并最终走向市场的寥寥无几，存在图书馆的论文从此无人问津。这是一种巨大的资源浪费。”李翔不愿意这样，他希望能通过自己的努力，把科学研究的成果转化成生产力，转化成产品，服务社会，让科技切切实实为人类服务。“就像许多前辈说过的那样，做科研，一要能上书架，二要能上货架，两条腿走路，这是我一直以来的科研理想。”而要做到这一点，拥有一家自己的公司无疑是最好的选择。一年后，李翔离开父亲的公司，开始了他的艰辛创业路，在福建沙县创立了福建三明万安新能源有限公司，从事新能源的研发与生产。首次创业的他便积累了一定的财富，更让人欣喜的是，他在新能源的研发上已初露峥嵘。

“虽然我现在还不够强大，但我年轻，爱拼才会赢。只要努力去做，没有什么做不到。”对于未来，李翔豪情冲天，信心满满。

选择纳米，落户万年闯天地

2012年1月，春节前夕，在一片欢快的鞭炮和礼花声中，总投资1.2亿元、占地面积86.6亩的江西纳宇纳米新材料有限公司正式在万年县石镇特色产业区落户，主要从事无机纳米功能材料及系列应用产品的研发、生产和销售。而该公司的主要创办人正是李翔。

创办纳米新材料企业，并不是一时冲动，而是李翔深思熟虑的结果。在多年的新能源材料研发中，他敏锐地发现纳米新材料在新能源应用的前景十分广阔，而这项技术当时在国内还属于空白，仅仅掌握在极少数的跨国寡头公司手上。既然自己有研发实力，为什么不进入这个领域，如果成功了，既可以打破国外的技术封锁，又可以发展自己的产业，何乐而不为？“历史是由人书写的，我就是要为中国的纳米材料和纳米技术的应用做点什么。”李翔决定利用自己的技术和特长重新出发，进军纳米行业，开创新的未来。

有了想法，就必须付出行动。李翔的创业理想恰巧与万年县的创业人才引进计划完美契合。经过多方考察后，李翔正式决定将投资地点选在投资环境良好、地理位置优越且初步形成纳米材料运用产业链的万年县。在万年县委、县政府的大力支持下，2012年1月，公司正式开工建设。

公司研发团队

2014 年，江西省副省长李贻煌视察企业

创业的梦想是美好的，过程却是艰辛的。为了使企业尽快建成投产，李翔把全部的精力都投入公司建设上来。资金筹措、厂房建设、设备采购安装、员工招聘……作为企业的主要创办者，李翔风里来、雨里去，放弃休息时间，几乎每日坚守在建设现场。一年多的时间，李翔黑了、瘦了、憔悴了，但公司建设却十分顺利。2013 年 10 月，公司如期完成项目一期 7000 平方米的厂房建设和设备安装调试，并投入试生产经营。

“没有核心技术就没有竞争力，你的命运始终是拽在别人的手里。”李翔深知新材料产品的核心竞争力就是技术的不断创新。公司投产后，他积极引进、培养一批富有创新精神的管理、技术专家，组建业内核心专家团队，聘请 6 位本行业著名专家、教授担任技术顾问，并与高校、院所和下游企业开展校企、企企合作。目前，各类专业技术人才占公司员工总人数的 46%。其中仅研发团队就有 11 人，包括博士生一名、硕士生两名，其余人员均具有本科以上学历；配置了全进口的纳米激光粒度仪、X 射线衍射仪、全自动多站比表面积及孔隙率分析仪、紫外及可见光分析仪、电化学工作站等研发、检测设备；组建了江西省首家省级无机功能纳米材料的研发中心和企业技术中心，每年投入的研发资金超过 500 万元，培育出自主开发的能力和核心技术优势。公司在高纯度的小粒径、超高比表面纳米氧化硅的生产和单分散技术方面填补了国内空白，技术水平处于国际领先地位，并在 2014 年实现技术转化和产业化。

研发的过程是枯燥乏味的，但这枯燥中却凝结着美丽的智慧之花。自公司正式生产后，李翔与公司的研发团队一道没日没夜地投入试验与测试中。“我不赌博、不唱歌，也不爱喝酒，几乎所有的时间和精力都投入新产品的研发之中，有时几个月都没能好好休息一下。”经过不懈的努力，公司成功研发出超高比表面高分散纳米氧化硅、纳米氧化钛、纳米三防整理剂、纳米环保纺织浆纱浆料、纳米氧化铝、多功能去油精炼剂、纳米复合紫外屏蔽剂及相关应用产品，其主要技术指标达到国际一流水平，产品广泛应用于蓄电池、塑料、涂料、纺织、颜（染）料、化妆品、橡胶、环保、军工、抗菌催化载体等行业，销往全国各地，并成功进军海外市场。

“这只是个开始，我们就是要用小纳米这门武器撬动新能源产业的大蛋糕。”抱着引领纳米新材料、新技术行业风标的坚定信念和发展民族工业的责任感，李翔准确把握行业发展趋势，把产品研发定位在与国际产品竞争的高水准上，以达到提升民族工业核心技术的发展，改变国内核心产品、核心技术基本依赖进口的现状，并最终完全建立自主知识产权品牌，推进产业结构优化升级。

此外，李翔还成功确立了借助资本市场实现企业腾飞的方针，引入风险基金进行企业规模化建设，实现功能纳米材料及纳米技术从科学研究到产业化的快速转化，建成国内首家年产万吨级纳米材料的生产线，使企业成为全国最大的纳米材料产品研发生产基地，争取五到八年内使公司达到国内顶尖水平，真正能与跨国纳米材料公司同台竞争。

“我们将以科技创新为根本、以民族责任为己任，不断追求卓越，持续提升企业核心竞争力，使公司成为体制现代化、管理规范化、技术一流、品牌卓越的新材料行业的领航者，并力争成为具备较高经济效益及社会声望的公众型上市企业集团。”谈起企业未来，李翔脸上绽放着自信的笑容。

李翔指导工人生产

永不止步，创新之路结硕果

2014 年 12 月，江西纳宇纳米新材料有限公司的“高能蓄电池专用纳米胶体电解液技术研究”项目通过科技成果鉴定。经国内 7 名行业权威专家鉴定，该成果拥有自主知识产权，整体技术工艺、产品性能指标均处于国际领先水平。2015 年 11 月，该成果被中国高科技产业研究会确认为“科学技术成果”。这是李翔率领企业研发团队不断创新结出的丰硕成果。

李翔介绍说，该成果采用自主研发的小粒径、大比表面积纳米氧化硅，辅以添加剂及高速分散等技术工艺，将纳米氧化硅分散为水状透明液体。用其配置的高能蓄电池专用纳米胶体电解液，用量仅为进口产品的 1/3–1/5，所制成高能蓄电池的主要性能指标优于国内外同类产品，且成本仅为国外同类产品的 60%，具有良好的社会效益和经济效益。

成果不仅仅体现在此。2015 年 10 月 27 日，在“中国创翼”2015 年青年创业创新总决赛中，江西万年纳宇纳米新材料有限公司参赛项目“小粒径超高比表面纳米氧化硅的开发及应用研究 ”进入全国前十强,获得了优胜奖。

“能获此殊荣，实属不易。”李翔介绍说，“中国创翼”2015 年青年创业创新大赛由中国宋庆龄基金会及人力资源和社会保障部联合主办，规格相当高，影响力大。自 2015 年 2 月 10 日启动以来，全国共有 2226 个项目通过审核并进入初赛，其中团队组有 1225 个，企业组有 1001 个。报名参赛后，公司成功通过初赛海选，在华中赛区初赛 414 个项目中名列前茅，成功晋级华东复赛；随后以第一名的成绩顺利晋级全国半决赛，获得大赛金翼奖；最终以第二名的成绩进入全国总决赛，并获优胜奖。

李翔表示，“小粒径超高比表面纳米氧化硅的开发及应用研究 ”项目正是企业研发团队持续不断创新取得的优异成果。他介绍说，纳米氧化硅是一种独具特性、应用广泛的高科技无机新材料，号称“工业味精”，其市场需求量逐年上升，目前高品质纳米氧化硅基本被欧美公司所垄断。该项目为公司自主研发掌握，比表面积、粒径、结构等技术指标可控的核心技术，已获授权专利 2 项、科技部成果 2 项、省科技成果 2 项，备案 4 项产品标准，技术水平达到国际领先水平。目前，项目成果已成功转化，形成了不同技术指标的7项系列产品和1000吨的生产能力。“我们凭借此项目还参加了2015年举办的第四届中国创新创业大赛，并获得优秀企业奖。目前，我们正利用核心技术优势和成本优势，积极抢占国外产品市场。”

“能获得如此殊荣，是对我们产品技术水平先进性的一个认可，对企业来说是一种巨大的鼓舞，对我们将来不断开发新的技术材料、新的应用产品是很大的一个推动。”李翔表示，参加此次比赛意义重大，对企业的发展影响深远。

优异的创新成果让企业和李翔个人获得了极大的社会认可。企业先后获评国家高新技术企业、江西省专精特新中小企业、江西省就业促进基地，并荣获上饶市科学技术进步奖一等奖、二等奖。近年来，李翔还主持省级科技支撑计划项目1项、省级中小企业创新基金项目1项，公司产品获发明专利和实用新型专利各1项，另有6项已进入实审阶段。

“目前，我们企业正处于初创阶段，研发的新产品在市场上推广运用还需一定的试用期，因此企业当前的生产规模并不大、产值也不高，目前年产值在2000万元左右。但我们相信，这些达到国际领先水平的新产品，一定具有广阔的市场前景，三到五年企业产值将达到10亿元。”李翔表示，将继续加大科研人才引进力度，加大新产品研发、推广的投入，并申报建设省级工程技术研究中心，努力研发更多具有国际领先水平和广阔市场前景的新产品。同时，将建设年产5000吨的生产线，提升企业生产规模，建设全国销售网络平台，在壮大企业实力的同时，为推动民族工业创新发展做出贡献，致力于成为中国纳米材料应用的领航者。

“路漫漫其修远兮，我的创新创业之路才刚开始。”凝望前路，李翔踌躇满志。

点评专家：

李翔追梦圆梦的故事充满正能量。中国梦是国家的梦、民族的梦，也是每一个中国人的梦。正是千千万万中国人追求美好生活的梦想，集合成中国梦。实现梦想，从创业开始。因为只有创业，才能创造幸福、创造财富。创业是圆梦不可或缺的起点。

点评人：汪玉奇

目前我还只是处于一个初级阶段，就是简单地种植和销售野外种养的灵芝。下一步，我的目标是要将灵芝这个产业做大做强，实现产业的全线发展，并争取在未来五年内上市。

——聂国军

09

灵芝小子聂国军

——记崇仁县灵峰种植专业合作社理事长聂国军

◎李耀文

灵芝自古以来就是吉祥、富贵、美好、长寿的象征，有“仙草”、“瑞草”之称。如今，这棵“仙草”在崇仁县三山乡罗山林下扎根、成长，成为当地村民致富路上的“幸运草”。他们的领头人，是一位创新灵芝栽培技术的“80后”创业人——聂国军。

“不安分”的蘑菇小子

在崇仁县城，有一家名为罗山峰草本养生堂的小店，店内装饰并不奢华，但与其他地方不同的是，在大约60平方米的屋内，各式灵芝陈设其中，成为店内的主要看点，这家店的主人就是聂国军。初次见到聂国军，他并没有像生意人那般西装革履，而是身着一件简单的夹克，看上去年轻、干练。道明来意后，聂国军向我们讲述了自己和菌类特别是灵芝的不解之缘。

聂国军，1980年出生在崇仁县三山乡的一个农村家庭，18岁毕业于南昌一医科学校，毕业后的聂国军并没有从事和医学相关的专业，而是和当时许多年轻人一样，来到了广东、浙江等沿海地区开始了打工生活。但是，在经历了几个月的打工生活之后，生性爱好自由的他认识到，打工并不是自己想要的生活，学一门自己熟悉的技术，开创自己的事业才是他所追求

聂国军在“中国创翼”2015 年青年创业创新大赛留影

的生活。

第二年，他回到家乡和有多年平菇栽培经验的老父亲一起种植平菇，在父子俩的努力下，平菇长势喜人，拿到市场上很快销售一空，年收入增加到 2 万多元，家里的经济状况得到显著改善。但头脑灵活、“生性不安分”的聂国军并不满足这种日复一日的简单生活，在家扩大平菇种植规模后，聂国军开始琢磨引进木耳、草菇等食用菌栽培技术，萌生了去外面优化技能的想法。

聂国军的想法得到父亲的支持，聂国军背起行囊，在一年的时间里，东走浙江丽水、福建三明拜师学习香菇、木耳的种养技术；南下赣州求得栽培草菇的“秘诀”。“取经”归来后，聂国军一边和父亲扩大平菇、香菇、木耳、草菇等食用菌的种植规模，一边抽空通过购买书籍、网上查阅资料，自学金针菇的种植技术，很快又掌握了金针菇的栽培要领。

通过种植多种食用菌，聂国军家收入颇丰，生活条件得到极大改善，老父亲觉得很满足。可聂国军又一次不“知足”了，他认为本地市场太小，赚不到大钱，便想到菌类市场发展较好的广东、浙江等地发展。2003 年，因在外地人生地疏，再加上资金有限，他被食用菌市场上具有品牌、集团化运作优势的竞争对手“杀得片甲不留”，第一次走麦城，铩羽而归。尝试失败后，他把视野重新放回家乡，积极运用在外打拼期间学到的市场营销知识，在做好自己的食用菌种植的同时，开始从外地调运食用菌充实本地市场，实现了产销一条龙。没过多久，聂国军家就占据整个崇仁县食用菌市场销量的八成份额。一时间，聂国军成了崇仁县知名的“蘑菇小子”。

与灵芝的奇特缘分

说起种植灵芝的缘由，聂国军笑称：“这是一种奇特的缘分。”

“我的家乡是崇仁县三山乡的一个小村，村子虽然不大，当地人当中至今还有几个懂得中国传统的点穴，习武之人保留了对传统中医的热情，当地人大多对中药有着特别的情感。久而久之，还有专门的农民以采药贴补家用。”受到生活环境的影响，聂国军没事的时候，也喜欢上村子后山去找中药。而他与灵芝的第一次接触也是在上山采草药的过程中发生的。

“当时的我大概只有十一二岁，看着一棵长得很奇怪的菌子，就采下来玩，到现在才知道，那就是传说中的‘仙草’灵芝。”由于年龄尚小，且对中草药缺乏系统的学习，聂国军便把当地人称为“棺材菇”的奇怪草药丢在山上。

而真正让他以种植灵芝作为一项事业，还要回到11年前。

2004年，一次在浙江调运食用菌的时候，他对当地人家大棚里种植的灵芝产生了浓厚的兴趣，中医学校毕业且对中药有着浓厚兴趣的聂国军知道，灵芝自古以来就是一种名贵的中药材，具有良好的药用价值和保健作用，但是这样大面积的种植还是第一次看见。“那时候才意识到，灵芝原来也是一种菌类，也是可以像种蘑菇一样来种的。”

为此，聂国军开始了第二轮拜师学艺的生活。一年间，他只身一人来到福建、安徽的灵芝基地，拜了当地的师傅，跟着学习。从最苦的砍柴做菌棒学起，天还没亮就进山挑选适合做灵芝培养基的上等椴木，起早贪黑。天天吃住在大棚田边的陋室里，一住就是几个月。通过聆听师傅的耐心讲解和观看师傅的实际操作，有着多年菌类种植基础的他，很快掌握了大棚灵芝的种植方法，并在当年就投入了2万多元，进行试种。

刻苦的学习换来了回报。2004年当年，聂国军的大棚种植就喜获丰收。第二年，聂国军把种植规模扩大到12万元，经过两年多的发展，他的大棚灵芝种植有了长足的发展，因为货源稳定，产品还被销往了日、韩市场，每年的收入也相当可观。正当身边的朋友都为他的事业蓬勃发展而高兴时，好琢磨的聂国军又酝酿出新的想法。

野外灵芝种植的大胆创新

“既然家乡的后山上能长出野生灵芝，为什么不能把灵芝放在山上种植呢？”回想起自己儿时在家乡采摘过野生灵芝的经历，聂国军觉得这可能是一条新的致富之路。

为此，聂国军咨询了多位农业专家，了解到林下仿野生灵芝的营养价

聂国军讲解灵芝的生长习性

聂国军外出学习

值比大棚种植的灵芝高出许多，接近野生灵芝的营养价值，拥有广阔的市场销售前景。而罗山的自然生态环境得天独厚，气候温和，水资源也充沛，十分有利于灵芝的种植。聂国军决定充分利用这种环境和气候的资源优势，在罗山种植林下仿野生灵芝。林下仿野生灵芝，顾名思义就是要创设一个非常接近野生的生态环境，让灵芝能够吸收深山里的天然养分，以自然的方式进行种植的技术。

说干就干，当时仅 20 岁出头的聂国军没有过多的犹豫，而是把想法转变成行动。他出资雇用本村和身边的药农到崇仁周边的丰城、吉安、乐安等地撒网寻找野生灵芝。只要一听到有人找到了，就立马带上专业人士上山进行辨认。“当时为了找野生灵芝，真可谓是废寝忘食，有一次为了方便作业，还在山上的老乡家里住过两三天。”耗时一年多的时间，聂国军终于成功提取培育原生态灵芝的母本，然后又花了将近两年的时间，第一次在野外成功种植灵芝。经历了漫长的三年等待之后，聂国军觉得自己大干一场的机会终于到来了。

2007 年，通过多方筹资，聂国军一次性投入 30 多万元搞起了灵芝林下仿野生种植。但由于对新技术掌握不够成熟，几个月后，初长成的灵芝

聂国军种植铁皮石斛

苗变质枯萎，几十亩地的灵芝全部绝收，满怀信心的他遭受了沉重打击，30余万元投资打了水漂。看到情绪低落的丈夫，妻子劝他："要不咱们去外面打工算了。"回忆起当时的日子，聂国军说："2007年的时候，30多万元在崇仁县都可以买两三套房子了，而这也是之前十来年打拼的血汗钱，全部赔进去了，真是感觉走到了人生的最低谷，当时想死的心都有了。"

面对失败，聂国军并没有退却，而是想起了父亲经常教导他的一句话："把事情做好哪有那么容易，年轻人失败了，大不了从头再来。"心里憋着一股劲儿的聂国军重新振作起来，周边村民、朋友们也对这个"能吃苦，像一头牛一样"的同龄人给予了支持，大家你一千我一万，终于筹齐了7万元多元，聂国军开始了第二次的尝试。

为了不再出现同样的错误，他紧盯每一个细节，每天起早贪黑在灵芝种植基地琢磨种养的每一道工序，没事就去山上走，不懂就去问草药师傅，从土壤、气候、水质、木种等多个方面进行总结，先进行小规模试种，几个月后，试种的木头段里长出了灵芝，在经过不断的试验后，他俨然成为半个"专家"。"终于成功了！"如今，聂国军回忆起当年的事情，仍然觉得这段经历是对他自己创业的一种考验。

野外繁育灵芝的成功，让他成为这个行业的第一人，但是"第一个吃螃蟹的人"面对的问题也是之前别人不曾遇到的。令聂国军没想到的是，花费了巨大心思终于栽培成功的灵芝，因为没有一个评价标准，如何获得市场认可和价值评定成了很大难题，随之而来的，就是陷入了销售的窘境。“当时国内的灵芝价格至少有上百种，每斤的市场售价从 50 元到 3000 元不等，而我的灵芝属于什么价值区间，基本上是没有人能给出标准答案的。”为此，他也去厦门、北京等多个地方的专业研究机构和食品药品厂进行鉴定，自己寻找出路。

为了推广产品、打开销路，聂国军无奈做起了半卖半送的赔本买卖。当时，聂国军几个生意场的朋友出于面子，照顾性地买了一些。聂国军说，“说实话，当时也真没有想过能卖多少钱，自己说好不算好，只有大家吃了说好才行。”而这一年，他又亏损了将近 18 万元。

但就是这一年的亏损，却为他收获了好口碑，朋友们纷纷表示效果不错，林下仿野生灵芝基本达到了野生灵芝的保健要求。不久，客户们陆续打电话要求订购，这也让聂国军重新收获了在野外种植灵芝的信心，“最起码，我知道自己的东西是好东西，是接近野生灵芝的健康产品。”有了好口碑，销路自然也就打开了。自 2010 年后，聂国军的灵芝销售量也逐年上升，市场价格也接近野生灵芝价格。

为了满足市场需求，聂国军还根据灵芝的形状进行嫁接，嫁接后根据灵芝形态配上美观的花盆，将灵芝作为盆景销售。放眼全国，不少山区都在发展灵芝产业，但绝大多数是大棚种植的灵芝，而聂国军的林下仿野生灵芝走出了一条特色路子，其开发的灵芝饮片备受市场的青睐。陆陆续续有一大批外地客商向聂国军下订单收购灵芝。如今，聂国军的灵芝远销云南、广东、福建等地，有了稳定收益。近两年，聂国军的客户基本稳定在 3000 人左右，每年灵芝的销售额都在 2000 万元左右。

让更多的人因灵芝获益

为了对野外种养的灵芝有一个更直观的印象，聂国军把我们带到了位于三山乡张家灵峰的灵芝种植基地。崇仁县、丰城市交界的罗山山脉绵延几百公里，山上林木茂盛，生态环境令人艳羡。山脚下的崇仁县三山乡，更像一个与世隔绝的世外桃源，而聂国军的张家灵峰灵芝种植基地就处在大山深处。为了不破坏原始的地质地貌，上山的道路还是以泥土路面为主，沿途也看不到企业污染环境的现象。上山过程中，聂国军不停地介绍路边的各种草药，并详细说明它们的用途。走了不到10分钟，聂国军突然蹲下身子，指着不远处的一颗紫色灵芝说："你来的时候刚好，我这边马上就采摘了，所以看到的灵芝上面很多都长了灵芝孢子粉，这可是好东西啊！这一株估计有2两多了，今年能卖一个好价钱了！"在为我们一路介绍的过程中，看到心爱的灵芝，聂国军总是会停下脚步，时不时地蹲下来仔细端详一番，似乎总看不够。

在张家灵峰灵芝种植基地入口处，聂国军指着巨大的广告牌说，这个是他们前两年立起来的，但是现在已经过时了。据了解，2010年至2012年间，聂国军将种植面积扩大到200亩。2012年下半年，他开始引领身边的村民走致富路，创立了聂氏食用菌有限公司，周围的村民看到公司经营得风生水起，纷纷加入。

2013年开始，聂国军开始推行统一育种、统一管理、统一销售的集约化运作模式，投资800万元创办了崇仁县灵峰种植专业合作社，并注册了"罗山峰"农产品商标，入社村民社员有107人，带动农户300多户。目前种植面积已扩大到2600亩，产品走出国门，远销海外。2014年实现产值2200多万元，所有种植户年收入都在3万元以上，年收入10万元以上的有57户。同年，聂国军结缘"杂交水稻之父"、首届国家最高科学技术奖获得者、中国工程院院士袁隆平，袁隆平对他的林下仿野生灵芝种植产生了浓厚的兴趣，与他促膝交谈，指导灵芝种植生产。

"做人不单单是自己要先富起来，还要想办法回报家乡，把自我的价值体现出来。"创业小成的聂国安考虑更多的是让社会因为灵芝而受益，近几年，他积极投身公益事业，先后向县自来水厂建设、村内公路建设等公益项目捐款，并在采访中提出，想在公司上市之后，拿出10%的钱设立公益基金，回报社会对他的支持。

谋划全产业发展大局

对于自己目前取得的成就，"生性不安分"的聂国军认为自己还没有到自满的时候，他说："目前我还只是处于一个初级阶段，就是简单地种植和销售野外种养的灵芝。下一步，我的目标是要将灵芝这个产业做大做强，实现产业的全线发展，并争取在未来五年内上市。"

为此，聂国军把2016年的计划表安排得满满当当的：申请仿野生灵芝繁育技术专利保护；扩大林下仿野生灵芝种植规模和引进深加工技术，把种植规模扩大到4000亩；用两年的时间在县现代农业示范园内打造一个占地约150亩，集种植、科研、展示为一体的灵芝生态科技园，生产"罗山峰"系列有机生态产品……

聂国军表示，下一步的目标，要把产品展示店开到北上广深等发达地区。"经过这几年灵芝的养植，特别是随着人们自我健康意识的增长，我越来越感觉到，中国的医药保健领域将会有一个长久的发展。"

而近两年国家对"双创"工作的高度重视，也让这个"80后"小伙更加坚定，"在食用菌行业摸牌滚打了18年，种植灵芝也有10多年，现在这些东西就是我的精神支柱了，有了好政策，我们也就更有信心了。"目前，聂国军注册的企业已经被评为抚州市农业龙头企业，拥有4个大型种植基地，以灵芝种植为主，并把种植范围拓展到铁皮石斛、野生菌等多个养生食品，已初步形成了五大系列产品。

"创业的人必须要有创新的思维，再加上坚持的意志力，才能取得成功，跟着别人后面走，永远只能吃别人溅起的灰尘。"回想自己创业的经历，聂国军很是感慨。也正是因为有了这种创新和吃苦耐劳的精神，聂国军和他的团队先后荣获了全国农村致富带头人、"中国创翼"2015年青年创业创新大赛"银翼奖"、第三届"赢在江西"青年创业大赛抚州分赛二等奖等多个奖项。

点评专家：

创业的形式是多样化的。有自然人形式创业，也有法人形式创业。在改革不断深化的过程中，中国乡村出现新的农业经营主体。借助合作经济形式进入现代农业领域创业，正在成为一个日渐兴盛的新领域。在我们这样一个14亿人口的大国里，农业具有最广阔的市场。聂国军看到了这一点，他成功了。

点评人：汪玉奇

一个成功的企业家，
必须要有一个长远的战略眼光和独具魅力的品格特质。
一家成功的企业，
同样需要这样的战略眼光和品格特质，
并由此形成自己的人文品牌，
提升自身的软实力。
我还年轻，会一直朝这个目标努力迈进。

——彭苏敏

10

青春浇灌创业花

——记江西广泉钢艺有限公司总经理彭苏敏

◎胡光华

一件粉红色的风衣，映衬着一张白皙阳光的脸庞，一只可爱的泰迪狗跟在她身后。和许多女孩一样，27 岁的彭苏敏洋溢着青春的光彩。

人们很难将青春阳光的彭苏敏与“冰冷”的宗教及殡葬产品行业联系在一起。但是，在她的心里，这却是一个充满着爱的行业，它并不“冰冷”，而是温暖的。“殡葬是一种文化，生命的每一个过程都应该得到尊重，当然包括死亡，他们要为生命的回归画上圆满的句号，这是一份崇高的事业。”

2011 年，彭苏敏完成了人生中重要的角色转换：在家乡樟树市创办了江西广泉钢艺有限公司，成为一家专门生产骨灰存放架、牌位架、万佛墙等宗教及殡葬产品企业的总经理。

广泉钢艺有限公司创立四年以来，规模不断扩大，注册资金增加至 5189 万元，总投资近 1 亿元。2014 年实现销售额近 4000 万元，完成税收 280 万元。

一朵新颖的创业之花，在赣江之滨绽放。

心怀创业梦想，以敏锐的眼光发现巨大商机

蜿蜒的海河哺育着天津这座有着 1500 多万人口的北方城市。经历 600

余年，特别是近代百年，造就了天津中西合璧、古今兼容的独特城市风貌。自2006年3月22日，国务院将天津完整定位为“环渤海地区经济中心、国际港口城市、北方经济中心、生态城市”，并将“推进滨海新区开发开放”纳入“十一五”规划和国家总体发展战略，设立滨海新区为国家综合配套改革试验区后，天津成为“中国经济第三增长极”。

彭苏敏很爱这座充满着创业活力、发展活力的魅力城市。何况，这里的狗不理包子、耳朵眼炸糕、十八街麻花等特色风味小吃，是多么诱惑年轻人的味蕾啊！在南开大学学习期间，彭苏敏走遍了这座城市，也融入了这座城市。2010年，彭苏敏从南开大学毕业，进入光宇集团天津科斯特电动汽车科技有限公司从事外贸及翻译工作。

一次偶然的机会，彭苏敏得知目前全国每年的死亡人数近1000万，传统的土葬方式对日益紧缺的土地资源造成了很大的危机，国家正在大力推行骨灰寄存这一绿色环保、节约土地的新型丧葬形式。彭苏敏脑中闪过一个念头，是不是可以回家乡创业，从事这个极具发展潜力的特殊行业呢？

彭苏敏原本在科斯特公司做得很顺手，待遇不错，个人也有发展前景。得知彭苏敏要离开，科斯特公司的老板找她谈心，并再三挽留，许诺给她涨工资。彭苏敏告诉他，自己并不是要跳槽到别的企业，而是想趁着年轻回家乡创业。无奈之下，这位爱惜人才的老总不得不批准她的辞呈。

彭苏敏是家中的独生女。父亲彭志龙当过15年兵，转业后回到家乡

广泉公司钢艺有限公司厂区全景

樟树市妇联工作。对于女儿的举动，彭志龙给予支持态度。“我爸爸为人正直诚信，办事雷厉风行。”彭苏敏说，“他的创业精神对我影响很大。”彭志龙 20 世纪 90 年代在当地政策允许下，停薪留职到福建泉州做保险柜销售，6 年来业绩屡创樟树市之冠。后来，彭志龙又回乡办了几年轧钢厂。

2011 年，彭苏敏离开了天津，回到樟树与父亲一起创办了江西广泉钢艺有限公司，从此开始了一段文化树企、创新建业的新征程。

樟树市不仅是有名的药都、酒乡，也是全国知名的金属家具产业基地。成千上万的樟树籍金属家具销售人员遍布全国各地，成为推动“樟树制造”走遍全国、走向世界的重要力量。彭苏敏是一个心思缜密的女孩。她知道樟树市的金属家具产业密集的销售网络是广泉公司成功的基础。因此，她对公司未来的发展信心满满。然而，自古创业多艰辛。前期批地、土建以及厂房、设备等硬件的建立和完善，就让彭苏敏和父亲焦心劳思。好在父女同心，其利断金，这些困难逐一被克服了。

广泉要做一家怎样的企业呢？彭苏敏分析了国内市场之后，决定走中高端路线，以品质换市场。她对企业发展进行了规划，即以市场为导向、以质量为前提、以人才为核心，本着“精益求精、止于至善”的经营理念，努力培育“诚信立足、创新致远”的企业精神，将广泉公司打造成独具人文关怀的存放架第一品牌。

抓住核心要素，以创新打造企业核心竞争力

年轻的心，有激情，也更懂得创新的价值。

“只有创新，才能让企业立于不败之地。”为了开阔眼界，彭苏敏多次到中国台湾、马来西亚等地考察学习。谈起收获，她说，殡葬行业包含着浓厚的特色文化，只有把文化注入产品之中，把工业产品当作工艺产品来做，才能让企业在收获经济效益的同时，也收获社会效益。考察学习，无疑给彭苏敏带来了许多灵感和创意。

创新了理念，才能创新产品。广泉公司一开始走的就是与众不同的创新之路。鉴于樟树市的工业产业链不够完善，很多新技术、新工艺无法最先获知，彭苏敏果断做出决策，于 2011 年 7 月在广东省佛山市开设了研发中心。

然而，骨灰存放架的研发工作异常艰难，国内没有成熟的模式可以参考和借鉴，彭苏敏带领她的团队从零开始，认真研究和学习传统殡葬理念及中国古典文化，再融合现代审美及工艺，经过大家的共同努力，短短三个月时间，广泉牌骨灰盒存放架便惊艳问世。产品完全突破了传统结构设计、工艺技术和原材料的束缚，独特新颖、精致美观，成为兼具文化与科技的艺术精品，先后荣获国家专利 40 余项。

在广泉的产品陈列馆，那些金碧辉煌的骨灰盒存放架、牌位架、万佛墙就像是一件件硕大的工艺品。彭苏敏介绍，为了改变这类产品给人的阴

广泉公司的高精密冲压生产线

沉冷峻的感觉，广泉公司在材质上选取了阳极化铝合金型材，硬度为 12 度，高于国家 8 度标准，并自主研发了以磨砂金、尊贵红为主色的铝合金，让人感觉明亮温馨。产品造型糅合中国古典建筑风格，既体现了传统文化，又升华了现代制作工艺。

不仅如此，彭苏敏还将光影技术与产品融合。投资研发了 LED 电光控制系统，使骨灰存放架、万佛墙、佛龛等产品可以变换不同的光影，多姿多彩。不少客户看过后，都称赞广泉产品处处闪烁着智慧的光芒。彭苏敏说，这既体现了广泉人对丧葬习俗及传统文化孜孜不倦的研究与追求，也表达了广泉人对逝者无尽的尊重与怀念。

彭苏敏知道，产品的创新是核心，然而销售渠道的创新也极其重要。佛山研发中心稳定后，彭苏敏便回到樟树总公司，全力抓好电子商务推广及外贸销售等工作。她利用大学所学外贸专业知识，组织团队进行外贸销售，公司先后接待美国、英国、马来西亚、日本等外宾百余人，销售业绩达 600 余万元。她还先后组织公司参加了亚洲殡葬博览会、中国国际殡葬博览会、中国佛教用品展等，别具一格的产品得到了业内专家及国内外客商的一致肯定及高度赞扬，成就了广泉存放架第一品牌的美誉。

为了创新产品销售渠道，彭苏敏在保留社会闲散营销队伍的同时，高薪引进人才，组建了公司自己的营销团队，并在浙江、江苏两省设立了销售部进行试点。公司自己的营销人员不仅有保底工资，而且售出产品可以提成 50%。迈出这一步，需要很大的魄力。作为一个年轻的女孩，彭苏敏勇敢、自信地做出这个决策。事实证明，这支营销队伍很好地铺开了市场。

新颖独特的产品和与时俱进的销售模式，使得广泉的品牌影响力及市场占有率不断提高，订单不断增加，国内民政系统最大的骨灰存放架采购项目——河北省石家庄市正定新区纪念堂，也被广泉公司以 2000 万元中标而成功拿下。这个项目，也为广泉公司的发展打下了一个良好的基础。

锻造人文品牌，以魅力品格生发企业成长动力

一个成功的企业家，必须要有一个长远的战略眼光和独具魅力的品格

特质。一家成功的企业，同样需要这样的战略眼光和品格特质，并由此形成自己的人文品牌，提升自身的软实力。彭苏敏说自己还年轻，会一直朝这个目标努力迈进。

在父亲彭志龙眼里，这个从小就当作“男孩”来培养的女儿，自小就特别独立，连在千里之遥的天津读大学期间，也从来没有让父母接送过。不仅如此，彭志龙还有意识培养女儿的为人处世之道，并始终以身作则。

对于这一点，彭苏敏很是感激父亲。她向我们讲了几个关于父亲的小故事。原先，彭志龙的岳父、岳母在樟树市农村与儿子生活在一起，后来老人与儿子相处产生了一些小矛盾，不愿在农村住了。彭志龙便担起责任，于2004年花两万元在樟树城区给岳父、岳母买了一套房子，如此一来，摊到他身上的事情就多了，但彭志龙从未埋怨，努力尽着晚辈的孝心。后来旧房拆迁，这套政府补助的安置房现在已经价值60万元了，无私地奉献，却给了他意想不到的回报。1998年，彭志龙下海到福建泉州做保险柜销售业务，苦心经营六年，他把泉州的销售点做成了一个品牌。后来他因故要回樟树老家，便把经营红火的销售点让给了自己的侄子，并且把所有客户都介绍给侄子，侄子也非常感恩，逢年过节都送些礼物以表感激。“做人要有责任，要大气，一个人有舍就会有得。”彭苏敏动情地说，这是父亲言传身教给她的宝贵精神财富。

自从创办企业之后，彭苏敏几乎没有了自己的休闲时光。这个年龄的女孩可以在父母、男朋友面前撒撒娇，可以拿起背包来一场说走就走的旅行。而她却没有了这些“待遇”。她每天忙着企业的日常管理，忙着产品的创新，忙着客户的接待。好在她慢慢把企业各项制度都建立起来了，现在她把更多的时间放在对企业发展的全局把握上。

彭苏敏聆听父亲的意见

对于“舍得之道”，彭苏敏有自己更深刻的理解。她说，做企业必须给自己机会，也给别人机会。她举例说，有的企业将产品上下游生产流程都揽到自己身上，结果无法做到“术业有专攻”。广泉公司则是把模具

彭苏敏率领员工参加展会

全部外包给别的厂家加工，这样聚合所有优质配件，才可以保证广泉产品的优秀品质。

“企”字“人”在上，无“人”则“止”。彭苏敏对于人才的重视，用求贤若渴来说亦不为过。一位姓吴的销售经理原先在一家机械厂工作，年薪有四五十万元，他看中广泉的发展前景，有意向跳槽。彭苏敏得知这一消息，欣喜不已，表示愿意聘请他为企业的销售总监，并让出企业5%的股份。此举让这位姓吴的销售经理感动不已，很快加入广泉的团队。现在，他带领的销售团队已为产品布好销售网络，未来发展令人振奋。对于研发人员的引进，彭苏敏同样不惜重金。

对于设备引进、工艺改进、产品研发、市场推广等资金投入，彭苏敏同样大气，她相信付出就有回报的道理。每一个产品都要先在电脑上研发设计模具图，然后再投入生产。广泉研发设计的模具有两三百种，一年投入的模具费就需要400多万元。此外，企业每年还有100余万元的网络推广费。

“责任担当、大气和谐，诚信立足、创新致远”，彭苏敏认为这不仅应当成为每一位广泉人的品格特质，也应当成为企业的品格特质。一家企业，唯有锻造出独特的魅力品格、人文品牌，才能生发无穷的成长动力。

让我们看看广泉人诚信的故事吧！在选择产品前，许多客户会先电话

彭苏敏与员工讨论产品设计图

咨询，了解产品情况。彭苏敏经常接到这样的电话，每一次她都是诚实回答客户的问题，从不夸大宣传吸引客户前来。2012年初，广泉为了提升骨灰架面板的工艺水平，引进了一个纳米喷镀工艺，并耗资近20万元购进了一台设备。然而由于这项工艺不成熟，生产的面板易掉漆，客户很不满意。彭苏敏想也没想，就派人召回3000多个面板门重新生产、重新喷涂后送到了客户手上。广泉虽然因此没赚到钱，但收获了客户的好评。这位客户从此成了彭苏敏的朋友。

“我们的产品追求外在与内在的统一，这样才会受到客户青睐。”彭苏敏说，“就像我外出谈生意，人家一看我是一个年纪轻轻的女孩子，马上就会产生质疑，只有通过深入交谈、沟通，人家才会认可你。现在，只要是诚心诚意做生意的客户，看了广泉的产品，基本就能定下来。这一点让我很自豪。”

澎湃创业激情，以不竭动力带领企业攀登

企业要在市场站稳脚跟，创新创业的步伐就不能停歇。彭苏敏笑着说，不管走到哪儿，都会想着公司的事儿，似乎所见的任何东西都可以与公司的产品挂上钩。比如，有一次到北京故宫，人家走走看看，她却好像被胶水黏住了脚，总是在雕窗、壁画前面一看就是老半天。问她看什么？她说，她在想这些花式是否能被公司的产品所借鉴。

2015年最令彭苏敏引以为豪的事，就是广泉团队参加了“中国创翼”2015年青年创新创业大赛，并获得了不俗成绩。该大赛由人力资源和社会保障部与中国宋庆龄基金会联合主办，旨在搭建“双创”展示平台，推动形成新一轮创业创新热潮。2015年10月，彭苏敏代表广泉出赛，经过几番角逐，

她“过关斩将”，最终以华中赛区第一名的成绩挺进北京决赛，在3000多个项目中勇夺第四，并受到国务院总理李克强和国务院副总理马凯的亲切接见。

在“中国创翼”2015年青年创新创业大赛期间，彭苏敏收获满满。她不仅结识了许多来自全国各地的创业精英，还从一些知名企业家、经济学家那儿学到了许多创业知识。然而彭苏敏并不满足，为了提升自己的知识储备，学习更加先进的企业管理知识和经营理念，她报名参加了总裁培训班。

为了延伸产业链条，近年来广泉陆续收购了两家生产骨灰盒和冷藏产品的企业。作为一个年轻人，彭苏敏深知骨灰存放架行业必将朝着科技化及便捷化方向发展。她大胆做出改革，组织人员研发了一套存放架智能管理、远程祭拜的方案，让家属可以通过摄像头远程祭扫，并可在网站、微博、微信平台上进行追思，还可参与革命烈士追思树、地震祈福墙等共祭活动，既经济又便捷，真正实现了绿色、低碳、文明的丧葬及祭拜。

未来，广泉的路怎么走？这是彭苏敏和父亲经常思考的问题。

彭苏敏直言企业会朝着中高端产品的方向发展，在市场拓展上，将把目光主要放在东南亚市场，让广泉产品走向世界。然而，她心中还有一个更大的计划。目前，国内沿海发达地区殡葬改革走在全国前列，建骨灰堂也成为一种普遍现象。她计划依托中高端的骨灰存放架生产优势，在沿海地区开发殡葬行业的终端产品，建设市场化的大中型骨灰堂。“这是一项充满爱的事业，我会为此不懈努力！”彭苏敏的话充满了自信和坚定。

我们有理由相信，这朵青春浇灌的创业花，必将开放得更盛、更美！

点评专家：

在大众创业的潮流中，青年人的创业应当有更强烈的青春色彩。热情、勇敢，有更多的冒险精神，有更多的运用当代科学技术知识创业创新的智慧。即使失败了，也决不言弃。彭苏敏向我们诠释了这一点。

点评人：汪玉奇

创业的本质是创新，
但创新不可闭门造车，
必须与鲜活的实践相结合，
在破解实践难题中勇于探索、攻坚克难，
才能找到最佳的创新路径，
达到事半功倍的效果。

——付传德

11

梦想点亮青春

——大学生付传偲蛇舞人生启示录

◎汤　民

万蛇游动，与蛇共舞；执着蛇业，青春飞扬，是付传偲与蛇朝夕相处真实而富有诗意的生命写照。咀嚼付传偲与蛇结缘、醉心蛇业的心路历程，耳边不觉传来印度的《蛇舞》之歌："夜庄严肃穆，点缀神的孤独；熟练的舞步，娇羞地沾染上尘土……"其实，蛇舞人生、开创蛇业，不仅需要"自由酥软的身体"，更需要在如火激情与冷静理智的熔炉中，淬炼出一颗勇敢、敏锐而坚强的心，才能拥抱人与自然和谐的明天。

2015年11月26日，久违的冬阳洒向赣中南那片苍翠的大地，群山峻岭便呈现出一派撼人心魄的壮美。在碧水绿荫环抱中，泰和县上圯乡老营盘水库大坝下游占地近6亩的泰和县江南生态蛇业专业合作社——泰和县特种养殖示范基地显得格外清新、寂寥而迷人。蛇场主人付传偲走出大门相迎的一刹那，笔者脑海中想象的蛇场主人的威猛形象顷刻颠覆：只见他清秀的面孔上架着一副近视眼镜，透着几分腼腆的，彬彬有礼，颇似刚刚迈出校门的青涩大学生。

这里是蛇的王国，神秘的世界。近万条大王蛇、眼镜蛇、五步蛇等让人惊心动魄、目不暇接。与蛇场主人促膝长谈、交流心声，28岁的付传偲展现的创业经历和精彩人生，令人思绪万千，感慨良多。

把蛇场搬到“云”端

意大利诗人但丁说过：“人类生来就是为了飞翔。”在大数据、云计算扑面而来的时代，在“大众创业、万众创新”风起云涌之际，多少热血青年神思飞扬，云中追梦。两年前，当付传德提出要把“江南蛇业”搬到“云”端时，许多人只是一笑了之，认为他异想天开。如今，当付传德研发的“温湿智能调控系统”顺利落地时，人们开始相信只要不懈追求，勇于创新，一切皆有可能。

2013 年 11 月 27 日，是付传德人生中值得永远纪念的日子。

当天，付传德收到了上海一家计算机公司根据他设计的软件加工制作的“温湿智能调控系统”硬件模块，并立即投入测试。

次日早上，经过一天一夜的测试，目睹温控误差只有 0.2 摄氏度、湿度调控误差在 5% 以内等各项指标时，付传德欣喜万分，信心百倍地说：“所有指标都达到设计要求，这套拥有自主知识产权的‘温湿智能调控系统’，将实现心中那个把蛇场搬到‘云’端的梦想。”

付传德进一步解释道，这套系统的目标就是打造智能蛇场，把过去许多单调和重复的劳动交给人工智能系统处理，确保毒蛇繁育、生长环境的稳定性，为蛇的生育创造一个更精准、更有利的环境，将人力、物力成本下降三分之一以上。目前，第一步就是通过智能系统把各蛇房的温湿调控进行集成管理，并实现无线联络；第二步就是待系统运行成熟后，再将相关信息与计算机云联系起来，实现互联网移动终端控制。届时，无论身在何处，蛇场的管理和监控皆可由手机上网实现。

众所周知，智能系统的核心是软件，而软件的计算机编程又是关键。可编程对于付传德这个文科生而言，是一个相当大的挑战。但他别无选择，因为毒蛇对温度、湿度等环境指标要求很高，靠人工巡视控制，不仅成本居高不下，且精确度难以保证，容易出现风险。如果按要求请软件公司设计智能控制系统，却又投入不菲，钱从何处来？好几次，看到毒蛇因患肺炎而成批死亡、蛇尸遍地时，付传德心都碎了。无数个不眠之夜，一条条

地方电视台来付传德的蛇场采访

银蛇在梦中飞舞，一个个方案在心中酝酿。2013 年 12 月底，付传德买来计算机编程教材，开始了蚂蚁啃骨头般的艰难攻关。凭着从小就对计算机的兴趣和不屈不挠的钻劲，硬是翻越了一座座高山，趟过了一条条湍流，向成功一步步推进。计算机编程的每一个节点中的逻辑关系、控制原理、解决方案、总体布局，在他的强攻智取下，一一“俯首称臣”。

多少个静谧的深夜，付传德屋里的孤灯点亮了漆黑的山谷，键盘的敲击声打破了大山深处的宁静。每次碰上设计程序的沟和坎，他总会悄然走进院中倾听蛇的呼吸、蛇的蠕动、蛇的蜕皮声……登上水库坝顶仰望湛蓝的星空，倾听发电站水轮机低沉的吼声，凝视巨大的涌流从桥下飞过，从中获得灵感和启示。

创新是创业之魂，两者相辅相成。细数“江南蛇业”的创新点，人们欣喜地发现：蛇房的加热不再是空气传导，而是采用空气能热水通过管道增温；新建的养蛇池以水帘式降温，使相对封闭的养蛇环境更接近自然……同时，管理创新与时俱进、注重人文关怀。

学徒期满的四川青年宋健在湖南衡阳一家蛇场工作半年后，又回到他学徒的“江南蛇业”，他说：“付哥的点子多、思想活，电脑玩得特好，他自己安装了游戏和音乐，还有无线网络，让寂寞和单调的蛇场生活有了生机，更重要的是他把员工当兄弟。”

对此，付传德告诉我们：科技创新是为了实现蛇场环境的精准控制，为毒蛇的生育营造一个更舒适的空间，并逐步减少成本、降低能耗，实现绿色发展，把重复的劳动交给智能系统，以投入更多时间和精力投入研究科学养蛇的规律，创造生态蛇场新模式，而管理创新的核心则是汇聚员工的智慧和力量，使大家心往一处想、劲往一处使。为此，针对员工的需求和培养技术骨干的需要，付传德从过去发工资到给股份，和大家利益共享、风险共担，使蛇场事业蒸蒸日上。“江南蛇业”的养蛇产量逐年翻番：产量由2012年的2000条发展到现在的1万条，年销售超100万元。

付传德挑蛇称重

创业启示：创业的本质是创新，但创新不可闭门造车，必须与鲜活的实践相结合，在破解实践难题中勇于探索、攻坚克难，才能找到最佳的创新路径，达到事半功倍的效果。

让梦想引领创业之路

哲人有言：理想是人生的太阳。

多年创业的艰辛与曲折令付传德深刻感受到了梦想的力量，给了他许多人生感悟：梦想是人们对于美好事物的憧憬和渴望，是人类与生俱来的使命召唤，并迸发出诗意般的灵感，给人无尽的力量和希望。

2009年9月，从九江学院新闻采编与制作专业毕业的付传德，被一家地处繁华都市的电视台正式录用，父母希望他珍惜并拥有这份来之不易的工作，在城市好好发展。可创业的梦想总在付传德心中翻腾，成为一种无法抗拒的力量。但创业之路在哪里？付传德把目光投向他生命之根的赣中南广袤沃土。于是，他毅然辞职，回到家乡寻找创业项目，从养牛、养羊、养猪、养蜈蚣到养蝎子，一个个项目在资金、技术、市场等多个要素的综合评估中被否定。最终他选择了养蛇，理由有三：起步投资不大，技术要求高，家乡的绿水青山是天然的养蛇场。

当付传德的梦想之舟起航时，除了母亲不置可否外，其他亲朋无一不是摇头反对，认为他放着城市的“铁饭碗”不要，偏要回到山村从事这种高风险的特种养殖，是一时头脑发热、心血来潮，等到碰得头破血流后，一定会后悔不迭。

2012 年的春天，付传德以去江苏探亲为由，只身来到溧阳市一家养蛇场当起了学徒。当付传德第一次伸出手抓蛇时，他默默告诫自己：这是自己人生的一次重要抉择，开弓没有回头箭。尽管付传德表现得特别冷静，可当他把蛇抓在手里时，还是感到从未有过的恐惧。但付传德很快就克服了对蛇的恐惧，一步步与这些精灵亲近起来。他细心研究蛇的习性，全身心地投入求知学艺之中，本来规定一周的学习时间，他硬是在蛇场学了一个月，直到认为可以独立应对基本问题为止。蛇场主人被付传德的求学精神所感动，不仅悉心传技，还为他介绍了四川、广西、湖南等地的养蛇高手。循着师傅指点的路径，付传德四方拜师学艺，不仅全面系统地掌握了各类

付传德展示蛇蛋

蛇的生活习性、饲养和蛇伤治疗技术，而且为日后养蛇的技术、品种交流及产品营销打下了坚实的基础。

3个月的外出学习结束后，付传德回到家中。看着他为学技艺而被无毒蛇牙“扎”满小伤口的手臂时，父母含着泪水答应了儿子的请求，亲友们也明白了他的决心，纷纷予以支持。

然而，创业之路并非一帆风顺。2012年7月，在父亲付学洋的全力支持下，付传德租下了老营盘水库一处3800平方米的荒废平房，并投资100多万元进行整修改造，把养蛇场分成孵化区、育苗区、饲养区和饲料加工区。当年9月，付传德又花10万元引进了第一批2000条眼镜蛇和大王蛇开始饲养。因为投资较大，心里又没底，在之后的三四个月里，付传德如履薄冰、惶恐不安，经常失眠，一是担心蛇不适应这里的环境；二是担心养蛇出现意外情况；三是担心蛇吃少了长不大；四是担心蛇吃多了，饲料来源不足。

不曾想，3个月后的一天，付传德担心的事果然出现了。那天，付传德一早来到大王蛇育苗区检查，突然发现有几个育苗箱里出现了死蛇。他当时并未在意，认为这么大的养蛇场，偶尔死几条蛇属正常现象。可接下来发生的事情让他再也无法淡定了：每天查房，育苗区的死蛇少则两三条，多则十几条。他感到很奇怪，通过仔细查看，发现蛇身上都有咬伤的痕迹，断定是蛇咬蛇致死。

付传德打电话向师傅请教，几个师傅都说他们没有碰到过这种情况。同一个育苗箱的大王蛇为什么会发生互咬现象呢？付传德百思不得其解。截至2013年6月底，育苗区已有400多条蛇被咬死，经济损失达八九万元。此时，付传德像热锅上的蚂蚁一样，急得团团转，如任这形势发展下去，后果不堪设想。他夙夜忧思，殚精竭虑，一边请教行家，一边查阅相关书籍和资料，终于找到了症结所在。原来大王蛇对光很敏感，尤其不喜欢明亮的灯光，也不喜欢被人干扰。可育苗房走廊里的灯光一开，光亮耀眼，加上有人来回走动，育苗箱里的大王蛇便会狂躁不安，进而在相互争夺地盘时，打架、撕咬，导致死亡。付传德立即对症下药，卸掉育苗房所有的灯光，查房时改用手电，并减少查房的次数。同时，根据蛇种的习性精准调控温度、湿度，为蛇的生长营造更好的环境。由此，“微笑的眼镜蛇”

成了付传德追求的目标，也成了“江南蛇业”的商标。

创业启示：“草根”创业可能会四处碰壁，也会举步维艰、困难重重，但只要执着梦想、找准目标，有百折不回、敢于拼搏的韧劲，就一定能创出一片属于自己事业的新天地。

为创业注入诗意的力量

“我的寂寞是一条长蛇 / 冰冷地没有言语 / 姑娘，你万一梦到它时 / 千万啊，莫要悚惧……它月光一般轻轻地 / 从你那儿潜潜走过 / 为我把你的梦境衔了来 / 像一只绯红的花朵。”冯至的《蛇》那优美的诗句，是付传德思念心上人时最好的慰藉。虽然现代通信技术能将现代都市的一方与寂寞山野的一角连成一线，但对远方妻子的爱恋依旧是那样浓烈和情深。

“一个江南大学的女博士嫁给一个身处深山的养蛇郎，这在世人的眼里似乎不够般配，但彼此的淳朴、善良、执着和共同的理想，把两颗心紧紧联系在一起！”付传德说，他们的爱情冲破了世俗的偏见，不乏诗意的浪漫。下一步，付传德的妻子肖小兰将回到家乡贡献智慧，一起开创属于他们的绚丽事业。

其实，美好的爱情总是充满诗意的。付传德说自己虽然不会写诗，但喜欢诗的意境，对诗意有着独特的理解：诗意源于纯洁的心灵、高蹈的精神，诗意让生命充满激情和灵性，是创新创业的力量源泉，也是人生抵御庸俗和低级趣味的“防火墙”。当然，诗意离不开爱情的力量、人间真情与生命大爱，更离不开人与自然和谐相融的生态环境，用爱的力量创造美好的未来，抒写诗意人生。

付传德终生难忘的“两个第一”，都是在爱人的理解、鼓励和支持下实现了跨越。当年，付传德为人生做出第一次创业抉择时，面对家人的强烈反对和创业的艰难时刻，是正在江南大学攻读硕士学位的肖小兰，以她的远见卓识和蕙质兰心给了付传德信心和勇气。她说：“男人可以没有钱，没有显赫的身世，但一定要有进取心、事业心，有开创未来的能力，闯出属于自己的一片天地。创新创业是我们爱情最好的保鲜剂。”

付传德查看蛇房新出的眼镜蛇苗

付传德不会忘记，第一次被毒蛇咬伤的情景。那是 2013 年 7 月的一天，当付传德去巡查种蛇房时，一条没有任何攻击征兆的产蛋眼镜蛇突然跃起，在他防护手套未及的手臂上狠狠咬了一口，他立即打开急救包，用三棱针划开伤口排出毒血，迅速处理好伤口。当晚，肖小兰在电脑里看到丈夫受伤的手臂时，心一下子提到了嗓子眼，泪水不觉夺眶而出，眼角眉梢都是心疼。她辗转反侧，彻夜难眠，千叮咛万嘱咐，要他千万注意安全。妻子的心疼、担忧和叮嘱，令付传德感动不已，更加激发了他创业的勇气和力量。此后，付传德也加强了对毒蛇习性的研究，采取各种防护措施，尽量避免遭受毒蛇的伤害。因为，他的事业、安危已经与千里之外的妻子融为一体了。

"创业若有传帮带，事业更好上台阶；父母时刻做表率，子孙岂能成孬样。"付传德每次与他人交流创业人生，对兄长、父母及亲友的全力支持总是充满感激。付传德坦言，他遗传了父母的创业基因。16 岁时，父亲就到老营盘水库管理局参加工作，尽管文化水平不高，但他勤于学习、善于思考，在实践中自学工程造价、施工监理等各种知识，很快崭露头角，成为行家里手。当改革开放的春风吹拂神州大地时，父亲又利用业余时间自学摄影、摄像和编导，在老家沙村镇创办了首家照相馆和艺术馆，还到县城承接相关业务，成为当地早期勤劳致富、靠技术发家的创业典型。

"江南蛇业"创办之初，在那段最艰难的日子里，父子朝夕相处，共同应对各种困难，从租厂、建厂到四处奔波为蛇厂寻找孵化场淘汰的鸡、鸭苗做蛇的饲料，父子俩日夜操劳、并肩作战，使“江南蛇业”如期获得了江西省林业厅颁发的《野生动物驯养繁殖证》和《野生动物及其产品经营许可证》，为“江南蛇业”拓展广阔的发展天地。

付传德回首“江南蛇业”的成功创办，不仅汇聚了家人和亲友的资金和爱心，也得到当地政府的大力支持和关爱。泰和县就业局将付传德作为创业典型给予重点扶持，泰和县政府、上圯乡政府还将“江南蛇业”作为特色农业示范基地、“田教授”创业示范点，给予关心和帮助。如今，伴随着国家一系列促进就业创业优惠政策的落实和“大众创业、万众创新”时代大潮的涌流，付传德坚信，国家“双创”必将为“江南蛇业”的发展注入强大力量，带来光明前景。

目前，付传德创办的江南生态蛇业专业合作社注册资金为200万元，计划再建一个400平方米的保温饲养棚，增加银环蛇、赤链蛇、尖吻蝮、乌梢蛇等养殖品种，进一步扩大养蛇规模。同时，加强技术开发、提高养蛇效率、降低养蛇门槛，把养蛇当作饲养家禽、家畜一样简单易行的事情，带动乡亲养蛇致富。

近日，付传德又自行设计并申报了一个包含蛇酒、补药、兽药三种类别的产品商标，努力打造属于自己的蛇类衍生产品品牌，并准备对蛇毒进行提取加工，不断增加蛇业的附加值，让更多的消费者享受蛇业带来的健康与快乐，为绿色发展做出新的贡献。

创业启示：爱情是创业人生最动人的力量，亲友是创业人生最坚实的依靠，政策是创业人生最可靠的保障。汇聚爱的力量，凝聚人间真情，融入时代潮流，为创业人生注入诗意的力量，生命就会展现出别样动人的风采。

点评专家：

读傅传德的创业史，很有感慨。创业是艰难的。它需要在纷繁复杂的市场变化中找到发展机会，需要在优胜劣汰的市场竞争中形成竞争优势。因而，没有智慧，没有勇气，没有坚持，没有激情，是不可能获得创业的成功的。

点评人：汪玉奇

如果你知道去哪，全世界都会为你让路。

——杨慧琴

12

像白鹭一样飞翔

——女大学生杨慧琴的创业故事

◎罗春英　严若虚

“我的家乡是一个山清水秀的小山村。每年春耕的时候，成群的白鹭时而在田里觅食，时而排成一线高高飞起，像划向蓝天的一道闪电。白鹭，是儿时记忆里最美的风景。”初冬，阳光却如春日般煦暖。眼前的杨慧琴身材娇小，笑容温婉，恬静之中流露出隐隐的倔强，“创业之初，我把公司命名为鹭翔，希望自己能像白鹭一样飞翔。”

就是这个外表清秀的女孩，已成功开办了目前上饶市规模最大、品种最齐全的劳保用品公司，年销售额逾800余万元。虽然只有30岁，但杨慧琴的创业之路已经走过7个年头。凭借自身的努力和扎实的奋斗，年纪轻轻的她已成为江西省内颇有名气的大学生创业典型。

“其实，直到今天我也没有取得真正意义上的成功。但我会一直向前奔跑。”江南女孩特有的低声细语，从容淡定，却让人分明感到了一种云蒸霞蔚的坚强。

通过努力来改变自己命运

时光回溯到1985年11月11日，上饶县罗桥乡坂头村的“外来户”杨友义家，第四个女婴呱呱坠地了。杨友义是浙江江山人，当年，为了谋生举家迁到罗桥，在当地开了一家活性炭厂。虽然盼子心切，但看到乖巧可爱的女儿，杨友义还是心生欢喜。他给女儿取名“慧琴”，希望女儿长大以后慧心琴韵，有一个幸福快乐的人生。

后来，杨家又陆续添了三个孩子。因为子女众多，生意不顺，家里境况一度举步维艰。但见过世面、体察事理的杨友义却深知读书的重要性。他对孩子们说：“不管家里条件多么艰苦，只要你们能上大学，爸爸卖血也要供你们读书。”

2001 年，卧病榻 7 年之久的母亲因白血病医治无效离世。撕心裂肺的痛苦过后，16 岁的杨慧琴透过朦胧的泪眼，看着自己千疮百孔的家：为了给母亲看病，家里已经欠下 30 万元的高额债务，子女七人有五个在读书，刚经历生活重击的父亲一蹶不振。懂事的杨慧琴想放弃学业回家帮忙，但二姐杨丽琴拦住了她。二姐的话掷地有声：“家里有我，你们只管放心读书。”从此，二姐成了家里的主心骨，也成了杨慧琴最依赖的人。

2003 年，杨慧琴如愿考上了南昌大学外贸英语专业。当学校的录取通知书送到时，一家人既欣喜又发愁：家里的债务远没还完，上面已经有一个在读大学的三姐，根本没有能力再支付慧琴上学的费用。最后，全家人东借西凑，好不容易才凑足了 5000 元学费。攥着这凝聚着家人希望的 5000 元钱，杨慧琴在心里暗暗发誓：“一定要好好读书，让家里人都过上好日子。”

贫困的生活让杨慧琴早早知晓了生活的不易，也让她更珍惜来之不易的大学时光。她成了老师和同学眼里最勤奋的学生，也是全班最节俭的女生。每天清晨，她早早地来到学校的“英语角”，苦练英语口语和对话。周末，当寝室里其他女同学忙着逛街、约会、看电影的时候，她却奔走在去做家教的路上。为了多挣些钱，她最多时兼任三份家教。有时，

杨慧琴获“创业女能人”奖

杨慧琴调配产品

她还去食堂做帮工，扫地、洗碗、端盘子，什么活都干。

靠着这份勤奋和执着，杨慧琴不仅挣够了自己的生活费，还屡屡向同样在上大学的五妹伸出援手。而学业上，她也没落下，大学就读期间拿了三年奖学金。她还是南昌大学《英语周报》的记者，经常用英语采访和写作，专业水平得到了很大提升。

勤工俭学之余，杨慧琴喜欢待在寝室里，除了复习功课，还大量阅读成功人物的创业故事。这些故事开拓了她的视野，也刺激着她活跃的大脑，特别是那些大学生通过努力改变自己命运的文章，让她意识到，要改变家里的贫困状况，单靠找一份稳定工作必定难以做到，还必须拥有更广阔的自主发挥空间。

谈及这些往事，杨慧琴风趣地说："也许我像父亲多一些，骨子里天生就带着创业基因。"

回家乡打拼一份属于自己的事业

2007 年夏天，杨慧琴大学毕业了。早慧早熟的她没有涉世之初的迷茫，她目标坚定地来到上海，通过人才市场很快找到一份外贸公司业务员的工作。

外贸业务员的主要工作是开发国外新客户，做好与对方的接洽和跟单工作。为了尽快建立起自己的客户群，杨慧琴每天在网上不停搜罗国外企业的资料、邮箱和电话，不断将产品信息和公司信息上传到对方邮箱里。“每天至少要发 200 封以上邮件，多的时候一天发 500 多封。”杨慧琴说，“大部分邮件都石沉大海。偶尔会有企业给你回复，那样的概率极低。”但就是这几乎是几千分之一的概率，给了杨慧琴莫大的希望。有时，在深夜里收到对方的回复，她也会立刻回馈，以保证与客户沟通同步。每个周末和节假日，她都及时给客户发邮件或传真，送去自己的问候和祝福。

机会永远垂青有准备的人。上班三个多月后，杨慧琴终于收到了一份来自澳大利亚的邮件。对方名叫艾伦，询问公司有没有割草机和油锯出售。“虽然只是短短几个字，但已足够让我兴奋了。”她立即给艾伦详细介绍了公司所拥有产品的性能、特点和技术优势，并热情地邀请艾伦来参加当年的中国进出口商品交易会（广交会），可以现场对产品进行考察。

也许是杨慧琴的真诚和细致打动了艾伦，他当即答应来参加广交会。艾伦在中国的日子里，杨慧琴用心做好了所有服务工作，加上一口流利的英语，让这个挑剔的老外对她刮目相看。“艾伦第一次仅买了 10 个油锯，总共才 3000 多美元。但后来，他成为我们公司最大的客户，每月的订单都有好几万美元。”

有了第一单的成功，杨慧琴工作起来更加如鱼得水。半年后，她就成为公司成交量最多的业务员，也成为公司最年轻的外贸业务主管。虽然月收入达 1 万多元，但杨慧琴依然省吃俭用，把薪水的大部分寄回家里以补贴家用。

然而好景不长。2008 年 5 月席卷全球的金融风暴，让公司的业务一下子跌到了冰点，以外贸业务量为工作基础的杨慧琴也陷入了迷茫之中。就在这时，她关注到媒体在大量报道我国政府应对此次金融危机出台的各项积极举措，有减少办理个体工商执照的程序，减免相关个税和行政费用，鼓励大学生、返乡农民工创业的小额免息贷款，等等。

是继续留在上海为别人打工，还是抓住国家的优惠政策，回到家乡打拼一份属于自己的事业？天生不服输的杨慧琴开始思考。迷茫时，她就拿起电话里和颇有市场经验的二姐杨丽琴进行思维碰撞。二姐大她 9 岁，20 岁开始就帮助父亲经营活性炭厂。几年后，二姐开始独自创业，在上饶经济开发区开了一家经营劳保用品的小店，生意还过得去。二姐鼓励她："既然大城市里的工作不好做，就不如回来自己做老板。"

激烈的思想斗争后，2008 年 8 月，杨慧琴辞去大都市工作，回乡创业。

完成了自己创业的第一单业务

职辞了，人也回了，但是要白手起家又谈何容易。怎么干，从哪里开始干？杨慧琴一边在二姐的劳保用品店帮忙，一边思考，一个偶然的机会，给了杨慧琴灵感。

一天，店里来了一位顾客，询问店里能不能定制厂服。得到否定的回答后，客人失望地走了。"当时，我脑海里就灵光一现：这不就是市场空白点吗？"敏锐的杨慧琴感觉机会来了。

顶着八月的酷暑，杨慧琴走进上饶各工业园区开始了调查：上饶有 13 个工业园区，上千家工厂，近 15 万产业工人，但是没有一家专业针对公司企业文化设计、生产厂服的企业。"如果每家工厂都能够穿上我为他们设计的个性化厂服，这该是多么大的一个市场啊！"经过一个月的市场调研，杨慧琴做出了自己的选择：开办上饶市首家职业服装厂。

和二姐两人拿出所有积蓄，共同凑出了 1.2 万元。杨慧琴在上饶国际家居城租了一间民房，又买来三台缝纫机车和一台锁边机，紧接着办执照、招工。2008 年 9 月，鹭翔职业服装厂正式成立。

虽然抢到了商机，但真正做起来，杨慧琴才知道什么叫千难万苦。既是总经理又是员工的她，除参与服装的设计和制作外，还要联系客户、跑单子、签合同。每天，杨慧琴骑着借来的那辆"小电驴"，背着两大袋足有 10 多公斤重的色卡和工作服样品，顶着烈日奔走在工业园区和工厂之间。原本白净细嫩的皮肤，没几天就晒成了"黑里俏"。

"第一笔业务就让我终生难忘。"回忆往事，杨慧琴感慨万千。

杨慧琴的服装厂

当时，横峰的一家公司 9 月底要扩工，需要一批工作服。得知这个消息后，杨慧琴多次上门联系。说尽千言万语，公司终于同意将 80 套工作服的订单交给她，但要求必须与原先的工作服颜色一模一样。由于缺少基本的服装行业知识，也不知道布料批次不同必有色差，加上求单心切，杨慧琴毫不犹豫地答应了对方的要求："请放心，我们一定让您满意！"

订单有了，接下来着手采购布料。杨慧琴和二姐揣着买设备后仅剩的 5000 元钱走进浩如烟海的绍兴布料市场，一家一家地找，一家一家地比对。饿了，吃方便面;夜晚，住 10 元一晚的青年旅社。足足找了一个星期，才找到和客户工作服相同颜色的布料，距离交货时间已经很紧迫了。回到厂里，杨慧琴领着员工没日没夜地赶货，终于在规定时间内将衣服送到了公司。

原本以为可以松口气了，但对方的一句话却让兴冲冲的杨慧琴当头被泼了一盆冷水。在对比了工作服颜色后，办公室主任斩钉截铁地说："小杨，衣服有色差，这批货我不要了。"不管她怎么解释，对方仍然坚持退货。看着这些辛辛苦苦赶制出来的工作服，杨慧琴再也忍不住自己的泪水，躲在厂房的一个角落里号啕大哭。"这 8000 多元的单子是我创业的第一单，我不能让它就这样夭折了。"足足哭了半个多小时后，擦干眼泪，倔强的杨慧琴直接走进了公司老总的办公室，诚恳地向他说明自己的境况。可能看她是个初出茅庐的大学生，又是第一单生意，老总带着安慰的笑容说："小杨，色差还是有的，但你的衣服做工很好，下次，要注意这方面的问题，这批货我们要了。"

就在这样的大悲大喜中，杨慧琴完成了自己创业的第一单业务，净赚了 2000 元。

与各种顾客打交道的过程中积累起市场经验

"如果你知道去哪，全世界都会为你让路。"有了第一次的成功，杨慧琴对自己未来的发展方向更加明确。

创业的每一个日子都是忙碌的。杨慧琴白天在外面跑业务，晚上回来也不能休息，创新一个项目，开拓一项业务，巩固一块区域……每一个环节，她都要求自己做足功课，完善细节，常常忙到凌晨三四点。不久后，她把目标瞄准了上饶经济开发区规模最大的太阳能光伏企业——晶科能源控股有限公司的 5000 余名工人，每年需要 2 万多套工作服，如果能接下这笔单子，对鹭翔来说无疑有着重要意义。

还是骑着那辆"小电驴"，背着自己为晶科能源设计制作的样服，杨慧琴开始了漫长的"求单"路。好不容易找到采购部一位陈姓主任，却被委婉地拒绝："不好意思，我们公司已经有自己的供货商了。"杨慧琴没有气馁，隔了几天又登门拜访，对方还是没同意；第三次，第四次……杨慧琴的执着终于打动了对方。这位主任松口了："我们公司行政人员要定做

杨慧琴在工作室与同事设计新款服装

40多条西裤，目前找不到合适的厂家。你们能做吗？”

“当然。”杨慧琴毫不犹豫地答应了下来。那一批货，杨慧琴用了最好的西裤面料，请来了上饶技术最好的裁剪师傅和熨烫师傅，再加上最便宜的价格，终于“攻陷”了晶科能源。“小杨，你虽然年纪轻，但办事用心，肯吃苦。以后，公司的工作服就交给你们做吧。”随后，晶科能源定购的工作服数量升级为200套、1000套、上万套……连续几年，光晶科能源一家企业就为鹭翔带来上百万元的销售额。

这样的故事不胜枚举。2009年7月，杨慧琴了解到上饶煌家铝材有限公司准备定制3000件冬装工作服，便再三登门洽谈。直到第11次上门拜访，公司老总还是迟迟不肯和她签单，说布料的厚度达不到标准。杨慧琴从图书馆和网上收集了大量布料鉴定的方法，并当面用克重器测布料给公司老总看，还请对方到厂里实地参观。3个月后，老总终于正式和她签单，临走留下一句话：“小杨，是你的坚持打动了我。”

2010年的冬天特别寒冷。在赶制蓝天涂料的一批冬装工作服时，恰巧厂里的钉扣机坏了。不能按时交货，那可怎么办？杨慧琴急得团团转。她

鹭翔实业有限公司积极参与灾区捐赠活动

抱着试试看的心理与客户商量，对方问她最晚几点可以交货，“我一算时间，紧赶慢赶也得到凌晨两点。没想到对方说行，叫我就凌晨两点把货送到车库去。”那天夜里，下着冻雨，滴水成冰，但杨慧琴还是信守承诺，在凌晨两点准时将货送到对方车库。第二天早上 9 点，客户打电话来了，“我只是开句玩笑，你怎么真的半夜给我送货来？”此后，这家公司不仅成了杨慧琴的铁杆客户，还不遗余力地向其他公司推荐鹭翔。“以诚待人，不但让我做大了生意，还让我交到了许多朋友。”

创业路上多坎坷。一路走来，杨慧琴收获了真诚的朋友，也饱尝了创业的辛酸。有一次，一家布料供货商以次充好，把再生全棉当作原生全棉卖给杨慧琴。货发出去后不久便接到了客户的投诉，称工作服口袋开裂，工人遗失 3000 多元钱，要杨慧琴赔偿损失；有些客户明明签了合约，却不按照合同办事，蛮横地把自身过失强加在杨慧琴身上；有些“老赖”客户长期拖欠货款……

“宁可自己吃亏，也不能让客户受损。”轻言细语中似有千钧之力。经历了一次次的成功与失败，杨慧琴逐步掌握了服装生产、销售和布料鉴定等方面的知识，并在与各种顾客打交道的过程中积累起一定的市场经验。

创造了属于自己的奇迹

随着业务量的不断攀升，鹭翔的发展渐渐走上正轨。杨慧琴也开始个性化工作服的设计和推销工作。她不断细分市场，努力为客户打造具有职业特色、安全性强兼具时尚感的工作服。这些个性化工作服一经推出，马上得到市场的认可和欢迎。一传十，十传百，许多工厂都找上门来，叫杨慧琴设计、生产能够代表他们公司企业文化和形象的厂服。

像许多创业者一样，随着公司业务量的不断增大，杨慧琴面对扩大规模的必然选择。可是，招更多的工人、租更大的厂房、买更多的设备，这些都需要钱。钱从哪里来？借遍所有的亲朋好友，利用各种支持政策，至2009年4月，杨慧琴终于筹集了60多万元，在罗桥街道建起500多平方米的厂房，新增了40多名工人。优质的服务加上良好的口碑，使厂里的订单应接不暇，一些大企业纷纷与鹭翔开展合作。当年，鹭翔的产值超过了300万元。

2010年5月，杨慧琴被评为江西省大学生创业典型，并走进南昌大学、江西财经大学、江西师范大学等十余所高校巡回宣讲，省、市媒体也多次对她的事迹进行宣传报道。

“也许是因为自己有了些名气，也许是因为一切都太顺利，此时的我，心里有些飘飘然了。”杨慧琴说。但创业来不得半点虚荣和大意。2012年5月，在没有经过深入调研的情况下，杨慧琴投资了“绿元素活性炭”项目。她认为这将是自己创业道路上的新起点，但由于资金、技术、市场等多方面因素，新项目实施一年以后便宣告失败。“这无异于给我当头一棒，使我对自身有了更清醒的认识。”在深刻的自我反省后，杨慧琴决定去充电，拓宽视野、提升境界。她又一次前往上海，在一家大企业里跟班学习。这一次的学习是全方位的，项目管理、财务管理、合同管理，还有商务礼仪等各方面知识，她感觉自己有了一个全新的体验。

学成回来后，杨慧琴开始着手对公司进行改革。

体制上，从“单个布点”向“多点开花”迈进。从2013年开始，杨慧琴通过当地劳动部门的帮扶，以总厂为核心，在上饶县湖村乡、四十八镇、应家乡等地设立服装加工点。接下大额订单的时候，由总厂负责服装的设计、打版和样衣制作，乡镇加工点进行标准化制衣。“加工点的员工都是本地群众，大部分是妇女，月工资2000元到3000元不等，她们在家门口打工，既能挣钱，又能照顾家庭。”这种方式，让她的企业和员工更好地实现了双赢。

在产品设计上，根据市场调研，杨慧琴对工作服款式不断创新，有大方的短袖衫、端庄的职业套装、简洁的休闲外套等。同时，因有的布料耐高温，有的防辐射、防静电，还有的耐磨，在设计制作过程中，要综合考虑不同岗位的职业特点选择布料。

在经营范围上，从单一的工作服生产向多元化经营迈进。为了满足客户日益增长的工作需求，杨慧琴在上饶市佳利商城新开了一家劳保用品批发部，从工地头盔、手套、胶鞋等劳保用品，到香皂、洗洁精、蚊香等日化用品，再到水笔、纸张、打印机等办公用品，一应俱全，品种多达上千个。她还是多个名牌日化品的上饶总代理，逐渐在劳保用品之外打开了一片新的天地。

如今，走进杨慧琴的工厂，宽敞明亮的生产车间内全是忙碌的身影，整齐排列的电动平缝机发出“嗡嗡”的机器声，一件件各式各样的工作服“诞生”在生产线上，处处热火朝天、生机盎然。

在时代的洪流里，这个温婉的女子已经创造了属于自己的奇迹。如今，年轻的她已是厚积薄发，犹如洁白美丽的白鹭，正凌空而起，展翅飞翔。

点评专家：

创业需要世界眼光。在经济全球化时代，我们完全可以在国际分工体系中找到创业的机会。中国正在成为当今世界第一制造业大国，在大规模的制造业转移与承接中，有足够的商机可供我们创业。年轻的杨慧琴深谙这一点。

点评人：汪玉奇

用理想守望幸福，用劳动创造幸福、
用美德传递幸福，用智慧提升幸福。
我牢牢记住了这句话，用实际行动践行。

——张单英

13

“用劳动创造幸福 用美德传递幸福”
——现代农业科技致富带头人张单英的创业历程

◎祝学庆　钟海华 / 文　刘红 / 图

2015 年 11 月 26 日，农历十月十五。

晚上 8 点多钟，一轮皎洁的圆月挂在夜空。

月光洒满了余江县杨溪乡江背村一望无际的稻田。数台收割机依然在忙个不停，收割下来的稻子被迅速装袋，然后传送到等在路边的运粮车上。

在别人眼中，这样的夜收场景有着别样的诗意。但张单英显然无暇体会，还没吃晚饭的她一边在现场指挥，一边盘算着过两天就要下地的藏红花种子，一个接一个收购稻子的电话不时打断她的思路。

干练、果断、沉着、坚韧……这个 1974 年出生的小个子农村女人身上似乎蕴藏着无穷的能量。这个顶着“全国三八红旗手”、“全国巾帼现代农业科技致富带头人”、“江西省劳动模范”、“江西省女创业带头人”等众多光环的女企业家，确实有着许多值得创业者们学习和借鉴的东西。

起步，背井离乡十八年

1991 年正月初八，春节的喜庆还未散去，张单英却不得不登上了外出打工的火车。和她一起去的，还有她当时的男朋友、后来的丈夫何早昌，他们的目的地是福建石狮。

这是两个穷苦的年轻人第一次出门。在当时，闭塞的农村依然盛行着“远走不如近爬”的观念，但张单英可不这么认为。

路费成了他们最先碰到的困难。他们向何早昌的姑姑借了 100 元钱。由于没有直达石狮的火车，他们买了两张前往厦门的火车票，之后，小心翼翼地揣着剩下的钱上了火车。下了火车，迎接他们的是又一个不幸的消息——钱包被偷了。他们身无分文、举目无亲，无奈甚至是绝望开始在心里蔓延。

就在这时，他们遇到了一群同样外出打工的老乡。老乡们每人出了一元钱，给他们凑足了前往石狮的车费——20 元钱。

波折不断的行程结束了，幸运开始眷顾这对年轻人。到了石狮之后，他们第二天便找到了工作——在一家制衣厂上班。何早昌干的是体力活，搬运布料；张单英则从事布料的分拣工作。

条件依然艰苦。厂里为了节省开支，让员工们集中住宿，屋内密集程度难以想象。一个房间里摆了好几张双层的架子床，上下各睡一对夫妻。他们来得晚，只能在架子床的床底铺一张木板，然后放上草席，这就是他们休息的地方。

好学的张单英一边上班，一边当学徒。从裁剪到制作，从管理到经营，短短三个月，张单英熟悉了制衣厂的整个流程。

在这家制衣厂，张单英一待就是 7 年。这 7 年，并没有帮助张单英完成资本的原始积累，但却让张单英完成了自我综合能力的提升。

1998 年，工厂出现变故，已经结婚生子的张单英夫妇因此进入当地另一家制衣企业打工。

初来乍到，便发生了一件令夫妻二人惊出一身冷汗的事情。负责给衣服打板定位的何早昌由于疏忽，将整仓衣服钻错了一个用于定位的孔。这意味着 3000 件衣服将全部变为残次品，损失将达到 10 多万元。何早昌一下子没了主意。

张单英得知情况后，拉着丈夫的手说，事情已经发生了，我们不能逃避，只能想办法弥补。他们第一时间找到老板，承认了错误。张单英说：“我们造成的损失，应该由我们来负责。我们愿意在这里给你打几年工，用工资抵这次的损失，只要给口饭吃就行。”

就在老板犹豫不决的时候，技术人员带给他们一个好消息。由于这些衣服都是棉布材质，一洗就会缩水，缩水之后，原本就很小的孔变得看不见了。也就是说，这个钻错的孔并没有给制衣厂造成任何损失。

剧情开始反转。这件事反而让诚实的张单英夫妇赢得了老板的信任。到了年终,最后一个离厂的张单英被老板叫住了,老板拿了 5 万元奖金给她，说道 :“这是你们应得的。”

第二年，张单英敬业的精神和出色的管理能力又为制衣厂带来了丰收。

老板说 :“年年给你加工资也不是办法，你有没有兴趣承包我的裁剪车间？所有人员的招聘、管理都由你定，你只要负责给我上交固定的利润。”

素来敢闯敢干的张单英没有犹豫就接下来。

承包裁剪车间后，张单英的管理能力有了更为广阔的发挥空间和用武之地。这一年,除去上交的利润,张单英赚了 50 万元;这一年,张单英 25 岁;这一年，张单英回到老家，盖了一栋房子，让全村人刮目相看。

接下来的 10 年间，张单英一直在这家制衣厂承包裁剪车间。这是一段漫长的、背井离乡的艰苦岁月。直到 2008 年春天，儿子的一封信改变了张单英的人生轨迹。

转型，返乡耕耘天地宽

“母亲，是深夜里的明灯，是寒冬里的棉被。”这是儿子何东树给张单英的信中写的一句诗。儿子在信中委婉地表达了希望父母陪在身边的愿望。

收到信的那一刻，张单英突然意识到，儿子已经长大了，而自己已经在外漂泊了太长时间，“是时候回家了”。

张单英向儿子保证，明年一定回家。

2009 年，张单英回到了家乡。制衣厂老板多番挽留无果，提出让张单英把服装带回余江县去做。做了一段时间之后，张单英发现，由于当时家乡的物流业还不发达，货运不便，服装业并不好做。

转型，已经势在必行。

这一年，村里发生了一件事情。

由于外出打工者多，村里的田往往被人承包。每到旱季，田里需要抽水，由此产生了水费和人工费。承租者与田主都认为应该是对方出这笔钱，往往产生纠葛。纠葛再次出现的时候，张单英出面调解，她说："大家都是乡里乡亲的，不要为了这点钱伤了和气。这个钱我出了。"

事情很顺利地解决了。村里一位党支部委员觉得过意不去，于是好心询问张单英："村里有一片 60 亩的山地，你要不要租过去？水费和人工费每年都要出，你出的这个钱就算租金。"

张单英其实并没有想好租这块山地干什么，但素来对市场非常敏感的她认为，开拓自己的转型之路可以从农业入手。于是，在租山地之余，她又租了 70 多亩田种水稻。

第二年，张单英参加了华东地区的农产品经纪人培训班。这次培训不仅让她大开眼界,更让她认识了当时的"全国十大农民女状元"之一潘秋梅。

在潘秋梅的公司考察时，潘秋梅的创业经历让张单英陷入了思考，直到潘秋梅过来和她握手时，她才反应过来。潘秋梅握着她的手，看到她手上大大小小的伤疤，对她说："你是个吃过苦的女人，你现在在做什么事呢？"

"没干什么。"

"那你想干什么？"

"没想好。"

张单英和她培育的藏红花

张单英和丈夫收获菜葛

“你家乡有什么呢？”

“山多田多。”

“那你为什么不发展现代农业？”

“……”张单英一时语塞。

这次对话让张单英思路大开，也坚定了她走农业之路的决心。回来之后，她拿着会务手册上的名单，一个一个打电话，向这些农民企业家们咨询适合自己发展的农业项目。

最终，她选定了藏红花种植项目。

许多人都问她，为什么选择种藏红花。

藏红花是一种极为名贵的中药材，素有“植物黄金”之美称，国产藏红花的价格已经达到每克 360 元。从小受精通中医的奶奶的熏陶，张单英对中药材颇有情结。当然，更重要的原因在于，藏红花的种植季节恰与水稻错开，所以可以与水稻进行轮作。“种藏红花可以让这里的田不闲着，更可以让乡亲们不闲着，让大家一年四季都有事可做，为乡亲们带来更多财富。”

但在此之前，藏红花并没有在江西大面积种植过。为此，张单英小心翼翼地进行了几年的试种。功夫不负有心人，试种成功了。如今，张单英的藏红花种植规模已达百亩以上。

与此同时，水稻种植面积也逐年增加，目前已经达到 1200 余亩。

另外，张单英也没有让那片 60 亩的山地闲着。2014 年，她从广西引进了绿色保健食品菜葛。菜葛既是食材，也是药材。不同于野生葛，它的生长周期比较快，经济收益不错。她还在荒山上挖了鱼塘养鱼，又在周围放养土鸡和鸭子，初步形成了现代立体生态农业模式。

2015 年，张单英又开始种植中药材夏天无。

规模不断扩大，品种不断增加，但这并不是张单英最看重的。她孜孜以求的始终是产品的品质。

跨越，绿色梦想奏强音

张单英还在石狮打工的时候，一位工友怀孕后，决定回老家去待产。张单英问道，“为什么一定要回去待产呢？”

“我老家蔬菜、大米都是绿色的，鸡鸭也不是吃饲料的，吃着放心，但这些东西在这里不好买。”

这段简单的对话，却让张单英记忆深刻。绿色、生态、安全、放心……这些词时常会在她脑海中闪现。

直到回到家乡，选择了农业生产，随着眼前的稻田日益增多，“依托科技力量、发展绿色农业”的想法越来越清晰、越来越强烈。

她开始引进和采用先进技术和良种，聘请了专业技术人员和当地的种田能手，进行精耕细作。

传统的农耕方式被彻底改变，科技的力量在这片土地上开始发酵。从机耕到机插，从机防到机收，水稻生产全程机械化作业，大大提高了生产效率；同时，采用集中育秧与工厂化育秧模式，运用水稻光谱监测技术和水稻精确定量栽培技术，大大提升了生产全流程的科技含量。

如今，江背村的这片农田已经是“全国巾帼现代农业科技示范基地”。而她注册的“张单英”牌的农产品也已经涵盖了藏红花、生态米、菜葛等多个品种。其中，“张单英”牌生态米通过了农业部农产品质量安全中心的无公害农产品认证。

2013 年 7 月，江西省妇女第十一次代表大会召开。张单英不仅参加了大会，而且受邀坐在主席台上，张单英非常惊讶。“我一个种田的，没想到还能坐上主席台。”这让她内心充满了荣誉感，更重要的，增强了她发展现代农业的信心。

随后，江西省省委书记强卫在大会上的发言，更是让她充满动力。强卫书记鼓励广大妇女“用理想守望幸福、用劳动创造幸福、用美德传递幸福、用智慧提升幸福”。这句话被张单英牢牢记住，并且用实际行动践行着强卫书记的鼓励。

2014 年 11 月，第七届中国绿色食品博览会在南昌举行。张单英怀着赶考般的心情，带着她的产品参展了。

参展效果出乎意料的好，张单英带去的展品因其绿色的理念、优良的品质而大受欢迎，被一抢而空。展览结束后，订单纷至沓来。令张单英没有想到的是，强卫书记和鹿心社省长也来参观她的展位。强卫书记亲切询问她为什么种藏红花，并称赞她是“敢于吃螃蟹的女人”。

2015 年 10 月，张单英赴西安参加中国绿色食品博览会，“张单英”牌大米获得了金奖。更令她惊喜的是，她还签下一笔藏红花的大订单。一位中间商看中了她的藏红花，准备将其销往韩国等地。

绿色梦想依然在延续。张单英透露，她在山清水秀的龙虎山承租了一片水稻田，目前正在进行水稻有机认证。一旦通过认证，有机大米将成为她的又一个发展方向。

分享，百花齐放春满园

2015 年 11 月 26 日，已经是我第三次采访张单英了。这是最不顺利的一次采访，却也是印象最深刻的一次采访。

正襟危坐的采访刚刚进行了半个小时，张单英就不得不出门了。从她田里运出的稻谷马上就到仓库了，她要赶过去过秤、结账。我也随她一起跳上了车。

结束后，我们正在往回家的路上赶。一个电话过来，田里又有事了。原来，一台从安徽赶来的收割机坏在田里了。

调转车头，向稻田出发。路上，刚好碰到一辆农用三轮车侧翻在路旁，张单英马上停下车子，帮老农一起把车子推了上来。

赶到田里，张单英指挥大家把收割机抬上岸，安慰他们别着急。然后开车带着那位满身泥水的安徽妹子到自己家，给她放水洗澡。听说他们

张单英看望孩子们

张单英正在为村民发工资

晚上都是在车上过夜时，她毫不犹豫地说：“我家还有一套房子刚好空着，你们晚上就睡那里吧。”

看得出来，张单英的热心肠确实超乎常人。村里有一户困难户，由于家庭变故，两个老人家带着几个孩子一起生活。张单英经常去看望他们，如今，孩子们一看到张单英来了，都亲热地叫着“爱心妈妈”。婆婆常常心疼地“埋怨”媳妇儿：“自己舍不得吃，舍不得穿，却总是对别人这么大方。”而张单英则总是记着别人的好，“我打工的时候，连路费都是别人帮忙凑起来的呢！”

创造幸福固然令人钦佩，传递幸福则更令人感动。当然，作为一名成功的致富带头人，传递幸福的最好方式莫过于带动乡亲一起致富。

一花独放不是春，百花齐放春满园。

2011 年，张单英高票当选江背村妇女主任，她更是把带富一方的责任扛在肩上。2013 年 5 月，张单英正式注册成立了余江县富昌水稻专业合作社，先后与杨溪、潢溪、坞桥的 456 户农民签订了土地 1225 亩、荒山 500 亩的流转承租合同，当年就解决了 150 多名农村妇女、老人的就业问题，使他们每月增收 1500 余元。遇到农忙时节，足足有上百号村民在张单英的田里干农活。“让他们忙起来，让他们没空去打麻将，既有钱赚，又能促进家庭和谐。”

谈起张单英，村里人最大的感受就一个字——服！

2014 年夏天，双抢时节。张单英的几万近稻谷在晒谷场上静静地躺着。突然，电闪雷鸣，暴雨如注，张单英雇来晒谷的村民们赶紧收谷。看着头顶上一道接一道的闪电劈下来，为了大家的安全，张单英拉着村民们拼命往回跑。远远地望着稻谷被雨水大片大片地冲进附近的水沟里，村民们难过不已。张单英却笑着对他们说：“人没事就好！”后来一估算，当天的损失就有 5 万元。张单英说，“说不难过是假的，但不后悔是真的。”

既敢闯又善谋的张单英显然不会停下前进的步伐。如今，她正谋划着建厂房，做深加工，这不仅仅是为了壮大自己的实力。“田里的农活确实可以解决农村妇女、老人的就业，但年轻人却因为不愿干农活而依然纷纷外出。有了自己的加工厂，我就可以把村里的年轻人也留下来。”

……

曾经，张单英历经风霜，尝尽艰辛；如今，她凭着果敢、坚持、勤奋、善良，终于圆了自己的创业梦、绿色梦。

曾经，每年的正月初八，都是张单英背上行囊，与家人依依惜别的日子；如今，她希望凭着自己的努力，为留守儿童留住父母，为留守老人留住子女。

她用劳动创造出属于自己的幸福，她用美德把幸福传递给更多人。这是属于张单英的创业故事，这是属于张单英的精彩人生。

点评专家：

创业是艰辛的，同时也是幸福的。在一个充盈着创造财富的文化氛围之中，创业是一种社会需要，更是一种自我发展的需要。从一个打工妹到返乡耕耘带动广大农民致富的带头人，张单英把自我发展与社会发展结合在一起，以自己的方式守望幸福，以优良的品质赢得幸福，以女性的关爱追求幸福，以不让须眉的自尊收获幸福。张单英是江西农村女人奋斗和成功的楷模，是社会财富的形象大使，是一个富有责任感、勇敢承担社会道义的巾帼精英。在“发展升级、小康提速、绿色崛起、实干兴赣”的新征程中需要激扬更多的“张单英式”风采，共创幸福生活，让幸福之花在赣鄱大地绚丽绽放。

点评人：黄世贤

我是一个感性的人，感性就意味着真诚，
无论做什么事，对什么人，
我都保持着一份真诚的心。
以诚心换真心，生意才能长久。

——舒方

14

放飞“材料大国梦”

——记南昌国材科技有限公司总经理舒方

◎范志刚

对于一名创业者来说，什么叫成功？南昌国材科技有限公司总经理舒方出生于1984年，是一名典型的“80后”，在同龄人大多还在为房子、车子、孩子而奔波时，他却已经拥有一家跻身业内十强的公司。对此，舒方并不满足。当人们习惯于把他归于成功人士时，他总是说：“我现在还不能算成功，我离成功还有很远的距离。”在舒方的心里，有一个鸿鹄之志——让中国新材料走向世界。

谈起舒方的“材料大国梦”，还得从公司的名字说起。“国材”，舒方说，当初取这个名字，就是要把公司做成中国新材料行业的佼佼者。为什么有如此梦想？他说：“新材料行业应用广泛，大到隐形战机的伪装涂层，小到生活餐具的防锈处理，都有涉及。目前，在新材料行业，日本占有了50%的市场，德国、美国次之，而中国才刚刚起步。而同时，中国却是原材料大国，我们只能眼睁睁地看着他们把中国的原材料运走，然后经过加工变成新型材料，以数倍的价格返销国内。中国只有依靠技术创新，才能摆脱这种尴尬局面。而我和我的公司所要做的，就是在这一技术革新进程中，贡献一份力量。”

从零起步，经过5年的时间，南昌国材科技有限公司已经发展成为一家以研发、生产、销售各类高新材料为主的高科技企业，产品以各类溅射靶材、真空镀膜料、高纯金属、高纯无机化合物材料、高纯镀膜基片和各类高纯晶体材料为主。公司产品先后运用于航天航空、武器制导、工业镀膜、太阳能光电、装饰镀膜和通讯储存等领域。国材科技还拥有自主进出口权，业务涉及国际和国内市场，旗下的国材科技研发中心集聚了一大批优秀科研工程人员，为企业提供了持续的研发动力和可靠的技术保障。

舒方和他的“国材”梦已经开始腾飞！

“创业至今，感觉任重而道远。对我们这样没有资金、没有背景、没有专门优势和技术的普通大学生而言，创业就更为艰难。”回首自己的艰辛创业路，舒方认为“草根”创业者必须具备“五心”，在他看来，野心 + 诚心 + 细心 + 恒心 + 放心 = 创业心。

野心——选择创业就是选择不安分的生活，要想成功就得一直不安于现状

每一名创业者都有一颗不安于现状的“野心”。

由于父母一直在做着小生意，舒方的生活从小就比同龄人优越。可当他长大后，尤其是 2004 年考入云南师范大学后，由于父亲生意不景气，再加上母亲身体不好，家里已欠下很多外债。

由俭入奢易，由奢入俭难。面对巨大的生活落差，舒方并没有怨天尤人，而是暗自发誓要开始自立自强。从大二开始，他就没有再伸手向家里要过一分钱。利用课余时间，他做过家教、卖过衣服、发过传单、兼职过广告设计……回忆起当初，舒方觉得既辛酸又甜蜜。他说，正是从那时起，他有了一颗不安分的心。印象深刻的是 2006 年世界杯期间，在其他同学每天都沉浸于大赛所带来的欢乐之中时，他却看到了商机，和几个同学一道把学校附近的一些生意不是很好的酒吧、咖啡馆全都临时承包下来，专门放球赛给学生看。那一个多月，他赚到了一年的学费和生活费。

2008 年大学毕业后，舒方继续“不安分”着。原本学环境艺术设计专业的他，却毅然回南昌干起了销售。“说实话，这一决定是我最煎熬和最痛苦的选择，放弃四年所学，进入一个全新的行业真的需要很大的勇气。”

刚出校门，他在南昌一家外贸公司打工。因为有大学期间的勤工俭学经历，舒方上手很快，个人完成年销售额上百万。可他突出的业绩并没有赢得应有的认可，换来的却是因为“进步太快”而招致公司内部的排挤。磕磕碰碰之下，他本想着忍耐一下就好了，继续跟着老板好好干。可哪知道，慢慢地，他又发现老板也越来越不信任他。舒方是个直性子，对事情要求过于完美，对信任看得很重，最后就这样坚持到了2010年末，他选择了辞职。

从第一家公司辞职后，舒方的“野心”再次显现。他告诉自己，帮别人打工，执行的是他人的指示，完成的是他人的梦想，只有自己创业，才能开拓出属于自己的天地。因此，那家外贸公司也就成为他毕业后打工的第一家公司，也是最后一家。2011年年初，在亲戚的介绍下，他开始接触新材料行业，并注册成立了南昌国材科技有限公司。公司成立之初，只是一家销售公司。与其他销售公司不同，它的销售渠道主要来源于互联网。那时，舒方就发现电子商务会有广阔空间。但是，当时他对这个新行业一点也不懂，有的只是一股强烈的好奇：为什么足不出户就可以挣钱？为什么这样打打电话，发发邮件就可以轻松销售？以前的传统销售需要东奔西跑，甚至磨烂嘴巴皮子也卖不出去一件产品，而现在不需要见面就可以下订单成交，这里面到底有什么奥秘？我做这一行行不行……

舒方在公司形象墙前留影

带着一系列疑问，舒方开始了自己的探索之旅。经过恶补电商知识，他迅速搭建起自己的电商销售平台。第一个月，就拥有8万元左右的销售额。创业后获得的第一桶金，不仅让

舒方受邀参加网商会成功之旅

他在生活上缓了一口气，更给予了他信心。趁着创业初期空余时间比较多，他又报名参加了南昌市人力资源与社会保障局举办的“SYB”（创办你的企业）培训班。通过培训，他了解了创办公司的基础性知识，通过与同学的接触，开阔了眼界，搭建了人脉。公司创立之初，就他一个人、一张桌子、一台电脑。那时，与其说是公司，不如说是一个网店，直到培训结束，一个真正意义上的现代企业的框架才开始搭建起来。

诚心——每个客户对于自己来说，第一次都是陌生人，始终以一颗真诚的心对待，就能把他们变成朋友

在舒方的办公室内放着一张茶台，只要有客人上门，他都喜欢一边邀请客人品茶，一边聊天。与每个客人第一次见面时，他都要很自豪地介绍一番自己的“专供茶叶”。原来，在云南读大学期间，他做过一份家教。学生很调皮，成绩不是很好，对学习的抵触情绪很大。面对这样一个“问题学生”，舒方不仅在学习上想尽办法帮助他，更重视与学生之间进行朋友式的聊天，从心里成长上帮助他。经过一段时间的教学，那个学生成绩突飞猛进。现在虽然已经毕业多年，但舒方却一直与这个学生及其家长保

持着联系，学生家长每年都会给他从云南寄来一箱普洱茶。他们之间早已经超越了雇主和家教的关系，而是朋友、亲人。舒方说："我是一个感性的人，感性就意味着真诚，无论做什么事，对什么人，我都保持着一份真诚的心。以诚心换真心，生意才能长久。"

对于一个生意人来说，与每一个客户初次见面都是陌生人。舒方创业期间，就是这样始终抱着一颗真诚的心，把一个个陌生人发展为朋友。从 1 个客户到 10 个客户，从 10 个客户到 100 个客户，再从 100 个客户到 1000 个客户……南昌国材科技有限公司成立 5 年以来，客户滚雪球式地增长。以电子商务为平台，舒方不仅与国内许多客户建立了稳定的合作关系，更成功迈出了国门，开拓了国际市场，客户遍及欧美、日本、韩国、新加坡、伊朗等国家和地区。无论对于何种肤色、何种母语的客人，舒方和他的团队都以一颗真诚的心对待。正因为如此，南昌国材科技有限公司的客户资源十分稳定，他们相信无论自己有什么诉求，"国材"都会为他们找到材料最终的解决方案。

细心——三百六十行，行行出状元。成功者要善于心细如发地发现别人看不到的机遇

在舒方的办公室内的显眼位置，张贴着一张"化学元素周期表"。这张"元素周期表"其实就是南昌国材科技有限公司的业务范围。舒方说，这张表里的元素材料，除了有毒的、外在表现为气体的，他们公司都有涉及。

对于一家新材料公司来说，一张"元素周期表"就像一个财富原始矿藏。从哪里"开挖"，如何"挖"，才是考验公司和决策者水平的关键。而舒方总能心细如发地发现别人看不到的机遇。

舒方与众不同之处首先就体现在公司的定位上。舒方说，如果你只把自己的公司定位为一家普通的销售公司，那么你只要安心做好一个二传手就可以了，根本不需要去考虑技术革新问题、专业研发问题；如果你一开始就把自己定位为行业的领头羊，那么你就必须在销售的同时，认真分析市场信息，根据市场趋势提前研发产品。前者的经营模式很容易被复制，会被客户择价而淘汰；而后者的经营模式由于技术始终处于行业前沿，在

客户心中是不可替代的。

目前，南昌国材科技有限公司虽然没有自己的生产基地，但为了坚守心中的“国材梦”，舒方却坚持建立了自己的研发团队，每年都要拿出利润的20% 投入研发领域。与此同时，国材公司还十分重视与科研院校的合作，目前已与中科院、武汉大学、华中科技大学、南京航空航天大学纳米科学研究所、南开大学光电子所、澳大利亚国立大学、新加坡南洋理工大学、香港大学等60余家国内外科研院校建立了长期合作关系。舒方说：“我们把市场前沿的需求告知科研院所，科研院所把最新研究成果反馈给我们使用。通过嫁接市场与院所之间的桥梁，极大地缩短了科研成果转化的时间。”

如今，虽然没有自己的生产基地，但南昌国材科技有限公司却已经拥有自己的入股生产企业，更有自己的品牌商标。如今，冠上“南昌国材”的新材料产品在市场上受到客户高度认可。

在科研上倾斜，舒方让其公司的产品做到了“人无我有，人有我优。”他一方面依靠自己的研发团队和科研院所攻克各项新材料的技术壁垒，不断开发出新兴产品；另一方面又依靠科研技术优化成熟产品。就拿金属铝一项来说，这个看似非常普通的材料，里面却大有文章。在别人还在局限于追求纯度时，南昌国材科技有限公司却在攻克另外一个难题——杂质控制。同样一个铝产品，因为杂质含量的高低不同、单个杂质含量占比不同，会呈现出不同的特有属性产品。用舒方的话来说，他们公司经过多年的研究，现在都已经可以把铝材料做成一本教科书了。他说：“把每一个材料研究透，我们就可以获得翔实的基础数据，随时应付客户的具体需求，为客户量身定制产品。”正是因为这样，南昌国材经营的各项新材料产品可能在单项上来说，不是行业内最好的，但绝对是产品最全的。正因为这样，南昌国材总能赚取别人赚不到的财富。

“科研是一项基础性工作，更是公司生存之本。”舒方表示，今后南昌国材科技有限公司仍然会把科研摆在第一位，目前正在打算引入风投基金，进一步加大科研投入力量。

恒心——创业途中总会遇到“沟沟坎坎”，始终不改初心，总能拨开云雾见月明

一个人、一个隔间、一张桌子、一台电脑、2000 元现金，这是舒方创业初期的全部装备。然而在短短的 5 年间，舒方却把他的公司发展为全国行业十强企业之一。“现在大家都喜欢把我称为‘大学生创业者’，其实我个人觉得称为‘草根创业者’更合适。”舒方说，他是没有资金、没有背景的“草根”创业群体的代表。正因为始终坚持，才迈过了一个个“沟沟坎坎”。他坚信，只要始终不改初心，就一定能拨开云雾见月明。

回忆这么多年以来艰苦创业的日子，让舒方印象最深刻的莫过于创业初期遭受的第一次打击。2011 年，公司刚成立时，有一位客户定做了一套

舒方在公司主办的 2015 年江西网商交流峰会上签名留影

实验装置，等产品制作完毕之后，舒方把产品亲自送到客户手上时，客户给他的回答却是不满意，要求重做。虽然后来来回跑了很多次，但客户还是要求退货。“这可是我第一笔订单，再加上是定做的产品，客户一旦退货了，就意味着我们公司要蒙受损失。赔钱事小，得罪客户、影响公司形象事大。”着急、焦虑在舒方内心盘旋着，当时一心想的就是“如何才能既不赔本，又不得罪客户”。焦虑过后，舒方最终还是冷静下来寻找解决问题的办法。生意是需要谈的，需要寻找突破口。冷静下来，他意识到产品问题出在客户自身设计不合理上，定做的产品无法在现实情况下达到设计的要求。在坚持不懈的沟通下，客户最后放弃了原来苛刻的要求，从理论回到了现实生产工艺上来，接受了舒方的产品。“这次经历我自己认为出丑不少,但是好在把单子挽回了,没有给公司造成过多的损失。但是从中，我也意识到自己的不足，面对一个明明不合实际的设计方案，我却没有提前跟客户沟通好，自己专业的欠缺是导致这次挫折的主要原因。”舒方说，这个事情其实很好地给自己上了第一堂课，那就是“做一行必须精一行”。从此，作为一个文科生的他不得不拿起专业书籍，钻进专业知识里。如今的舒方，已经是一名不折不扣的材料学专家。

“回顾 5 年来的创业经历，曲折不断，订单不合格、交货逾期等问题都发生过。但所有的坎坷其实暴露的都是自身的问题，咬咬牙坚持下来，每解决一次问题都能提高一次，信心就能增加一分。创业，其实就是一个历经坎坷、不断学习、一路成长的过程。”舒方说，创业路途宽容失败，但绝不欢迎懦夫，干一行就得爱一行、专一行，如果一面对问题就退缩，也就没有今天的舒方，没有今天的“国材”。

放心——企业不需要老板的“个人英雄主义”，放心让团队各司其职，才能凝聚最强战斗力

创业初期的舒方，不仅心累，身更累。当时，推广、包装、销售、报价、回访……几乎所有的事情都是他一个人承担。如今，舒方已经拥有了一支稳定的由 20 多人组成的精英团队，他的工作一直在做“减法”，目前所要

负责的只是把控公司的大方向及新领域的拓展。

“前期打工的经历告诉我，做企业不需要老板的‘个人英雄主义’，放心让团队各司其职，才能凝聚最强战斗力。老板的职责更多的是给予自己每一个员工充分的信任，放手让他们干。这样，员工才有存在感和成就感，公司才有和谐氛围。”公司成长之后，舒方十分注重团队的培养。

从创业孵化基地的小格子，到70平方米的小办公室，再到现在200平方米的大办公室，5年来，工作环境的变化见证着南昌国材科技有限公司的发展壮大，也见证了公司团队的成长。这期间，员工走了一批又一批，现在保留下来的都是有着共同的理想、能独当一面的精英。对待公司员工招聘工作，舒方十分谨慎，他始终认为要“先有事再有人，如果，先有人再找事情来做，浪费人力成本不说，也是对员工的不负责，不利于员工个人成长”。而一旦进入公司，舒方总能让每个员工尽其所能。他称自己的管理模式为“模块化”管理模式。根据公司的业务需要，舒方把工作划分为研发、销售、电商平台运营等多个模块，每个模块都根据以往的工作经验制订工作流程和工作内容，然后放手让员工在各个模块里各展所长，随同他一起放飞“新材料大国梦”。

创业路，路漫长，舒方一直在路上坚持着。他说，创业只是一种生活，这种生活感觉很美妙！

点评专家：

法国媒体大亨巴拉昂从推销装饰肖像画起家，不到10年就跻身法国50大富翁之列。临终前他在遗嘱上写道：“谁若能通过回答穷人最缺少的是什么而猜中我的秘诀，他将能得到我的贺礼100万法郎。”遗嘱刊登出来后，很多人都没有猜中，只有一位叫蒂勒的9岁小姑娘猜对了巴拉昂的秘诀：穷人最缺少的是成为富人的“野心”。舒方是个没有资金、没有背景的“草根”创业的代表，他的成功告诉我们：“野心”是成功的出发点，有“野心”就可能会有诚心、细心、恒心、放心。这个世界不是有钱人的世界，也不是有权人的世界，而是有心人的世界。

点评人：黄世贤

选恰当的路，
用合适的人，
把握关键的事，
把时间和精力集中在更需要的地方。

——曾珣

15

“80后”的螃蟹王国
——记吉安螃蟹王国科技有限公司总经理曾珣

◎谭婧雯　刘之沛

小荷才露尖尖角，早有蜻蜓立上头。

在吉安县工业园西区一栋四层厂房大厅，一群年轻人正聚精会神地对着电脑屏幕，第一时间回应客户的需求，大厅里回荡着此起彼伏的键盘敲打声。在用玻璃和编织芦苇帘隔断的一角，一个戴着黑框眼镜的年轻人正熟练地抽检着新到的一批货样。这个脸上还带着些稚气的“80后”小伙子，已经是一家年销售额超过两千万元的电商企业老总。

这是一个敢闯敢拼可以创造奇迹的时代。在大部分年轻人还在北上广深为一片未知未来苦苦打拼的时候，这个叫曾珣的28岁年轻人早已脱离打工人生，稳扎稳打回到家乡创业，闯出了自己的一片天地。

在外人眼中，他是螃蟹王国科技有限公司的创始人；在员工眼里，他是话语不多、行事决断、有想法的年轻老板；在家人眼里，他是家庭的支柱与骄傲；在两个年幼孩子的眼里，他是会陪着拆玩具的好爸爸。

曾珣于1987年出生在一个教育家庭，父母都是当地的中学老师。严谨的家庭环境下成长的曾珣却比其他孩子多了一分调皮。小时候，他最爱的玩具就是四驱车，最喜欢的游戏就是拆东西。他总是把手边的东西拆解成零件，再按照自己的想法，把一个一个零件装回去，或者把散落的零件组装成自己喜欢的样子。虽然经常因此弄坏东西招来“家法”，但他却依然乐此不疲。

2004年，曾珣考入北京服装学院的服装工程专业，思想活跃的他在学校算得上是风云人物。大学丰富多彩的社团活动将曾珣带入一个崭新的世界。大学四年，曾珣活跃在各个社团之间，社团繁多的工作让他学会沟通协调、调度人员、安排方案、控制节奏、达到效果，维持一个团体的良性运行。担任学生会干部和班长的经历给曾珣创业积累了最初的经验。大学还在读期间，新鲜劲儿过去的曾珣，越来越觉得生活没有挑战，创业的念头就是那时候出现的。

学生小贩开网店

不积跬步，无以至千里。

曾珣读研究生时，电子商务以大热之势席卷中国，宿舍楼下日益增多的快递包裹让曾珣看到了电商的无限成长空间，在淘宝开一家属于自己的网店，曾珣心中涌起了这个念头。

阿里巴巴几乎解决了还是学生的曾珣做电商面临的大部分问题。货品采购门槛低，可以十几件甚至几件起批，网站明码标价，按照单次批发数量分档定价，一目了然。很多供货商还提供样品寄送，看过再下单，和实体店没差别。阿里巴巴和淘宝网是同宗同源的批发网站，同一类货品在两个网站上的差价显而易见，再加上第三方支付平台——支付宝的使用解决了客户付款的信任问题。阿里巴巴提供的物流服务也节约了曾珣外出采购的时间。

心中有数之后，曾珣怀揣着仅有的2万元开起了网店，从阿里巴巴上采购小手工品，通过淘宝网店销售出去。几十平方米的住房既是办公室，又是仓库，一台能上网的电脑就是最值钱的家当了。第一批预定的货到了，甩开膀子准备大干一场的曾珣才发现开网店没有那么简单。宝贝都上架了，左等右等却没等来旺旺客户端一声“叮咚”。看着那些皇冠店生意兴隆，对比自家的门庭冷落，曾珣知道必须要有所行动来改变现状。

参考了众多成功的网店后，曾珣调整了网店的风格，为上架产品设置了更容易搜索的关键词和详细的产品描述。很快效果就显示出来，第一笔订单找上了门。但是刚刚开的网店信用太低，面对对方的怀疑，曾珣就算全身是嘴也解释不清，最后还是没有做成这单交易。虽然生意没有成，但是曾珣不气馁，已经有人找上门来了，这就是进步。为了消除顾客的疑惑，曾珣把店里所有的产品都换上了实拍图，力求对产品的每个角度有所呈现；学习打光让照片更好看，提高客户的购物欲望；学习皇冠店给产品图片都打上店铺标志，以增加照片的说服力。果然，店铺的访问量较之前增加了很多，成交量也开始有所提高。

曾珣对库存商品进行抽查

网店访问量增加之后，另一个问题开始困扰曾珣，为了接待随时可能上网店选货的顾客，他经常一整天都泡在网上，一天只睡几个小时，还要腾出时间将一捆捆的货搬上 9 楼的住房，铁打的身体也吃不消呀！观察了一段时间，曾珣发现了客户访问规律，调整作息时间后，问题迎刃而解。

网店并没有给曾珣带来太高的收益，但却让曾珣第一次体会了自力更生创业的滋味。凭着网店的收益，还是学生的曾珣已经成功地养活了自己，也因为不同于一般学生的经历，使他成为学校的风云人物。

为了创业先就业

山高人为峰，借梯登高楼。

研究生毕业以后，曾珣优异的在校表现、灵活的脑瓜子、敢于尝试的性格，加上导师的举荐，为他争取到了第一份正式工作。浙江三元控股集团有限公司向他抛来橄榄枝，他的工作是替公司打理旗下的 MBIN 男装旗舰店。

人生的选择和经历有时候真的很微妙，之前的历练仿佛就是为之后的某一个机会而准备的。之前一直被认为是不务正业的网店经历在这一刻成为宝贵的人生经验，让曾珣把这一次机会牢牢抓在了手上。带着初出社会的复杂心态，曾珣收拾行李去了淘宝的总部城市——杭州，带领 40 个人的电商团队开始事业的拼搏。

有了之前开网店的经验，曾珣很快进入了状态。再次接触电子商务，拥有和之前完全不一样的起点。不用面对资金的拮据，也没有单打独斗的艰辛。

虽然 MBIN 旗舰店成立不久，经营才刚刚起步，但是三元集团却已经是拥有 30 多年历史的老牌公司，具有从纱线仿造到面料再到成衣的一条龙自主生产线，确保了 MBIN 高品质的稳定货源。作为三元集团的旗下品牌，MBIN 拥有一支完整的电商团队以及成熟的经营管理制度，这些都是曾珣之前没有接触过的。不同于淘宝，MBIN 所在的天猫商城实行完善的售后服务，入驻的卖家都是通过 100% 认证的企业，远高于淘宝的准入门槛，带给大众质量的保证。

如何进行竞争分析，如何确定品牌品位，如何精准产品定位，如何开展品牌宣传，如何领导团队发挥最大工作热情……这些都是曾珣接手 MBIN 后面临的挑战。

没有调查就没有发言权。在进行了全面的男装市场调查，结合产品特性分析后，MBIN 确定了以都市青年男性为对象，以优雅绅士风格裤为理念的品牌定位，以材质考究、工艺上乘、设计经典为产品定位的总体产品思路。

事实证明曾珣思路的正确，在短短一年的时间里，MBIN 创造了 40 亿元的销售成绩。

在熟悉平台、掌握天猫规则后，曾珣发挥以前的经验，从店铺和产品着手，针对网购买家关注的重点，在店铺设计和产品呈现方面进行强化……

品牌知名度打不开，访问量上不去，就尝试品牌推广，没有推广经验就从最简单的开始。通过设置关键字提高店铺商品的排名，参加淘宝官方活动加强店铺宣传工作；利用淘宝网站的直通车、钻石展位，以及新浪微博、百度等平台开展品牌的宣传推广活动。

销售量上不去，就尝试在日常开展包邮、积分、满减活动，在特殊节日配合网站开展特价、秒杀、赠送、红包等活动，分层次刺激购买，控制商品上架的黄金时间，提高商品的搜索率。

为了培养固定客源，巩固老顾客，树立品牌忠诚度，就做好存货管理、产品配送和客服咨询，及时解决顾客问题，做好售后回访，以服务来赢得客户好评。

如果说之前开淘宝网店的尝试是对曾珣个人品质的磨炼，那么在MBIN工作的成功经历则是在更高层面对曾珣的综合素质及其创业要素掌控能力的打磨。拥有了在MBIN的就职经历后，曾珣对于创业的认知不再是简简单单的个人奋斗、吃苦耐劳，而是在此基础上形成的人员流、资金流、发展规划、市场把控、产品控制等公司经营体系。

抓住商机搞创业

得月楼台千般好，自我飞翔天地宽。

2012年初的一天，下班回家的曾珣想着一直没去工厂接过爱人下班，决定给爱人一个惊喜。这是他第一次参观爱人工作的工厂。路过车间的时候，车床上流水作业的电机产品让他停住了脚步。对于曾珣来说，这触发了他童年的全部回忆。

“那一下子我突然找到了，这或许就是我创业拼图中欠缺的最重要的一角。”曾珣毅然放弃了已经打拼出来的事业，离开了三元集团，一心一意地开始准备。

螃蟹王国现有近万种不同规格、分类摆放、整齐划一的产品

有过两次电商经验的曾珣很清楚，合适的市场选择和切入点对于成功创业有着至关重要的意义。

没有雄厚的资金和完整团队的曾珣决定另辟蹊径，开始从细化行业中寻找创业切入点，这样既可以避免数量庞大的新入商家陷入价格战的恶性循环，也可以避开资金雄厚的大型企业，防止从资金投入和规模上被替代。

整整半年,曾珣发现了模型材料行业。这个行业是模型行业的分支,“草根”商家还没有涉足，市场完全空白。经过大量的调查后，曾珣发现了这个行业稳定且颇具规模的受众——学生。艺术系、园林系、建筑系、机械系的专业学生，从日常作业到年度考试都需要各种模型材料来完成作业和考试。但是大多数学生抱怨，没有便捷的购买渠道，也没有一站式的购买体验。这就是曾珣一直寻找的定位和切入点。

既然有需要，就有商机。从行业资质、生产规模、产品质量几个方面着手，寻找合适的供货商，成了曾珣最紧要的工作。好产品是基础，可是曾珣选中的供货商都喜欢大订单，对曾珣没兴趣。曾珣只好一遍遍地上门，最终他的执着让对方松了口，答应试试。

筹措启动资金，注册公司执照，2012 年 8 月螃蟹王国科技有限公司在深圳诞生了。公司没有钱运营,曾珣就刷爆夫妻俩的信用卡;找不到人加入，他自己一肩挑；没有研发能力，他自学上手干。

之前的电商经历让曾珣在螃蟹王国的发展中得心应手。命运总是垂青有准备的人，螃蟹王国从一个人慢慢变成七八个人，再慢慢增加到十几个人。到 2015 年，螃蟹王国发展到 60 个人，公司员工平均年龄只有 23 岁。公司第一年就实现了 170 万元的销售额。第二年继续壮大，销售额翻了一倍多，达到了 500 万元。

“截至 2015 年 8 月，我们销售额大约做到了 1300 万元，全年 2000 万元的目标是没问题的。”在公司四楼的办公室，销售经理兴奋的表情让深圳 11 月湿冷的天气都温暖起来。

曾珣说自己是个有运气的人，但运气怎么会毫无付出从天而降？作为螃蟹王国的创始人，从最初到现在，曾珣从来都是自己把控产品的研发。公司现在拥有 6 个国家外观设计专利和 4 个实用新型专利，这对于还在创业孵化园的小微企业来说是质变的代表。

为了控制产品质量，每次公司采购了新品，第一批大样从来都是直接送到曾珣手上，由他亲自完成初样的质量检查。为了保持产品标准，即使影响上架，也要将不合格的产品打回工厂。

2014 年 5 月，曾珣选择将公司迁回家乡，企业入驻吉安青年创业孵化园。这是一个重大的决定。就如读书时期他拿出全部积蓄做网店是借着电子商务席卷的浪潮，选择回乡也是看中了地方“输出劳动力、引回生产力，输出打工者、引回创业者”的返乡创业优惠政策。“顺势而为，借势而上”，这位“80 后”的老总用着道家的思想经营着自己的王国。

很多人问他，公司为什么要叫螃蟹王国，听起来很像是卖玩具的。“我本身就喜欢做 DIY 产品。创业的时候我就想做一个只属于我的公司，在我的公司我就是国王。”心平气和的表情，慢条斯理的语调，话语中却带着与外在相反的强势与霸气。

由童年乐趣发酵的事业不只愉悦了曾珣自己，随着公司的壮大，也愉悦和服务了更多的人。螃蟹王国在国内建筑材料行业独占鳌头，占据 50% 以上的市场份额。2015 年，公司新增天猫店铺一个、京东店铺两个，在全国范围内累计发展了 400 个独立网络分销商，每天店铺网络访问量保持在 25000–30000 人次。

“可以毫不谦虚地说，全国 50% 以上的专业类学生都知道我们公司。”销售经理底气十足的声音很有感染力。

通过代理，螃蟹王国已经打开台湾地区市场，公司产品成为台湾地区青少年机器人大赛的主要参赛用品。同时，为了提高公司竞争力，螃蟹王国同清华大学、南开大学、《模型世界》杂志等建立了合作关系，谋求在自主创新上的突破。

风起云飞逐浪行

风光无限好，发力逐浪行。

2014 年，随着“大众创业、万众创新”口号的唱响，在全国范围内

螃蟹王国每天接单量过千，全年累计快递量达 50 万件。配货中心正在对当日订单进行配货，图为曾珣抽查配货情况

掀起了“草根”创业的新浪潮，螃蟹王国也借着这股东风大力发展。

像很多发展起来的电商一样，曾珣的螃蟹王国也受到了风投的青睐，但是风投的价码并没有让曾珣心动。他心里很清楚，风投的加入必然会带来公司井喷式的发展，但是另一方面也会带来根基的不稳。

公司已经占据了主要的市场份额，按照既定的步伐也一定能够做大做强，虽然没有风投的快速收益，但是却能保证公司一步一个脚印，逐渐扩大规模、配套构建。

曾珣说：“我创业 4 年了，从来没有红过脸。”管理不是摆架子，年轻是曾珣最大的优势，但年轻也是没有经验、做事不牢靠的代名词。

选恰当的路，用合适的人，把握关键的事，把时间和精力集中在更需要的地方，曾珣这么说，也是这么做的。相比其他人，曾珣更愿意在房间里看看书，思考企业的发展、未来的走向。

稳扎稳打扩大销售额，继续强化市场占有地位，朝着年销售额 1 亿元奋斗，这是曾珣为螃蟹王国设立的 2018 年目标。“1 亿元是螃蟹王国的分界点，在这之后，螃蟹王国的发展中心将转向自主研发。”实现远大的目标之所以难，是因为距离太遥远，没有真实感让坚持变得异常困难。着重于每一个小目标，努力完成，再向着下一个小目标奋斗。

扎实的作风不只体现在企业奋斗目标上。有别于很多企业选人用人要求“985”、“211”、硕士生、海归派的条条框框，曾珣的想法简单却直击要害。“螃蟹王国招人，最看重的就是人要踏实。”不懂可以教，不会可以培训，踏踏实实的人才是做事的人。这家60人的公司拥有3个研究生，本科以上占员工数的40%，大专以上占员工数的70%。更重要的是，螃蟹王国做到了员工的零离职。

阿米巴经营模式的引进给企业带来的不只是效率的提高。赋予部门经理财务和管理的最大权限，部门效益决定了经理的薪酬回报，将部门经理的工作热情调动起来。“我只要管好几个经理，定时统筹部门的效益情况就行了，部门的具体管理就应该交给专业的经理去做。”

螃蟹王国的成功并没有让曾珣停下探索的脚步，农特产品和电子商务的结合让他看到了另一个商机。以“做外地吉安人的家乡味”为卖点的如野(农业)电子商务有限公司经过长达一年半时间的酝酿，在2015年的冬天成型了。这是传统产业和互联网的又一次结合，上线一星期的销售额就达到了50万元。

“还有几个想法在酝酿中，如果时机成熟，我考虑清楚了，慢慢都要做起来。”坚持着谋定而后动，曾珣不断为自己的创业蓝图添砖砌瓦。在“互联网+”的道路上想得越来越远，也将会越走越稳。

点评专家：

小米老总雷军说：站对了风口，猪都能飞上天。一个“80后”的后生——曾珣在“互联网+”的风口上顺势而为，创造了年销售额超两千万元的奇迹。任何事物，不怕小，就怕没有势。没有势，你找不到北，那就是一潭死水。不要老想分享市场，而要考虑创造市场；不是取得一份较大的馅饼，而是要设法烙出一块较大的馅饼。曾珣从大学生设计需要模型材料寻找切入点，创造了商机，不是多分饼的存量竞争和做大饼的增量竞争，而是烙新饼的创新竞争。他的成功再次告诉我们：只有退潮了，才知道是谁在裸泳。

点评人：黄世贤

我们心中都有一个有机梦，

说小了就是为了人们的饮食健康，

往大了说就是造福子孙后代。

一个新公司最重要的力量是新思想，

而规模小才有思考的空间。

——黄文凯、朱海华

16

飞越大山的梦想

——安福“1号基地”黄文凯、朱海华创业侧记

◎刘之沛　邹　敏

这里群山逶迤，白云袅绕。这里绿水潺潺，鸟语花香。

净空，净土，净水，是这里的常态。在这个偏僻的纯净世界里，“1 号基地”的悄然出现让山外人特别惊奇。

“1 号基地”是什么？那里生产有机大米。“1 号基地”在哪儿？在安福县西部大山深处武功山脚下的山冲里。为什么“1 号基地”建在那里？因为那里远离尘嚣，远离人群，拥有好山好水好生态。

在当下各类有机食品琳琅满目、遍布市场之际，人们不禁要问：“什么是有机食品？”有机食品（Organic Food）也叫生态或生物食品，是国际

“1 号基地”的小屋

上对无污染、纯天然食品的统一提法。当然，这个“有机”并不是指化学概念上分子中含碳原子，而是指采取一种有机耕作、加工的方式，使产品实现无污染，符合国际或国家有机食品认证要求和标准。

让“世外桃源”的山水，生产出世人向往的产品，是“1 号基地”经营者的人生规划和追梦行程。 他们是怀揣梦想飞越大山放胆去追的黄文凯、朱海华。他们是发小，是结义兄弟;一个是“80 后”，一个是“70 后”;一个机敏，一个质朴；一个从事广告业，一个从事建筑业。在大山深处，这两个年轻人“有机”地规划自己的青春,从零开始,演绎人生的精彩华章。

转向——别有洞天去种地

事情缘起黄文凯。毕业于江西师范大学美术系的黄文凯，毕业后并没有接受工作分配，而是来到了热闹繁华的广州、深圳从事广告行业。多年的打拼让他积累了一些身家，可他却倍感身心疲惫，身体常年处于亚健康状态。加之身边许多人突然之间得各种大病，且这种得病概率越来越有年轻化趋势，这让他感觉到生命的脆弱。这时，他开始越来越多地思考，人要怎样活才更有意义。终于,2014 年,回到家乡的他在和大哥朱海华聊天时，谈到了有机食品生产。结果他俩越聊越投机，都觉得在如今这样的环境下，这个行业大有可为，于是两人一拍即合，说干就干。

“1 号基地”航拍图

民以食为天。黄文凯选定南方主食——大米作为生产有机食品的主打。他说："随着生活水平的提高，人们对健康的关注也越来越多，对大米的要求从过去的'吃饱'已经上升到'吃好、吃安全、吃健康'这样的层次。"而一直在安福做建筑的朱海华，家里也种了一些农田。"6 年前，我就在家种了 2 亩农田，尝试着种植有机水稻。但结果失败了，因为后来我还是放了生物农药。"朱海华追求健康饮食的心态与黄文凯不谋而合。

谋定而动。2014 年下半年，兄弟俩做了两件事，选地和品米。有机大米对生长环境的水源和土壤有着近乎苛刻的要求，不但要求有独立纯净的水源，土壤也不能有任何化肥农药与重金属的残留。他们先后到浙江、山东等地考察，学习借鉴别人的经验。项目选址正犯难时，他们一拍大腿，不是有一个现成的好地方——武功山吗？这样的好山好水还要到哪里去找？于是，他们立马跑到武功山脚下的泰山乡官山村东南深山中实地察看，果然与预想的一样。他们还发现，这些年人们外出务工，很多田地都无人耕种，特别是一些偏远山村的田地更是撂荒十多年了。这些当地人眼里一文不值的田地，在他们眼中却是"金饽饽"。这里的土壤没有施任何化肥，这里的水经检验堪比矿泉水，空气洁净度在 30 万级以上，还有比这更适合种植有机水稻的地方吗？作为第一个创业项目，他们把这片田地命名为"1 号基地"。"1 号基地"首批流转土地面积达 300 亩。一个月后，一幢周围种满鲜艳雏菊的蓝顶白墙小房拔地而起，墙上鲜绿的"1 号基地"几个

大字特别醒目。

“听说县里某宾馆有武昌大米，我们就去了。省外这种著名的大米确实口感好，可68元一斤的价格，深深刺激了我们，也激起我们高昂的斗志。我们的好山好水难道还种不出比他们好的大米？”说干就干！“我们不选杂交稻，选择本地传统大米品种。来年我们自己育种，品质就会更纯，更有保障。”黄文凯和朱海华想得很长远。

深耕——全身投入梦成真

开弓没有回头箭。从此，兄弟俩就在这山清水秀的地方，开始了他们艰苦而又幸福的创业之路。

2015年晚春时节，“1号基地”播下了第一批稻种。完全遵循古法耕种，以牛耕地、人工插秧，杜绝化肥和农药，全程施撒牛粪、猪粪等农家肥。从下种育秧、耕田、抛秧，全部采用传统人工种植，人力成本极高。而这一切流程都被机敏、有心的黄文凯完整地记录了下来，并开通微信平台，进行实时发布和有效推广，经过不间断地展示，大大提高了人们对有机大米产品的信任度。

可一开始，质朴的朱海华并不赞同黄文凯如此大张旗鼓地宣传，他认为踏踏实实种好田才是硬道理。“我大哥就是这样，每当看见我拿个相机这拍拍、那照照，就总说我少搞那些花哨事儿，多干点实在事。”每回说到这儿，黄文凯总笑个不停。日子久了，俩兄弟吃住一起，白天田间管理，晚上就看书学习，日子过得很充实。看着山谷中的禾苗一天天成长，他们很开心，而更想不到的是，慢慢地他们感觉到，身体状况竟然比以前好了很多。

然而，创业路上多艰辛。和所有初创业者一样，在创业过程中，黄文凯、朱海华也遇到了许多困难。首当其冲的便是令人头疼的杂草问题。有机大米杜绝农药，当然也包括了除草剂。而不打除草剂的田里，自然就杂草丛生，严重压缩了秧苗的生长空间。一开始，他们想的是人工除草。结果发现这样除草的代价非常高，一遍除草下来光工价就要花费近万元。而且令人头疼的是，在除草后不到十天的时间里，野草又疯长了出来，这个代价是他

兄弟俩在田间收割水稻

们完全不能承受的。于是，哥俩紧急开会讨论、遍寻资料，终于找到了一个最佳解决方法。

那就是在水稻田里养鸭子。“我们一下子买了3000只鸭子试养，花了几万元建了一个大鸭寮和6个小鸭寮。每亩田里放养几只鸭子，我们都是经过计算了的。不仅除了草、除了虫，鸭粪还成了追肥水稻的利器。真可谓一举多得。”说起除草除虫，朱海华已然经验十足了。而更让他们意想不到的是，稻鸭原本只是有机大米衍生出来的生态产品，经过简单的宣传推广，这些吃虫吃草的鸭子，卖得出奇的好，即使价钱贵上一倍，这几千只鸭子也很快一售而光。而且吃过的食客对稻鸭都赞不绝口，鸭肉不腥、不油腻、有嚼头。无心之作，一举成功，说明方向是对的，这更坚定了他们创业的信心。他们还领悟到，在种植有机稻的同时，还可以开发更多相关的产品。

转眼到了8月，正是水稻收获的季节。黄文凯和朱海华站在小屋子旁，看着山间百亩金灿灿的水稻，两人交换了眼神，朱海华会心一笑，说:“嗯，300斤一亩没问题！”现在种水稻，没个千儿八百斤的都不好意思说，但为什么300斤的亩产让黄文凯二人这么开心、这么志得意满呢？其实，从专业角度说，在不施任何农药化肥的情况下，第一次种植就有300斤亩产的成绩，让很多专家都感到惊讶。尽管第一次种植有机水稻总产量就达到了5万公斤，但他们并不满足。经过团队研究，有机水稻总产量得不到提高，

"1 号基地"的牛耕田

很大程度是因为有机肥料不足。于是，哥俩在"1 号基地"又建了有机猪场，选址在安福枫田镇上田村，占地 60 亩，养殖规模可达 1000 头。这个项目经过两年的实验养殖，初期投资 150 万元，将利用有机猪粪经过科学有效发酵，更好地培育有机大米，从而形成一个有机生态循环链。"明年，我们的有机大米亩产会上一个新台阶，我们还会有新的基地！"黄文凯如是说。

借力——插翅高飞任我行

很多人问："别人都往城市里跑，你们却跑到这深山荒地里来，图什么？"

"因为我们心中都有一个有机梦，说小了就是为了人们的饮食健康，往大了说就是造福子孙后代。一个新公司最重要的力量是新思想，而规模小才有思考的空间。'1 号基地'怀揣着大野心，来做一家小而美的，能够拥抱时代变化的新农业企业，不追求规模效应，只卖'1 号基地'自己种植的东西。梦想还是要有的，万一实现了呢？"黄文凯、朱海华经常和朋友们分享自己的梦想，交流创业的经验，说得最多的当然还是"1 号基地"原始的美。

当北京蓝色时代国际公关顾问有限公司董事长彭小霞第一次站在"1 号基地"的土壤上时，就深深地被它吸引，当即决定以资金形式入股。这家为江中集团、江铃集团等多家大型公司提供专业的品牌运营和网络电商运营服务的公司，不仅为"1 号基地"注入了资金，还带来了顺畅的销售渠道。

其实早在禾苗茁壮成长期，黄文凯、朱海华一直没有停止对"1 号基地"销售网络的架构。他们意识到种植有机大米的成本很高，销售价自然也要高，但高昂的大米价格在本地是较难被大众接受的。于是他们把销售的目光放在了网络上，最初是通过微信，在朋友圈里推广和预售，后来又开了家淘宝店，专门销售“1号基地”的产品。“我们通过淘宝店接了个500斤大米的单子，已包装好发往南昌了。”朱海华一边亲自装袋，一边说。

“1号基地”的稻鸭

马云曾说：创业是一群人对梦想的坚持，所以创业不是一个人的事，创业所必备的先决条件就是要有一个坚不可摧的团队，他们亲密合作，各司其职，既能合作共赢，又能独当一面，充分发挥每个团队成员的优势，把团队的战力扩展至最强。黄文凯、朱海华把这段话刻在心里，并落到实处。他们非常重视团队的打造。现在，“1号基地”麻雀虽小却五脏俱全，设有生产部、宣传部，市场部，还有规划部负责总体规划。由过去的二人组，变成现在的铁三角。彭小霞的强势加盟，让“1号基地”更是如虎添翼。目前，在各个平台不懈努力下，“1号基地”已成功注册商标，有机大米的订单和销售量已经达到总生产量的72%。在北京，“1号基地”有机大米更是卖到了每公斤40元的高价。目前，“1号基地”暂定投资100万元，年产值保守估算约为160万元，还解决了周边富余农村劳动力就业问题。“同样是干农活，一个农民在‘1号基地’劳作一天最少是120元，一个月下来，就能赚三四千元，他们也很乐意。而有机大米的种植使得原先亩产不到1000元的土壤提升到亩产6000多元，带

村民在“1号基地”的稻田里拔草

来了良好的经济效益和社会效益。”黄文凯、朱海华给我们算了一笔产业账。

坚守——梦想升级做龙头

初尝创业甜头的他们并不满足。稻鸭的一抢而空，有机大米的红火，让他们感到有机产业的前景广阔而多样。“创业不能盲目，做‘1号基地’，看到的不单单是大米，而是一个健康产业。创业一定要结合市场、找准时机，在正确的时间里做正确的事。做一个事情必须考虑到它的市场前景和发展空间。认真做足相关产品的市场需求及市场潜力的调查，做到有的放矢、精准投放。”对于创业，黄文凯三人有了更深的理解。随着现代人健康意识的提高，对健康绿色食品的需求，催生了他们做有机农业的大梦想。

梦想的升级，初尝甜头的喜悦，让黄文凯他们信心满满。要想成就有机农业的大梦想，“1号基地”这匹千里马迫切需要得到大众的关注、伯乐的造就。“辛勤的劳作，在山涧、田野里与大自然亲密拥抱，大米长在青山绿水间，这一切都需要让大众知道和了解，得不到认可就无法站稳市场，没有一定经济效益的企业是无法生存下去的。”作为“1号基地”宣传策划部部长的黄文凯说得很感性。

无独有偶，正当黄文凯为如何扩大“1号基地”关注度、提升其知名度而烦恼时，一个机会来了。就在2015年8月，稻穗壮黄时，在当地宣传部门和劳动就业局的推荐下，黄文凯带着自己用心制作的“1号基地”宣传片，站上了吉安市首届大学生创业大赛的舞台。经过初赛、复赛，成功闯入决赛，荣获二等奖。“虽然和第一名只差了0.03分，有些小遗憾，但我们还是很高兴。这是一个很好的展示平台，让更多的人关注和了解了‘1号基地’。”

果不其然，赛后，各种贺电和贺信像雪片般飞来，这次比赛给“1号基地”带来的效益大大超过了哥俩的想象。各类媒体以及中国就业网都相继对“1号基地”和他们的创业历程进行了报道。现在人们知道在安福县武功山有一个有机大米基地叫“1号基地”，有黄文凯这样一个返乡创业的大学生放弃沿海城市的工作，回到深山种植有机大米。这次活动后，“1号基地”成功引来了大众的关注，数不清的订单和咨询电话纷至沓来。

正所谓树大招风。当“1 号基地”声名鹊起，人们惊叹每公斤大米能卖 40 元的高昂价格时，很多人看到的却是暴利。有一位做基建的老板主动联系黄文凯要求合作。人家有钱、有地，黄文凯却反问他：“钱，我们有；地，我们也有，你还有什么？”对方愣住了，双方因为理念不合，合作事宜黄了。还有一些做大米生意的商家想找他们合伙，借“1 号基地”的牌子抬高米价，从中牟利。面对种种诱惑，黄文凯三人不忘初心，断然拒绝。尽管深山里气温低，只能种一季中稻；尽管人工古法耕种产量低，可他们还是在坚持有机种植的原则下，去想办法提高产量，目的不单是保证“1 号基地”有机大米的质量，更为了坚守“用心做中国最放心的大米，构建‘1 号基地’有机食品王国”的梦想。

有梦想的人有很多，想做有机食品的商家也有很多，但怀揣梦想，能鼓起勇气迈开追梦脚步的人却凤毛麟角。当人们质疑，你们种有机大米成功了，就不怕别人跟风，到时对你们造成威胁吗？“我们欢迎更多的人种植有机大米，但我们一定会成为这个行业的龙头。我们可以被模仿，但不会被超越。”黄文凯、朱海华、彭小霞底气十足的话语，让人感受到新一代创业者的自信与豪情，人们眼前不禁浮现出安福武功山脚下“1 号基地”里，金黄灿烂的稻浪不断向前延伸……

点评专家：

一个人贫穷，主要是脑袋贫穷。脑袋富有，口袋就能富有，拥有富有的思想，就能远离贫穷……如果没有“原生态”思想，黄文凯就不可能飞越大山的梦想，也就没有“1 号基地”。绿水青山就是金山银山，绿色也是资本，是自然资本，一定程度上它比人造资本更具魅力。长在青山绿水之中的大米和稻鸭顺应了时代发展的趋势性变化，演绎了一条独具特色的当代赣商发展之路——走一条具有江西特色的绿色发展新路子。这是绿色山川的回荡，是希望田野的呼声。

点评人：黄世贤

我要像莲一样。
不沉醉于那些表面的荣光，
而是要沉下心来，
踏踏实实勤干苦干，
事业才能迈上新台阶。

——邱光荣

17

“荷”以载道

——记赣州泓科农业发展有限公司总经理邱光荣

◎刘珊伊　唐　燕

他，是一名普通的“80后”男青年，曾“南下淘金”，最终选择了自主创业。10多年来一直坚持着自己的创业梦想，虽历经坎坷，但从未停止前进的脚步。

他，敢于当“第一个吃螃蟹的人”，是南康区白莲专业种植第一人。面对千变万化的市场，他敏感地捕捉行业商机，不断摸索前行，品尝着成功喜悦的同时，不忘带动更多的人创业致富。

他，坐拥“赣州市十大创业之星”、“江西省农村创业带头人”等多个含金量高的荣誉，并热心公益。却鲜见诸报端，坚持踏实做事，低调做人。

他就是赣州泓科农业发展有限公司总经理邱光荣，今年34岁，江西赣州市南康区人。让我们走近邱光荣，感受他的创业故事。

敢想敢拼　勇于创业

憨厚的笑容，沉稳的谈吐，是邱光荣给大多数人的第一印象。

相由心生。邱光荣生于赣州市南康区，作为一名“80后”的创业者，他与大多想敢想敢拼的年轻人一样，在那个“南下淘金”的时代，也曾怀揣着梦想勇闯沿海城市。凭借客家人的聪明伶俐和勤劳善良，邱光荣在广

邱光荣参加慈善活动

东某大型台资企业任职多年，先后担任过办公室文员、总经理助理、人力资源经理等职务，在企业多年的摸爬滚打中，他逐渐积累了丰富的人生阅历，也挖到了人生的第一桶金。

那时的邱光荣，和大多数“80后”一样年轻有朝气，又和不少“80后”不一样，他敢想又敢拼。

2007年，随着家乡的经济社会不断发展，投资环境日益优化，在广东闯荡打拼了几年后的邱光荣，响应政府的号召萌生了回乡创业的想法。回乡初期，邱光荣做过养殖，还在江西加大集团担任营销经理，开始与农业产业结缘。

2009年一个偶然的机会，朋友向他介绍了白莲种植项目，说白莲成活率高、市场前景好。当时，赣州市石城县和抚州市的广昌县出产的白莲已经在各地乃至全国都小有名气，石城县更是冠有“中国白莲之乡”的美誉，但白莲种植项目在南康还是个新鲜事物。

“敢不敢做？要不要做？”当时，这个问题困扰着邱光荣。其实，那时的他手头的资金并不多，加上从未有过种植白莲的经验，不少人都劝他不要做。然而，邱光荣却敏锐地预感到，生态、有机、养生的白莲，将会是一个在未来很有市场空间的农业项目，他坚信，好的项目不会受地域的局限。

“当时，国家出台大力发展农业科技的利好政策，政府相关部门找了很多人推广白莲这个项目，但没有人愿意尝试。我想那就让我来做第一个吃螃蟹的人吧！反正我还年轻，就算是失败，也可以重来！”回想起多年前的那一个场景，邱光荣直到今日仍记忆犹新。那天，他毅然决定承包农田，大面积种植和推广白莲。

说干就干，2010 年 1 月，南康区横寨乡寨里村的 50 多亩农田成为邱光荣的第一块白莲试验田，创立了泓科白莲基地，这里成为整个南康区第一家专业白莲种植机构。

“咔嚓”一声，邱光荣和他的第一片白莲试验地拍下人生的第一张合影。那时候的邱光荣并不知道，他的人生将会从此与白莲解下不解之缘。

直面困难　坚持不懈

和大多数创业者一样，在创业初期，邱光荣遭遇了“三座大山”——一缺资金、二缺人员、三缺经验。

第一批种子投入地下，他渐渐发现了创业的艰难。当时，他缺乏资金，种植白莲只是小打小闹，加上身边的人都不熟悉白莲种植技术，也不看好白莲这个项目，他是个没钱又没人的“光杆司令”，首次涉足白莲种植这

接天莲叶无穷碧，邱光荣的白莲基地

一行业，他没有任何经验。

“敢拼才会赢。”邱光荣很喜欢这一句话，将其当作创业初期的座右铭。

那时候，邱光荣成立了南康光荣白莲专业合作社，是创业带头人，几乎没有白天和黑夜的概念，整天忙个不停。每天早上，他六点钟就起床，匆匆吃过早饭后就去田里查看莲叶的生长情况，和技术人员一起研究种植方法；晚上，他将白天发现的情况和问题整理记录下来，打电话虚心请教石城县的几个专业技术人员，咨询他们科学种植和管理技术，忙起来常常忘了时间，凌晨睡觉是家常便饭。

为了引进最新最稳定的品种，邱光荣跑遍了周边种植白莲的地区，不厌其烦实地考察各种白莲品种的特质、产量、种植技术等。俗话说，教会徒弟，饿死师傅，一开始不少技术人员对他怀有排斥心理。“他们大概是被我的软磨硬泡给感动了，后来不但传授了最核心的种植技术给我，我们

邱光荣经常前往农户家中，交流白莲生产经验

还成了好友。”回忆起那些曾给予他帮助的人，邱光荣满怀感恩。

邱光荣和村民交谈，传授白莲种植技术

就这样，一个个战斗堡垒在他的执着和勤奋下被攻克，一个个困难得到了解决，邱光荣在创业中坚持不断创新、不断摸索，几年来不断改良白莲品种和种植技术，先后引入新型太空白莲2号、36号等高产品种，仅创业的第一年，他基地里产出的新鲜莲子就在南康本土市场销售达1.5万公斤。

勇于探索　产业延伸

2013年，邱光荣的白莲事业迎来了发展“春天”。

在原“太空白莲专业种植基地”、“南康光荣白莲专业合作社”的基础上，邱光荣成立了赣州泓科农业发展有限公司，由单一的白莲种植销售升级为综合性的农业发展公司，并且坚持走“公司＋农户”、“公司＋合作社”的发展模式，积极推动周边农民致富与公司发展双向共赢的目标。

他的基地种植规模不断扩大，合作的种植基地面积近千亩，包括龙回镇种植基地、朱坊乡种植基地、麻双乡种植基地等，带动十八塘、龙回等地百余户农户参与合作种植，旺季提供就业岗位200多个，年产白莲成品达5万余公斤。

渐渐地，邱光荣不再满足于白莲“量”上的突破，开始研究“质”上的产业延伸，他从一名对白莲一无所知的外行人，变成了一个白莲专家。

他开始细致地研究、发掘白莲的价值。他发现，莲花一般在二月播种，经过四个月的生长，六月底至十月底为成熟采摘期，藕继续于水塘中冬眠，至来年再次进入生长循环。到了收获的季节，他发现收获的不仅仅是莲子，莲的“全身”都可制成菜肴，除供食用外，也相当有药用价值，可谓“全株可用，妙处无穷”。

“莲花有清暑热和止血的功效；荷蒂，亦可入药，有安定、止泻的功效；莲蓬，即莲房，煮茶可预防糖尿病，味苦性涩湿，晒干取出种子的莲蓬，还可以熬汤加冰糖喝，为散瘀治带药；莲子，性平、味甘涩，入心、脾、肾经，补脾止泻，益肾涩清，养心安神，广为人知；就连荷叶也不浪费，是制作我们南康本地特色菜肴‘荷包炸’的材料。”邱光荣介绍。

基于此，邱光荣带领他的研发团队不断摸索创新，除了白莲，还开发了藕粉、荷叶茶等衍生产品，同时扩大产业链，生产客家酒酿、山茶油等当地特色农产品，形成更加完整的农产品体系，市场化程度不断精细和深化。目前，泓科白莲，泓科土干莲，新鲜莲子、莲心，藕粉，莲子汁，荷叶茶等莲制产品已经成为该公司热销产品。

凭着他对莲孜孜不倦的研究，以及不惧失败的数百次尝试，公司的白莲相关产业链条得到纵向延伸。

载誉满满　不忘初心

2013 年，邱光荣被南康青年商会评为“十佳会员”和“赣州市创业先锋”；

2014 年，他获选首届“赣州市十大创业之星”；

2015 年，他被评为“江西省农村创业带头人”；

……

一分耕耘一分收获，一个个闪亮的荣誉奖章见证了邱光荣的奋斗足迹和创业成果。一时间，他成为南康区乃至赣州市的名人。

2014 年起，全球经济形势持续低迷，我国经济进入新常态，经济下行的压力让不少企业陷入寒冬，各地出现小微企业“倒闭潮”，南康区部分家具企业也不例外。“当我看到不少昔日的商界名人转眼就成为破产户，我内心的触动很大。”邱光荣说，他开始重新思考那一个个闪亮的荣誉奖章对他的意义。

这时候，他从事的事业——莲给了他前进的方向。

直到现在，他的办公室墙上还悬挂着一副周敦颐作的《爱莲说》：

水陆草木之花，可爱者甚蕃。晋陶渊明独爱菊。自李唐来，世人甚爱牡丹。予独爱莲之出淤泥而不染，濯清涟而不妖，中通外直，不蔓不枝，香远益清，亭亭净植，可远观而不可亵玩焉。

仿佛是一场久别重逢，莲花蕴含的精神品格，深深地触动了邱光荣。他说：“菊花，是隐逸者的形象。牡丹，是富贵者的形象。而莲花则是美的理想的化身，它像亭亭玉立的少女，娴静多姿；又如高洁不凡的雅士，风度翩翩；还似洁身自好的君子，高标傲世。”

“这种精神，就是我创业初期曾有过的感觉。不管我走到哪，获得多少荣誉，我觉得我都要把这种精神坚持下去。”在发展白莲产业的同时，在经济持续下行的时代背景下，邱光荣欣喜自己找回了人生的方向。

“我要像莲一样。不沉醉于那些表面的荣光，而是要沉下心来，踏踏实实勤干苦干，事业才能迈上新台阶。”他说，自己的现状距离梦想的实现还很遥远。想到这里，他浑身充满了向上的正能量。

“人世往往悲喜无常，你无法预料，也许明天就会失去曾经拥有的一切。”邱光荣说，回想创业至今，他饱尝了生活的酸甜苦辣，但他最庆幸的是找到了自己为之奋斗的事业并坚持了下来。如今政府提倡“大众创业，万众创新”，越来越多的年轻人加入创业的大潮中，他想和更多创业者分享的是，不要盲目追求做大，而要做得长久。

他说，有人一想到创业，就想做行业的第一名，就要做成中国甚至世界500强，抱着这样的思想往往很难成功。因为对于创业者来说，一切都是从零开始，不管是企业的资金、资源，还是技术等都无法与大企业抗衡，所以创业之初不要追求大而全，而要追求小而精。“很多当初和我一起创业的朋友，有做家具的，有做餐饮的，不少人倒闭了，而我到今天还继续在做着，这就是我坚持的结果。”在邱光荣看来，企业经营只有做到聚焦、专一、重复、坚持，才能够形成自己的竞争优势，把企业做大。

邱光荣在白莲基地介绍产业发展情况

孜孜以求　感恩回报

企业走上正轨，邱光荣就开始给自己充电。多年的创业经历培养了邱光荣善于发现问题和自我反省的能力。邱光荣发现，自己事业发展的瓶颈在于知识结构的匮乏，他决心继续求学。

查资料，看书籍，不断丰富自己的眼界和经验；挖市场，寻突破，争取资金政策扶持，不断将事业做大做强。通过参加清华大学—江西省中小企业局农业产业链总裁高级研修班、清华大学继续教育农业产业班等课程的系统学习，邱光荣像一块干涸的海绵，不断汲取营销与人力资源管理等一系列学习养分，扎实系统的专业知识坚定了他的投资信心。

邱光荣将所学运用在白莲种植事业上，注重财务管理，制订投资计划，同时争取到政府的创业扶持资金。

功夫不负有心人，在政府的大力扶持下，如今邱光荣的公司已完成南康区内多个专业白莲种植基地的建设，并计划新增600亩的白莲基地，签订租赁投资协议，预计在2016年将发展成千亩白莲基地，带动更多的人创业致富。

2015年以来，随着移动互联大数据和“互联网+农业”时代的来临，邱光荣再一次敏锐地意识到，农业和农产品通过互联网思维进行包装和改造，这将给创业者们带来更多的机会和挑战。

他已开始着手相关产业布局，邱光荣向我们介绍。目前，他已在广州成立了营销中心，并组建了适合的团队，2015年将重点打造“人生几荷”荷叶养生茶品牌，并在全国招商。“今后，我将立足于健康生态农业，以白莲种植为依托，进行莲产品的深加工，并逐步建立自己的农产品科技研发和生产中心，营销上创新经营，把握住时代的趋势，以科技为支撑，走品牌发展之路，持续地生产绿色、生态、环保、无公害的农副产品，将绿色健康农业做大做强！”对于未来，他信心满满。

事业的壮大离不开政府与商界朋友们的大力支持和帮助，为了回馈社会，邱光荣在发展企业的同时，也积极致力于各类社会公益活动，他先后加入赣州市义工协会和南康义工协会，不断尽自己的力量，向社会上需要帮助的人伸出援助之手。南康廉租房小区、龙岭敬老院、唐江敬老院、麻双敬老院、大余南安敬老院、凤岗敬老院等地，均留下了他爱心捐赠的足迹。

“我受益于政府、社会和广大老百姓，虽然我现在并没有拥有太多的财富，但在他人需要帮助的时候，我要义不容辞地贡献自己的绵薄之力。”对于慈善事业，他低调而笃实。

点评专家：

用高新技术武装农业，建设现代农业强省，是“十三五”江西的战略目标之一。邱光荣引入新型太空白莲品种，不断改良种植技术，用互联网思维包装推销……他的成功，充分证明了管理学大师德鲁克说过的一句话：一个企业只能在企业家的思维空间之内成长，一个企业的成长被其经营者所能达到的思维空间所限制。邱光荣的思维是“荷”以载道，他的“荷”是新型职业农民和特色农业新业态的“新组合”，他的“道”是在广阔的农村为自己开辟出一个活动的大天地。

点评人：黄世贤

时代在变，
冰锋要想生存下去，
也必须有所转变，
好在电脑行业本来就是一个瞬息万变的行业，
冰锋与生俱来就有很强的应变能力。

——支慧

18

快人一步　高人一筹

——访南昌冰锋电脑医院连锁负责人支慧

◎殷　勇

电脑医院？是用电脑给人看病，还是人给电脑“看病”？从目前的技术水平来看，单纯用电脑给人看病还有些科幻，但人给电脑“看病”却无疑是拥有一个庞大的消费市场。在南昌，一个“80后”的年轻创业者——支慧，10年前就一脚踏入了这个市场，从此一发不可收，迅速在全城创设了21家电脑维修连锁店，在30岁之前就成就了许多年轻人梦寐以求的事业。她的成功秘籍是什么？

初见支慧，似乎很难把眼前这个看似邻家女孩的姑娘，与21家电脑维修连锁店的老板联系起来。然而，她那爽朗的笑声、干练的谈吐、机智的话语背后，处处显现出一名创业者独有的自信、勇气与眼光，让人感受到她的与众不同。

“从最初在广场开的第一家冰锋科技，到南昌城‘东南西北中，五处有冰锋’，再到最高峰时期全市遍布21家分店，冰锋的每一步成长都是我对自己的一次锤炼和提升。”支慧一边在电脑上展示公司各个发展时期的历史照片，一边讲述自己彼时的心路历程。言语之间，一条清晰的创业历程逐步展现出来，看似波澜不惊，却蕴含了一个创业者的成功之道。

蛰伏，为创业积聚能量

支慧2006年毕业于江西师大涉外文秘管理专业，对于这个和电脑八竿子打不着的专业，她直言自己在创业之前其实是个“电脑盲”，并没有明确的在这一行创业的想法。甚至刚毕业那会儿，也曾经和大多数年轻学生一样迷茫过、徘徊过，不知道自己到底要做什么。然而，她始终相信自己的能力。

2003年进入大学，支慧就给自己订下了明确的目标，就是要通过大学的学习，来培养自己的管理能力、交际能力、沟通能力、适应能力和学习能力。为此，她积极主动地参加学校的各项活动：竞选班长，加入学生会……她的身影总是活跃在学校的各个舞台上。每逢五一、暑假、国庆等假期，她还走出校门，在社会上实践，以此来增长自己的社会经验。她做过TCL促销员、商务专员、前台文员、客服人员、市场调查员，还做过法院书记员。大二暑假期间，她甚至和几个同学结伴闯荡上海，体验生活、认识社会。支慧感慨地说，尽管那时在上海遇到了很多挫折，但这些经历却是一笔宝贵的财富。在校期间，她还有意识地利用业余时间来拓展知识面。她在本专业之外，自考了本科教育学教育专业，自学了法律，并在大学期间取得了教师证、公关证、驾驶证，工作之后又很快拿到了会计证。

正是这一段段经历、一本本证书，成为支慧今后创业道路上的铺路石。毕业之后，支慧本着“先就业后择业”的思想，在万达集团旗下的万达影城寻找了一份工作。怀着对第一份工作的满腔热情，凭着真才实学，支慧不久就升职为收银主管。她当时不会想到，万达的这段工作经历，不仅让她精通了财务和管理知识，而且让她看到了创业的机会，从此改变了人生轨迹。

支慧的丈夫范春为员工进行技术培训

迈步，来自敏锐的眼光

人们总是说，机会属于有准备的人。时刻为创业做准备的支慧就是从工作中发现了一线商机。那时，在万达影城做财务工作的支慧，每天做账、转账、发工资都要通过电脑操作,但电脑却时常“罢工”,严重影响正常工作，而且送修也是一件很麻烦的事。支慧意识到，随着电脑在生活和工作中的普及,一定会有很多像她这样的人经常遇到“电脑生病无处看”的烦心事。

而这一时期，南昌的电脑市场恰恰处于DIY时代的高峰期，购买组装机的用户越来越多，在以新东方电脑城为核心的八一广场商圈一带，经营电脑配件和装机业务的商家鳞次栉比，生意红火。然而，大部分商家一味盯着电脑的销售环节，对于售后服务这一块，却少人问津。这些组装电脑一旦出现问题，很少有商家提供上门服务，很多不太懂电脑的市民，即使遇到一些软件方面的小问题，也只有不论远近，辛苦地把笨重的电脑搬到电脑城来寻求帮助。特别是那些过了保修期的电脑，维修起来更是困难重重。不少维修商收费标准不一，维修质量也很难保证。

有需求就有市场。敏锐地嗅到商机的支慧正好遇到她生命中最重要的人——范春，一个把电脑技术玩得炉火纯青的年轻人。当时，范春在电脑城开了家小小的维修店，有一次恰好承接了万达影城的电脑维修业务。由于范春轻松就“搞定”了电脑维修，此后，支慧一遇到电脑问题就会求助于范春。一来二去，这个年轻的小伙子不仅凭过硬的技术征服了万达影城的电脑，而且用自己的真诚和朴实征服了支慧的心。于是，两个年轻人走到了一起，开启了一段爱情故事，也为不懂电脑技术的支慧去除了障碍，她不用再盲目闯入电脑售后市场了。

借助范春的技术力量，早就对电脑售后市场欲欲跃试的支慧，果断辞去了在万达影城的工作，与丈夫范春携手开始了创业的历程。一下海，支慧就抓住新东方电脑城内部装修改造，正好有新铺位空出来的时机，在电脑城租了一个店面，开始装修门面，招聘技术人员，成立了冰锋电脑医院的前身——冰锋科技。同时，利用范春给万达影城留下的技术影响力，很快承接了万达影城电脑维护第 ·笔订单。此后，冰锋科技以电脑维修为突破点，通过上门维修、企业维护、电脑配件销售、装机一条龙服务等手段，快速积累和发展了一批新客户。

创业的帷幕一旦拉开，支慧就再也停不下自己的脚步了。

扎根，筑牢发展的基础

市场虽然就在那里，但如果无人触动，不过是一潭死水。面对电脑售后服务这一庞大的市场，支慧用心用力地搅动了它。利用双休日进社区搞活动，在人群密集地带散发名片，在网络平台上开展短信群发和业务推广……为了宣传公司，支慧想了很多的招数，但她始终觉得最关键的还是要用心来打动客户。

2008 年冬天，南昌那场罕见的雨雪冰冻灾害，至今让支慧记忆犹新。当时，冰雪封路，人们走路都会摔跤，虽然有不少企业已经放假休息，但还是有一些人在坚持工作，位于南昌中山城楼上的多美滋公司就是其中之一。屋漏偏逢连夜雨，恰在这时，多美滋公司办公室的打印机硒鼓没有墨粉了，而他们又急着打印材料开会用。冰天雪地的，一直为公司提供电脑耗材服务的冰锋科技会不会上门服务？抱着试一试的心态，多美滋的工作人员打通了冰锋科技的电话，希望他们可以立刻安排人员上门更换硒鼓。接到电话，支慧毫不犹豫地答应了，但仔细一想又犯愁了。原来，技术员此刻全都在外忙活，等技术员回来，时间肯定耽误了。看看时间，感觉更换硒鼓也不难，支慧决定自己去送。出租车是打不到了，公交车也堵在路上了，支慧撑着一把伞，深一脚浅一脚地从广场赶往中山城，路上不知摔了几跤。最终，只用半小时把硒鼓就送到了客户手里。支慧说，到现在还记得客户拿到硒鼓时那感激的神情。正是靠着这般风雪无阻的服务，越来越多像多美滋这样的企业因为感动，成了冰锋科技的“铁杆”客户。

几年前，江西海峰汽车 4S 店的网络频繁掉线，一度面临网络崩溃，严重影响了企业的正常销售和服务。此前，海峰汽车 4S 店连续找了好几家电脑公司来对网络进行维护，都无法彻底根除故障，企业负责人都没了信心。最终，海峰汽车找到了冰锋科技。范春亲自出马对海峰汽车的网络进行了全面排查和重新改造。一番捣鼓下来，这个使 4S 店频繁断网的故

支慧和员工们在一起开展活动

障终于消除了。范春这一手绝活让海峰汽车 4S 店负责人佩服得五体投地，从此，一直放心地把企业网络维护业务交给冰锋科技。还有一次，百盛集团在昌东工业区建设肯德基呼叫中心，机房建设标准高、工期短。接到任务的冰锋科技全员出动，支慧主动当起“后勤部长”，每天早晨六点半，她都要赶到各分店把技术骨干送到施工现场，晚上再分头把大伙送回家。经过 20 天的奋战，终于把一个完美的网络机房工程交到客户手中，让挑剔的客户也禁不住竖起大拇指。正是靠着这般过硬的技术、耐心的服务，越来越多的企业出于信任，选择与冰锋科技牵手合作。

牢牢抓住客户的心，不仅让冰锋科技有了稳定的收入来源，更让支慧的心飞出了电脑城里这个小小的店铺。

裂变，向着更大的梦想

随着冰锋科技的运营逐步纳入正轨，支慧又有了更为远大的梦想。通过经常性的社区营销活动，支慧发现：在许多社区里，不太懂电脑的家庭客户特别多，尤其是一些中老年人及女性朋友，他们对电脑维修有着强烈的需求。然而，现有的单店经营模式对庞大的社区市场而言，鞭长莫及。怎么办？只有把服务的触角延伸进社区，把营销的网络扩张到社区，让冰锋科技来到群众身边。于是，开拓分店业务成为支慧的必然选择。

2008 年 9 月 1 日，冰锋电脑医院连锁的第一家分店——前进路分店开张了。对于第一次走出电脑城开分店，支慧倾注了全部心血。在选址上，她充分利用在工作中的市场调查，对这一区域认真进行了市场分析，觉得这里离洪城大市场及建材市场比较近，周边既有住宅区，也有像国贸这样的大型写字楼，有着电脑维修的刚性需求和良好的市场环境，特别是这一地段房租也不高。在宣传上，她投资了近 2 万元对店面进行装潢设计，并在社区发名片、贴单页，吸引居民的注意力。

这不，终于有客上门了。一位老伯站在门口看了半天招牌，一进来就问：有没有喜炎平卖啊？大家一愣，心想老伯一定以为这是社区诊所，忙解释道：冰锋电脑医院是修电脑的，如果电脑有问题一个电话就能上门服务。还有一次，另一位老伯一进店就扎起袖子、伸出手，要求用电脑给他治病，大家忙解释道：这里不是用电脑给人看病，而是人给电脑“看病”。正是有了这样一个个小插曲，越来越多的社区居民不断了解冰锋电脑医院，冰锋这个牌子也不断地融入社区居民的生活当中，给支慧带来了不小的惊喜。前进路分店一开张，生意就非常好，给支慧带来了可观的利润。直到今天，前进路分店都是连锁店里生意最好的一家。

迈出了成功的第一步，紧接着，同年 11 月 18 日，位于铁路八村的第二家分店开张。到 2009 年 8 月，贤士一路分店和红谷滩分店也先后开张。至此，通过支慧的精心布局，冰锋电脑医院很快就实现了“在南昌城的东南西北中各有一家冰锋”的愿望；“修电脑、找冰锋”的口号，也得以在南昌的各大社区不断叫响。

整顿，从粗放走向精细

创业之路永远不可能一帆风顺，好运气的支慧同样也有烦恼和痛苦。随着分店数量的不断增长，支慧肩头的压力也在与日俱增。她发现，以前自己一个人管理广场店时，商务专员负责派单、调货，主管负责技术指导和解决技术问题，技术员负责上门维护和送货，这种经营模式虽说简单，但一切都能井井有条、分工明确。可随着分店的增多，各种各样棘手的问题也接踵而至。

当时，支慧一个人管理 3 家店铺。为此，她每天都要骑着电动车，往返于三店之间，看经营、收账款。尽管自己累得要命，分店的经营状况却不如预期。她认真分析原因后发现，几个由总店提拔到分店店长位置的员工，虽然技术不错、服务也热情，但习惯于听命令做事，不懂得管理和运营一家分店，凡接业务都是亲自上门服务，由店员来坐店，而遇到客户问价，店员又不懂报价，以致生意丢失。同时，一些分店由于监管不到位，还出现了少数技术员接私活的情况，加剧了业务量的下滑。为了稳定分店业务，支慧心急之下，就把广场店的企业客户按区域划到这两家分店名下。谁知分店业务一切由店长安排，却没有统筹管理，导致他们在服务家庭客户时忽略了企业客户。由于报修时间延长，上门服务速度变慢，加上分店货源不足，经常要从广场店拿货，增加了上门服务的时间和成本，企业客户纷纷投诉。最后，支慧只有把企业客户重新收回广场店，统一安排报修。

一番手忙脚乱下来，支慧经历了创业以来最“黑暗”的时期。她坦言，当时自己承担了前所未有的压力。除了开分店投入的 4 万元，几家店包括房租、员工开支、水电费、网费、电话费，每个月都有几万元的开支，如果业务不提高，成本也不降低，肯定要亏损。学管理专业的支慧明白，到了改变管理模式和内部整顿的时候。

管理的核心是解决人的问题。懂得管理之道的支慧把换人放在了首位，她开始面向社会公开招聘有能力担当店长职务的人，并在分店建立了“能者上、平者让”的用人竞争机制。同时，在分店日常经营手段上，采取“一名店长 + 一名店员”的模式，店长坐店，店员上门服务。由广场总店商务专员回访客户，店长做好每天的业绩报表，并将收入投进保险柜。此外，建立奖励机制，对超过分店定额任务的部分，店长和店员可以按规定提成，以此调动大家的工作积极性，并杜绝员工接私活现象的出现。

机制一新天地宽。管理方式的转变，使分店的经营状况不断好转，让支慧最终跨过了这道裂变之“坎”。

爬坡过坎之后的冰锋电脑医院，终于在 2010 年迎来了爆发，这一年是冰锋开店最多的一年。支慧如数家珍：2010 年 1 月 20 日，冰锋六店抚生路分店开业；4 月 20 日，冰锋七店红谷理想店开业；5 月 1 日，冰锋八店三店

冰锋的技术人员承接渣打银行布线工程

西路店开业；6月1日，冰锋九店青山路分店开业；7月13日，冰锋十店桃花分店开业；9月1日，冰锋十一店十字街分店开业；9月2日，冰锋十二店庐山花园店开业；10月1日，冰锋十三店加盟昌北店开业。13家分店开张后，开始有人主动要求加盟，这意味着冰锋电脑医院已在南昌形成了相当强的品牌号召力。

对于最终能迈过道道难关，支慧把原因归结于自己在以往学习和工作中长期积累的经验。“在学校里学习的管理知识、在社会中掌握的沟通技巧、在工作时获得的财务知识……没有以往打牢的这些根基，冰锋不可能有今天的发展局面”，支慧坦言。

转型，适应时代的发展

支慧一直有一个梦想，就是要把冰锋电脑医院发展到一百家店的规模。为此，她朝着这个梦想不断努力。2011年4月，冰锋第十五家分店江铃象湖店开业；5月，冰锋第十六家分店昌东加盟店加盟，同月冰锋第十七家分店麻坊店开业；6月，冰锋第十八家分店辛家奄店开业，同月第冰锋十九家分店彭家桥加盟店加盟；8月，冰锋第二十家分店铁路九村店开业；11月冰锋第二十一家分店解放西路店开业。冰锋似乎难以停下扩张的脚步。

然而，就在冰锋电脑医院达到21家分店规模的时候，市场环境却在悄然地发生着变化。

一方面，随着后PC时代的来临，以iPad领衔的平板电脑和以iPhone为代表的智能手机风靡世界，不断压缩着传统PC的生存空间。与此同时，越来越多像淘宝这样的电商平台，也在不断侵蚀着传统电脑卖场的市场份额和利润。于是，北京的中关村转型了，南昌的电脑城也出现了传统电脑装机业务大幅萎缩的情况。归根结底：一方面，市场上有了更新潮的电子产品，买台式机的人少了，修台式机的人也少了；另一方面，随着南昌加快旧城改造的步伐，以往设在老城区的许多家冰锋电脑医院连锁店，都先后面临拆迁的纠纷和重新选址的困境。除去了装修成本不说，搬迁之后的分店不仅租金会增加，往往还会流失很大一部分传统客户。

“时代在变，冰锋要想生存下去，也必须有所转变。”支慧表示，“好在电脑行业本来就是一个瞬息万变的行业，冰锋与生俱来就有很强的应变能力。”然而，向哪里转变，才会为冰锋寻觅到新的发展壮大之路？探讨到这里，支慧展示了一个名叫“冰锋微云”的公众号。当一个“领先的微信第三方技术开发商”的宣传口号在手机中显现出来时，支慧指着它笑着说：“这就是我们正在着力转型的方向。”

据了解，冰锋微云是一个着力通过微信公众平台的搭建及微信应用、微信公众平台系统的开发，帮助中小企业通过微信这一新型营销工具实现业务拓展、市场宣传的全新平台。目前，南昌的东南饼庄、海峰汽车、司味母婴馆、菲力克酒吧等几十家企业已经使用了他们开发的微信公众平台，取得很好的营销效果。支慧说：“凭着多年来帮助众多企业维护电脑和网络积累下来的优质客户资源，以及客户对冰锋的依赖，我们的转型之路取得了良好的开局，微信平台开发这块的业务收入已经可以和传统业务持平。”

永远快人一步、高人一筹，听到支慧对冰锋未来发展蓝图的描述，我不禁感慨她始终如一的独到眼光。过去，冰锋的发展源于她快人一步踏入电脑维修市场，高人一筹做好电脑维修服务；如今，有了新的创业“剧本”，冰锋又将在支慧的“策划和导演”下，上演一场怎样的二次创业“大戏”？让我们拭目以待！

点评专家：

支慧前后10年在南昌各地设立了21家电脑维修连锁店，快人一步，生生不息。马克思在《资本论》中说过：“商人可以存在于任何社会微小的缝隙中，这种顽强的生命力遇到适当的机会便会勃发出旺盛的生机，以致在一定历史时期里，商人可以产生压倒一切的影响。”支慧是“‘草根’商人的范本”，她的影响不是因为她为电脑“看病”，而是诠释了“‘草根’经济”的“根”，唯有拼搏，才会前进。正如明代赣商那样：“一个包袱一把伞，跑到湖南当老板”。昨天已成历史，明天还是未知，今天才是大礼。

点评人：黄世贤

梦想就是敢于想。

如果把创业的天花板定得很低，

那么所做的事永远都是止于眼前，

但若是把天花板调高，

就会做好远景规划，

并为实现这些目标制订各个击破的方法。

——黄冰

19

站在“风口”的弄潮儿

——记赣州智和互联网技术有限公司CEO黄冰

◎鄢朝晖　刘珊伊

当大多数18岁的年轻人还在憧憬未来的时候，他已赚取了人生第一桶金；当职业生涯顺风顺水的时候，他却选择放弃安逸的生活，走上了艰苦创业之路；当“互联网+”时代来临，同龄人正热衷于晒朋友圈时，他瞅准商机，另辟蹊径构建他理想中的“智慧生活”王国。

他就是黄冰，赣州智和互联网技术有限公司CEO，一个25岁的年轻小伙。站在“互联网+”的风口，黄冰立足赣州本土，挖掘“舌尖上”的商机，搭建起本地第一个精品外卖应用平台——“虔酷”。该平台目前正向着集吃、住、行、游、购、娱于一体的智慧生活O2O综合平台进发。

逆流而上的黄冰，在互联网的汹涌浪潮中逐浪前行。

“90后”穷学生上演创业逆袭记

18岁，对于大多数人来说，是一个刚刚接触社会的年纪。人们考虑最多的是学业、是青春、是爱情。原本黄冰也是如此。

2008年，正值18岁的黄冰就读于赣南师范学院历史文化与旅游学院的英语导游专业。家庭条件良好的他，从来不曾担心每月生活费从哪里来。他性格开朗，朋友多，还经常请大家“下馆子”。

然而就在这一年，黄冰父亲突然中风，全家人的精神和经济支柱轰然倒下，黄冰也因此断了生活经济来源。最困难的时候，他只能靠两个好朋友的接济度日，“那是大二上学期，我那俩兄弟也没有什么钱，他们轮着养活我，每天每人供我一顿饭。”

“人是随环境改变的。”黄冰坦言，过惯了好日子，一下子很难接受困窘的生活，也正是压力，促使他思考怎样摆脱现状，黄冰说：“说实话，最早的创业冲动就是想赚钱。我当时想，父母的身体已经承受着巨大的煎熬，我不能再给他们增加负担，让他们的思想再受煎熬。”

由于学的是英语导游专业，黄冰首先想到的便是做导游。2008 年 9 月，他成功被赣州嘉年华旅行社聘用，成为一名兼职导游。“第一次带团去的是厦门，那也是我第一次坐火车，第一次看见大海。”黄冰说，自己是赣州石城县人，家乡没有火车，从小目光所及都是群山，“当大海出现在我眼前时，我瞬间被一望无际的蓝色所震撼，被一浪推一浪前进的气势所折服。那时，我便认定我的人生也需要这样波澜壮阔地去前行。”

很快，乐观开朗、积极肯干、热心服务的黄冰成了旅行社的明星导游，接的团越来越多，顾客对他也很满意，他逐渐累积出人生的第一桶金。

“从那时候起，我就再也没有伸手向家里要过学费、生活费，靠自己养活自己，还时不时往家里汇钱。”黄冰笑着说，一拿到工资就想着跟朋友们分享，几瓶啤酒、几串烤串，年轻人一起谈理想、谈抱负，什么烦恼、辛苦都抛诸脑后了。这样一段宝贵的经历、一群珍贵的朋友，后来也为黄冰的事业打下了坚实的基础。

据不完全统计，在 2008 年至 2014 年这 6 年里，黄冰带过的团有数百个，走过了国内的大小旅游城市，还到过新加坡、马来西亚、泰国等国外旅游胜地，他自己也从一个普通的兼职导游做到计划调度，再逐步升至旅行社副总的位置。当初那个没钱吃饭的穷学生，逐渐成长为年薪十几万的行业新星，成功上演了一出逆袭记。

然而，当年埋藏在黄冰内心的那颗“不安分”的种子，一直在等待合适的时机萌芽。2012 年，禁止公费出游等国家政策的出台影响了传统旅游市场，传统旅游业亟待转型。进入 2013 年，旅游市场的出路更为狭窄，黄冰开始了新的人生思考：转行还是继续前行？

赣州科睿特软件股份有限公司董事长曾彬（右）在公司发展上给了黄冰（左）很大的帮助，是黄冰十分尊敬的创业老师

他决定重新走出去。杭州、上海、深圳……沿海发达城市的旅游市场已从公务旅游向个性化旅游转变，其中无不带着“互联网 +”的浓烈色彩。黄冰隐约意识到，接下来的市场竞争，应该是看谁更早地运用了“互联网 +”的思维。

一个偶尔的机会，一本名为《浪潮之巅》的书进入了黄冰的视野，他如饥似渴地从中捕获着所有与信息化、大数据、IT 行业相关的知识和理念。这本书让他更为坚定：“我要转战‘互联网 +’领域，辞去旅行社的职务，自己出来闯。”

让黄冰最终下定决心，放弃已有一定积累的行业而选择重新来过，是他的一位老朋友——赣州市科睿特软件技术有限公司董事长曾彬。他们的相识要追溯到 2010 年黄冰为曾彬公司做团队导游那年。

当时，科睿特还是一家只有 8 个人的小公司，办公室就设在一个居民区的车库里。但是短短几年，科睿特便迅速成长为当地软件产业的龙头企业，员工发展到 100 多人，业务遍及全国。科睿特还通过建立软件孵化园，吸引了不少软件企业，形成了软件产业集群。

“这些年一直都是我为科睿特做旅游计划，可以说我是看着这家小企业长大的，我既敬佩曾总的战略眼光，也惊叹于互联网带来的巨大商机。”起初，黄冰想做的是“掌上旅行社”这样一个平台，整合赣南本地的旅游

公司配送员从创立之初的 6 人发展到 16 人，但黄冰仍然亲自过问每一位配送员的仪表、服饰等细节

资源，让客户在手机上便能掌握所有的资讯，自助订购服务。

然而，在与曾彬进行了长达数月的交流与探讨后，黄冰最终暂停了“掌上旅行社”的想法。“这个想法很好，但是因为太过超前，前期研发需要投入几十万甚至上百万资金，而且钱投下去还有打水漂的可能，风险有点大。”黄冰说，当时，他四处融资，也只有 50 万元，经不起这样大的投入。

于是，黄冰瞄准了餐饮这一个容易实现本地化的大众消费领域，决定创办“虔城酷跑”的品牌作为创业突破口。而其最重要的技术支撑，来源于科睿特开发的软件，黄冰的智和互联网技术有限公司也顺理成章成为入驻软件产业孵化园的第一批企业。

“虽然公司现在一无所有，但只要前景美好，我相信付出了努力，早晚会实现。”尽管工作面临诸多的困难，但黄冰还是很自信地向曾彬表达了他的态度，“我将以我的未来换你的现在，我的公司将拿出 30% 的利润回报科睿特。”他的信心和诚心，得到了曾彬的积极回应和鼎力支持。

“虔城酷跑”，当外卖遇上互联网

梦想的种子一旦播下，就会努力发芽。黄冰和他的“虔城酷跑”，目前在赣州已经小有名气。

不少人有过这样的经历，在家不想做饭，或者加班没空出去吃饭时，拿起各种快餐店发的广告小卡片就犯了愁。一荤两素、两荤两素……一成不变的外卖形式，似乎让吃饭沦为了一种任务。难怪大家开玩笑说：“外卖，还是熟悉的品牌，还是提不起劲来的味道。”更糟糕的是，点单后常常半个小时也不见外卖的踪影，就算把快餐店的电话打爆，也还是无济于事。

当传统与时代潮流碰撞，总会产生意想不到的火花。黄冰主导研发的“虔酷”外卖点餐平台，引入时下最流行的互联网思维，将传统外卖的弊端一网打尽。

在微信上打开“虔酷”的公众号，或者下载“虔酷”手机客户端，只要点击页面下方的“@外卖”选项，便进入了“酷叫外卖”的界面。

“酷”在哪里？

原来，这里的外卖不再来源于低端小作坊，菜色也不再单一。赣发皇厨大酒店、杜可以潮粥城、虔庄味鲜酒楼……这些可都是赣州市中心城区餐饮界响当当的名片。不管是宁都三杯鸡、赣南小炒鱼这样的客家特色菜，还是菲力牛排、蓝山咖啡这样的西餐，甚至是香辣小龙虾、蟹脚等特色小吃都能点餐。假如要在家宴请客人，只要通过“虔酷”点单，便可轻松实现不同酒店的特色菜在同一张餐桌上出现。

更“酷”的是，从下单那刻起，所点的食物是否开始制作，烹饪需要多少时间，有没有送餐，送餐到了哪个位置……每一个环节都能通过手机实时掌握。当手机上显示食物已到达目的地，一位身穿“虔城酷跑”统一制服的跑腿哥便会准时出现在眼前，美味的饭菜还热腾腾地冒着气。从下单到收货，一个电话都不用打。如此周到贴心的用户体验，短时间便获得了顾客和加盟企业的双重点赞。

传统外卖的弊端早已为人熟知，需要提供怎样的服务才能获得顾客认可也很容易搞清楚，可为什么偏偏做成的只有黄冰？

在黄冰看来，并非自己有多么聪明、多么与众不同，其实这些事情别人也能想到，但真正要实现，需要付出诸多艰辛。

“别人做过的，我们还要做；别人不愿做的，我们更要做。”黄冰说，在前期的市场调研中他发现，快餐之所以变“慢餐”，是因为不可控因素太多，顾客与商家之间的信息不对等，有时候甚至于商家前台和后厨之间都会出现时间上的延误，严重影响了送餐速度。

“我要打造一个餐饮行业的闭环，利用互联网把每一个环节都串联起来，打通厨房到餐桌的‘最后一公里’。”

看似简单的送餐流程，被黄冰分解成点单、支付、前台收银、后厨下单、取餐、送餐及确认收货等多个环节。为此，他主导开发了“虔酷”手机客户端，并以此为支点先后开发了选菜宝、收银宝、iPad 点餐宝、手机点餐宝、手机端及 PC 端接单宝、手机掌柜宝等十余款软件，组成“虔酷”点餐系统。

餐饮公共平台需要餐饮企业加盟做支撑，但新鲜事物的发展总需要有第一个敢吃螃蟹的人来破局。黄冰的公司是在 2014 年 11 月成立的，最初开发的“虔酷”系统还很粗糙甚至错漏百出。如何才能说服餐饮企业使用自己的系统呢?

黄冰每天奔波于赣州城里大大小小的餐饮店，3 个月愣是跑了 300 家。然而，接待他的只有少得可怜的 3 家。“人家以前的系统买来都要几十万，平时还要请人维护，他们一听我的系统不但免费赠送免费安装，还免费进行个性化设计及维护，很多人都以为我是骗子。”回想起一年前的窘况，黄冰还记忆犹新。

“好在还有 3 家信任我，其中一家便是杜可以潮粥城的老板杜建芳。”黄冰说，杜可以是赣州远近闻名的餐饮企业，能被它接纳，在兴奋之余更多的是压力。“怕什么来什么，首先上马的收银系统就时常报错，搞得客人买不了单，有时候菜都没法点，那时我被店长视为‘眼中钉’，他们恨不得把我撵出去。”

为了亲测系统的性能，黄冰干脆成了杜可以的“员工”。他每天准时上班，从中午一直跟班到深夜两点，中途出现什么问题，能自己解决的就立刻解决，不能解决的就记下来带回去给技术人员查看。等到整个店都对完账，他才拖着疲惫的身子回家，那时已是凌晨 3 点多。

在黄冰的坚持下，这套收银系统 5 个月里前后修改了 100 多次，最终成为成熟的产品。它率先将餐饮管理系统与互联网无缝对接，首创消费者

黄冰和他的“虔酷”团队

黄冰在和技术人员交流“虔酷”手机客户端开发情况

在手机客户端订餐，并实现订单信息与商家客户端同步的移动订餐新体验。

把事情做到极致，离成功就又进了一步。仅拥有成熟的操作系统，却没有优质的配送团队，外卖行业仍旧高档不起来，黄冰将目标转向跑腿公司。

“要想获得别人的尊重，首先得自己尊重自己。”黄冰收购了三家本地的跑腿公司，以近乎苛刻的要求对员工进行培训：不能留指甲，必须剃寸头，不能穿拖鞋，必须戴头盔，不能抽烟，必须穿统一制服……一系列细致入微的举措，像是一股清风刮入本地的跑腿业，人们对跑腿哥的印象陡然间有了改变。

之后，黄冰又相继招聘了一批跑腿哥，“我们的准入门槛是大专以上学历。”他不但大幅提高跑腿哥的工资待遇，专门租了供跑腿哥歇脚的办公场所，为他们统一配备了电动车，每辆车上装了 GPS 定位系统，还给每位员工购买了保险。

“专业的人做专业的事，我要做的是颠覆人们对外卖行业的认识。”对于自己的管理标准，黄冰自信满满。

在断杀激烈的互联网领域，已经很少有未被涉及的行业，每一个行业都在互联网的刺激下暗潮汹涌。黄冰通过将外卖与互联网结合的这样一种理念，研发了一套完整的餐饮系统，加上其坚持做精品的决心，为他自己争得了一席之地。

目前，“虔酷”已与赣州大多数主流餐厅建立了合作，上线商家高达50多家，日均订单在120单左右，成为赣州本地最大的餐饮O2O平台。

超强学习法锻造精彩人生

在和黄冰的交流中，时常能听到他引用各种各样的理论知识，讲述自己接触过的各色人和事，总结自己一路上的得失。他将这些都视作一笔宝贵的财富，并且在脑海中不断加深记忆，或作为警醒自己的提示，或作为指导自己前行的范本。这样一种所见即所学的超强学习法，或许称得上使他快速成长的制胜法宝。

黄冰从小学习成绩好，学习能力强。中学时，他曾因成绩优异，被选入石城县少年科大班学习。他不同于其他同龄人只为谋求一份稳定工作，而是选择创业，除了和他大学时的兼职经历有关，或许还因为，他骨子里就流淌着敢闯敢拼的创业血液。

黄冰的父亲原本是一名国企负责人，企业破产后，他没有怨天尤人坐以待毙，而是跟随南下的大军，开启了中年人的创业。父亲的经历深深影响着黄冰，他说，这种影响是潜移默化且持久的，也正因为此，当他几次做出人生选择的时候，父母都没有加以阻挠，而是给予全力支持。

善于学习的人，无时无刻不在学习。在黄冰的大脑中，无时无刻不在进行着头脑风暴。做导游，让他有机会接触不少高级知识分子、企业高管、政府官员，他在做好服务的同时，更把客户视为自己的朋友，真诚倾听他们的故事。科睿特的曾彬正是黄冰因此而结识的朋友，后来还成了他合作的伙伴，更是他创业的导师。如今做“创客”，他把自己的角色重新定位为一名小学生，常常向软件孵化园里更有经验的前辈取经。

“曾经有一位客户告诉我，做选择前，凡事想好十种活法和十种死法，那么出现什么样的情况就都能应对。”黄冰说，他在开发“虔酷”前已经做好了最坏的打算，“大不了全部赔光，我还可以做回导游，还能从头再来，所以没什么好怕的。”

在“虔酷”系统开发的过程中，曾经也碰到过非常棘手的技术难题，例如苹果 iOS 客户端的开发、数据存储介质的拓展以及在线支付系统的研发。在很多同行看来，自主研发一套系统根本就是“傻子”的行为，研发成本高、周期长、利润无法回收，更别说还把系统免费提供给商家使用。

“梦想就是敢于想。”黄冰用他的“天花板”理论解释道，如果把创业的天花板定得很低，那么所做的事永远都是止于眼前，但若是把天花板调高，就会做好远景规划，并为实现这些目标制订各个击破的方法。“我所打造的全套系统，看似吃力不讨好，但却真正打破了整个行业的壁垒。”

原来，黄冰早已建立了理想中的“智慧生活”王国。他计划以“虔酷”餐饮系统为支点，成立赣州餐饮联盟，在全城打造“一卡通”消费，即食客只要办理了一卡通，将成为联盟的会员，在联盟内任何一家餐饮店消费，都可通过这张卡进行支付。

目前，黄冰的“虔酷”已渐渐走向正轨，但他却并未停止学习的脚步。作为一个正在路上的创业者，他将下面 5 个词语送给想要创业的年轻人：原始积累、抗压能力、团队意识、用心用脑、不言放弃。

想来，这不正是他的创业心得吗？

点评专家：

人们常常因为目光短浅，安于现状，或被眼前的实惠所迷惑，或被征途的困难所吓倒，或被世俗的偏见所征服，而不敢梦想，而使一些本可燃烧的火熄灭了，本可成材的苗枯萎了，本可成就的大事业荒废了。而黄冰却是一位敢于梦想，并将梦想付诸实践的创业者。黄冰的创业经历告诉人们：有了梦想，同时还要有实现梦想的坚毅意志和决心，脚踏实地工作和不断努力。那么，你的梦想，就是你的生命历程的预言。

点评人：马雪松

或许我们每个人都是不起眼的石头，
但是我们一定要相信自己，
清醒地认识自己，
只要我们去努力拼搏、坚持自我，
就一定会有闪光发亮的一天！

——邹文

20

返乡白领的点石成“金”术

——记新余市大学生创业者邹文

◎徐国平　邓爱勇

眼前一座机器轰鸣的环保建材厂，手上一包香甜可口的南瓜酱，这就是 28 岁的邹文在家乡创业的两个主要支点。从月入过万元的京城广告设计白领，到年销售额达 1000 多万元的创业者，完成这段艰难的跨越，敢闯敢拼的他用了 5 年。

假使没有他的较劲，一座储量 800 万吨、耗费他父亲全部积蓄却闲置多年的矿山或将仍被视为废矿，无人问津；没有他的发掘，家乡农户家家制作的南瓜酱仅仅是一种亲友相赠、隐藏于乡间的不知名小吃，难以走入市场卖出每公斤 50 元的高价；没有他的巧劲，辛苦研制出的产品也不会搭上“互联网 +”的精准销售渠道，引得客户主动上门送来订单。

外界常以点石成金来形容他创业之路的神奇转变。对此，年轻稳重的邹文没有丝毫自得：“是家乡给了我合适的发展舞台，只要认准项目和方向，用好韧劲加巧劲，我的经历可以复制。”

商机缘起家庭变故

2009 年，新余市渝水区水北镇农家小伙邹文从北京师范大学广告传媒设计专业毕业，半年后，他的月薪从最初的 4500 元涨到过万元。按照设想，

邹文在环保白砖烧制窑里查看产品烧制质量

努力升职加薪，帮助改善因父亲投资矿山失利、母亲患病、妹妹读大学带来的家庭困境，将是他眼下打拼的方向。

母亲打来的一个电话打乱了这个计划。电话中，母亲告诉邹文，父亲主导投资的矿山闲置几年不见起色，如今有人愿意以低价收购，矿山卖还是不卖，全家人都拿不定主意，要他帮着参考参考。

这座矿山曾经是全家人的希望，如今却成了他们的一块心病。原来，2006年，邹父拿出多年来的全部积蓄，又向亲友多方筹借，和几名合伙人一起高价承包下了一座“煤”矿，没想到挖出来的不是他们期望的优质煤，而是一种不知名称、用途不明的黑色石块，巨额投资丝毫不见回报，全家生活逐渐陷入困境。苦苦支撑几年后，邹父终于坚持不住了。

家庭变故逼迫这个初出大学校园的小伙子做出选择。怎么办？回去帮父母，还是继续“躲”在北京当白领？父亲的矿石里到底是什么东西？就这样认栽让父亲几年的心血白费吗？一番权衡利弊后，邹文骨子里的不服输和责任感占了上风，母亲打来电话几天后，他告别繁华大都市回到了家乡。

一个名牌大学生就这样“溜”回老家，看来这书是白读了，该不会是在大城市待不下去才回来吧？一些舆论不时冲击着这个原本脆弱的家庭。顾不上和众人辩解，回家第二天，邹文跟随父亲再次来到那座几欲放弃的矿山，他在心里打起了小算盘：就算是一元一吨售出用来铺路，也能有近千万元的收入，况且这种矿石并不是随处可见，它绝不可能一文不值！而眼下首要的是给矿石做一个全面“体检”，弄清楚品名、成分及其用途。说干就干，父子俩挖坑取样，携带几十斤样品前往景德镇化验分析，结论却是喜忧参半：这是一种镁质黏土，品质好的可用作高档日用瓷原料，差的只能制作普通瓦片或铺路基石。很不幸，邹家父子眼中的“宝贝”属于后者。但对方同时指出，如果技术掌握得当，或许还可将其煅烧后制成环保白砖等建材。

邹文的韧劲再次被激发，他满脑子想的是如何通过技术改造提升矿石品质，将贫矿变成富矿。他的执着赢得了几名投资人的信任，筹集20万元启动资金后，邹文一边前往景德镇送检，一边借别人的砖厂煅烧样品自行摸索，还盘下一家废弃砖厂，改建后反复在里面实验。半年过去，产品白度、硬度和耐压性仍不理想，生产出的几十万块砖积压厂里无一售出。机器转卖、砖厂倒闭后，有村民戏言：这些砖白送给我们做猪牛圈都嫌差。

20 万元投资打了水漂儿，好不容易积攒起来的信任和希望转瞬间消失得无影无踪。面对众人的指责，这个初闯社会的小伙儿第一次感到难以承受，想要放弃，但一觉睡醒后，人们又发现他独自带着矿石样品继续做观察实验。

深陷黑暗的人最初总想靠自己摸索找到光亮。对此时的邹文来说，他的境况就是如此，几经跌倒后他深刻认识到，将目光更多地投向外界，或许才能为矿山寻得一线生机。而后来的事实证明他做对了。

沉睡矿山起死回生

邹文开始在网上疯狂地发帖，希望能得到“高人”的指点。终于，功夫不负有心人，景德镇陶瓷学院的一名王姓教授主动与他取得联系，并答应免费为他开发产品。反复实验后，邹文送去的矿石样品的品质得到大幅提升，做成产品供应低端市场已无技术障碍。

经过多番详细的市场调研，邹文最终对自己的“石头”做出定位：通过技术手段进行深加工，烧制成符合时代潮流的环保白砖，成为国家提倡生产的节能美观环保产品。与传统的红砖相比，烧制环保白砖不需要在当地取土，可有效节约土地资源，且烧制过程中能耗低、污染少，无须再进行粉刷，在发达地区是很受欢迎的一种高档环保建材，广泛用于陶瓷、橡胶、涂料、日用化工等领域，市场前景十分看好。

2011 年 10 月，带着多方筹集来的 180 多万元资金，邹文的金星环保建材厂在家乡动工兴建。为节约成本，邹家父子既当老板又是员工，全家齐上阵，安装调试机器设备、砌墙等重体力活自家全包，这样的场景一时在乡邻中传为美谈。次年年初，砖厂产出首批 40 多吨环保白砖，当月共生产 1400 多吨，品质完全符合实验室标准，成功似乎已经在不远处向这对几经挫折的父子招手微笑。

来不及细细品味喜悦，考验却一个接一个而来：月底到了，工人工资要发，挂账的煤款不能总欠下去，而数千吨生产出的环保白砖仍然不见买家上门。如何才能让自己的砖厂“活”下去？邹文想到了最传统的办法：带着样品找企业上门推销。扛着近百斤重的样品，他首站来到全国最大的日用瓷生产地——广东佛山，见厂就问，而结果却几乎雷同：或保安不让进，或采购人员正眼都不瞧就将样品扔进垃圾桶。两个多月啃馒头、喝冷水的旅途劳累下来，邹文没有找到一张订单。

24岁的小伙子难道要再一次将辛苦建起的砖厂关门吗？面对一次次毫不留情的打击他将如何承受？我们没有追问邹文当时的心情，但从他带我们参观砖厂时抚摸那些早已废弃不用却不舍卖掉的机器的表情中，便不难感受他的那份坚毅和执着。除了在外寻找销路，邹文几乎所有的时间都在砖厂度过，几间简易瓦房里的昏暗灯光下，无数个寂静的乡村夜晚，他努力思考着出路。

如果将此前主动提供技术帮助的王教授视作邹文创业中的第一个“贵人”的话，那么广东佛山的一家陶瓷企业原料采购负责人则是他的第二个“贵人”。循着邹文上门推销时留下的一张名片，对方主动驱车来到新余考察。在听过邹文的创业经历，看过他在砖厂与工人一起劳动的场景后，对方当即决定以现金交易采购40吨产品，其给出的价格也超过邹文当时的预期。几天后，这家企业再次发来40吨的订单。如今，双方合作已4年多。

仅靠零星客户难以“喂饱”砖厂每月上万吨的产量，如何才能吸引更多的客户主动上门采购？吸取上门推销不利的经验，邹文意识到精准销售的重要性，他再次想到了网络。从一开始的四处发帖、“广种薄收”，到后来缩小目标，专“攻”行业论坛、网站，邹文的产品受关注率逐渐上升。他还摸索出一套模式：客户有采购意向后，他第一次不急于登门推销，先寄去样品让对方试用，对方满意后再登门拜访，此举大大节省了销售环节的时间和经济成本，合作成功率也明显提高。

如今，邹文已建起两家环保建材厂，解决了60多名村民就业问题，月最高销量近3000吨，客户遍布广东、江西、福建、山东、湖南等地。

邹文与员工探讨如何提高产品质量问题

他用不轻言放弃的韧劲加巧劲，让一座几近废弃、翻身无望的矿山起死回生、流金淌银，他点石成“金”的秘密正在于此。

“南瓜哥哥”走出国门

“尝尝我做的南瓜酱味道如何？包装还要在哪些方面做出改进？”谈话间，邹文递过来一袋一斤装的“南瓜哥哥”牌南瓜酱请我们品尝。这种源自邹文家乡的小吃，兼具香、甜、辣的口感，软硬适中，带点儿嚼劲，显然颇受大家欢迎。尽管他的南瓜酱在2014年就已在江西、湖南销售10多万公斤，销售额超过500万元，但他还是抓住每一个机会向尝过的人征求意见。

2013 年，在环保建材生意逐渐步入正轨后，邹文开始思索开拓新的产业，一种在老家十分常见却不受重视的乡间小吃——南瓜酱进入他的视野。在邹文老家渝水区水北镇及周边多个乡村，家家户户都有种植南瓜、制作南瓜酱的习惯，一些吃不完的南瓜还被村民当作喂养饲料，从小就喜食外婆做的南瓜酱的邹文觉得十分可惜，能不能将其挖掘，做成休闲食品上市销售？邹文又动起了脑筋。

其实，此时市场上已有其他品牌的南瓜酱在销售，但邹文不为所动。他要研制出一种区别于其他品牌，又保留乡土小吃原汁原味的特色南瓜酱。为此，他前往赣州、上饶、高安等地，先后拜访了多个加工厂和村庄的十几位制作经验老到的师傅，又从超市买来多款南瓜酱邀请亲友品尝，听取他们的意见和感受。为了保持南瓜的口感和色泽，解决好保质期的问题，邹文从同一批次的南瓜酱有的发霉变质、有的正常的现象中得到启示，那就是从湿度上控制水分含量，将南瓜酱置于数字化控制的恒温环境中脱水，温度和湿度得到严格保证。多番改进工艺后，邹文终于找到了小时候熟悉的味觉记忆。

没有时间激动，邹文明白接下来的销售又是一场考验，此时的他既是营销人员，又是送货员。有了此前销售环保建材的经验，邹文认识到不能只靠自己去跑市场，得完善营销方案，建立自己的团队，并确立了“稳打稳扎做好一个示范点，再迅速复制推广”的模式。2014 年，他的“南瓜哥哥”牌南瓜酱新鲜出炉，此时的邹文对产品品质和销售已胸有成竹。最初，他广泛邀请亲友免费品尝，还请人在街边摆摊或推着小车流动销售，逐渐积累了第一批客人并赢得一定口碑，最终进入各大超市和农副食品批发市场销售，成为新余颇具代表性的特色休闲食品之一。辛苦了几个月，看着各大超市很快摆满自己的南瓜酱,听着身边朋友亲切叫着自己“南瓜哥哥”，邹文心里倍感欣慰和满足。

“南瓜哥哥”牌南瓜酱的好口碑传播得有多快？2015 年 4 月，邹文的南瓜酱生产厂迎来一位名叫罗文的巴基斯坦小伙儿，他此番是来寻求合作的。原来，在南昌留学的罗文偶然在超市买到邹文的南瓜酱，吃过后印象深刻。考虑到家里的食品生意，罗文便亲自上门考察，并邀请邹文到巴基斯坦联合开设南瓜酱分厂。目前，双方已签订合作协议，由邹文提供技术和配方，巴基斯坦方面负责生产和销售，加工厂正按要求进行改造，符合生产要求的南瓜品种也已运至巴基斯坦。

“开发家乡的特色小吃，一方面是为自己的创业梦想再找一个支点，另一方面更想带动乡邻特色致富。”邹文介绍，等到南瓜酱加工厂规模再上一个台阶，他将考虑把生产线整体搬回村里，并鼓励村民扩大南瓜种植规模。目前，他的环保砖厂和食品加工厂不仅提供了 80 多个就业岗位，村里还有 4 个大户专门给他种植南瓜，他全部以高于市场的价格收购。

“我的经历可以复制”

有梦想的人停不下自己的脚步，而是永远在眺望着远方的路，这句话用来形容邹文的经历十分贴切。眼下，他和 80 多名合作伙伴以众筹概念创办的一家主题餐厅经营得顺风顺水，这种依托朋友圈带来稳定客流的餐饮模式俨然正引领一股新潮流。

返乡创业的 5 年间，邹文连遭技术受阻、投资不利、销售不畅等一道道难关，创业路上的种种磨砺也给了他一份沉甸甸的感悟：有碰撞，才有精彩人生；有高瞻，才能更上层楼；有责任，才能不断前行；有高度，才能成就明天。他的字典里，没有退缩两个字。

这是一个懂得感恩的年轻人。他不止一次在演讲中，在和我们的谈话中提到创业路上得到的扶持和帮助：遭遇资金困难时，新余市劳动部门主动派人上门帮助他申报各项优惠政策和资金扶持；为解决供电不稳定问题，镇里主要领导多次协调架设专线；面临技术难题时，景德镇陶瓷学院的老师一次次不厌其烦地热情指导。态度之恳切，他用“铭记一辈子”来形容。

他还是一个登高望远、巧借外力的年轻人。无论是身处困境或初尝成功，他都不会仅仅困守自己的“一亩三分地”。从 2012 年起，他带着自己的“变废为宝环保材料”项目，4 次参加创业大赛，从 300 多人中脱颖而出，入选 2012 年度江西省大学生创业就业典型，并在 2015 年举办的新余市首届大学生创业典型评选中位居前列。上述交流经历，为他从中学习他人优点增强自信、反思自身缺点少走弯路提供了契机。

邹文的创业经历是否和他的名牌大学毕业生身份一样不具有普遍性？针对这个略显直白的提问，他的回答同样干脆：“不是，创业是否成功和学历无关，我的经历可以为许许多多有创业梦想的大学生所复制。”他建议，机遇等不来，敢于先行先试的人永远占得先机，充分重视运用好“互联网+”的营销新模式，将有助于创业者打开局面。

跌倒于石头，又起步于石头，受益于石头，邹文在用韧劲加巧劲和石头较劲后赢得成功和自信。为此，他也以石头自励：或许我们每个人都是不起眼的石头，但是我们一定要相信自己，清醒地认识自己，只要我们去努力拼搏、坚持自我，就一定会有闪光发亮的一天！赶快行动起来吧，我们的未来一定会更加精彩！

点评专家：

创业是一种选择的过程。选择有时是痛苦的，邹文在北京是月薪上万元的白领，当父亲的矿山支撑不下去的时候，他没有选择白领的安逸，没有选择大城市的繁华与体面，他回到家乡选择了对父辈和家乡的责任。选择需要科学的眼光，邹文发现了父亲矿山的与众不同，背起石头到科研机构检测化验，在科学的基础上开始了他的创业之路。选择需要面对失败的勇气，需要破解失败的胆量和担当。邹文用艰辛的选择与成功的创业历程告诉我们舍与得的辩证法。

点评人：马雪松

我想让每一位来景德镇的游客不只欣赏到享誉中外的陶瓷，还能品尝到自己公司生产的传统美食酱菜。

——叶一帆

21

“80后”的酱菜梦

——记景德镇市淑媛食品有限公司总经理叶一帆

◎曹　耘

在山清水秀的景德镇，有一条依山傍水而修的爱心路，爱心路上一幢幢徽派建筑错落有致。主营酱类食品的农产品深加工企业——景德镇市淑媛食品有限公司就坐落在这片风景之中。

1988年出生的叶一帆有着一米八的大个头，在镜头前，他从容不迫地介绍着自己的公司和产品，展现了年轻人的闯劲，只是黝黑的皮肤会让人感觉他有别于城市长大的同龄人，自主创业5年的经历让这位小伙子经历了风雨，感悟了世间的人情冷暖。

叶一帆说：“我想让每一位来景德镇的游客不只欣赏到享誉中外的陶瓷，还能品尝到自己公司生产的传统美食酱菜。”这就是一位“80后”创业者长久以来的“酱菜梦”。

“为了留住奶奶的味道”

淑媛即名媛淑女之意，叶一帆奶奶汪淑媛的名字来源于此，奶奶的名字也成为叶一帆公司的名称和品牌。也是因为奶奶，让年轻小伙儿叶一帆最终决定投身于这家庭主妇关注的“柴米油盐”的行当。这一切都起源于他对奶奶的感情。

叶一帆奶奶的祖籍是安徽黟县，当地人沿袭徽州传统工艺制作的各种辣酱、豆腐乳、臭豆腐等食品风味独特。汪淑媛从她婆婆的手上也学到了这门制酱手艺，后来随叶一帆爷爷来到景德镇生活后，有空便会在家中腌制酱菜和各种辣酱，这些鲜辣酸爽、色香俱全的美食在她居住的小区内可谓家喻户晓。她非常疼爱小孙子叶一帆，经常为他烹制各种佳肴。当然，给叶一帆童年留下最深刻印象的，还是奶奶最拿手的酱菜。在叶一帆的记忆中，每当饭桌上有奶奶做的酱，至少都会多吃一碗饭。

叶一帆出身于景德镇市普通的职工家庭，父母分别是两家大型国有企业职工。作为独生子，他倍受家人的宠爱和器重。高中毕业后，他考上了江西省外语外贸职业学院信息管理系电子商务专业。在校期间，他积极上进，担任了系学生会主席兼团支部副书记，在与老师、同学的广泛接触中，扩宽了自己的思维和眼界。高职学院重视培养学生的实操能力，叶一帆大二时，以身为景德镇人的优势，邀上了几位同学一块儿开了一家陶瓷淘宝店，经营一年左右，赢得了大部分买家的好评。这时，创业的想法也在他心中萌发。到 2009 年大学毕业时，他决定先工作，积累一些经验后，再创业。

叶一帆公司的系列产品

在杭州一家商务公司从事网络营销工作近一年后，叶一帆辞职回到了景德镇，着手自主创业。一天，他把自己的想法告诉了父母，没想到却被泼了一盆冷水，母亲冯旋说："我们希望你去考公务员，做一份稳定的工作，创业的风险太大了。"然而一心想创业的叶一帆已是开弓之箭，他极力做父母的思想的工作。做父母的拗不过儿子，最终决定支持并帮助他创业。尽管叶一帆在杭州工作时思考过创业计划，可是依然无法明确自己的创业项目。一次，他把自己倾向利用景德镇的地利条件做陶瓷及陶瓷包装的想法告诉了父亲，父亲思考良久后说："做陶瓷业不是你的强项，民以食为天，不如做奶奶拿手的酱类食品，正好你妈妈也会做，可以帮帮你。"这番话犹如醍醐灌顶，不仅勾起了叶一帆童年美好的记忆，也让他眼前一亮。食品是快速消费品，市场需求量很大，销售渠道多，发展空间广阔，他瞬间找到了创业的方向。在他心里，这个项目还可以把奶奶这项传统手艺传承下去。他对父母说："我想以奶奶的名字'淑媛'命名公司和产品商标，这样既可以表达对奶奶的思念和感谢，留住奶奶的味道，又代表酱菜出自名媛淑女之巧手，非一般等闲之辈。"父母听后，露出了会心的微笑。

"儿子，这事我做不下去了"

虽然汪淑媛已经去世，但是她的徽州传统制酱手艺得到了传承，叶一帆母亲冯旋掌握了这门手艺。2010年时，冯旋在位于景德镇的全球重要的环保、节能、高效冰箱压缩机专业制造商之一——华意压缩机股份有限公司工作，担任中层管理人员，而且是全公司较早取得"全国机械工业群众性质量管理活动诊断师"资格的技术骨干。虽然她到了可以退休的年龄，但是企业希望继续留用她，同时浙江一家企业也想高薪聘请她去担任技术顾问。为了帮助儿子创业，她最终决定从公司退休，拿出本是用作给叶一帆买房结婚用的十

"淑媛"牌辣酱

叶一帆与景德镇学院钱钶教授交流

几万元存款，把房产抵押给银行办理了房屋抵押贷款，还从亲戚朋友处东拼西凑，共筹集了50多万元的创业资金。

创业从建厂房开始。叶一帆把公司厂房位置定在了依山傍水的爱心路，虽然风景怡人，但是建设要在一片空地上从零开始。在建设过程中，叶一帆做过水工、泥工、电工、漆工等等。看着儿子在工地没日没夜地干，叶一帆的父亲心疼地说："多请几个人干算了，不要太辛苦，别累坏了身子。"而与儿子一块在工地忙活的冯旋却说："这是他自己选择的路，这都是他应该经历和体会的，如果这些事都做不了，如何能创业？"这是叶一帆在创业过程中印象最深刻，也是影响他最深的一席话。

2011年7月，厂房建设已基本完成，各种制酱原料纷纷入库，不久还将迎来江西省质量技术监督局对申办食品生产许可证的检查。看着崭新的厂房，母子俩满怀信心。天有不测风云，就在这时，景德镇遭遇了一次连续的大暴雨天气，城市发生了内涝，淑媛食品公司也没能幸免。持续的暴雨导致迅速涨水，厂房所在区域的水涨到了两米高，根本来不及将物资搬到安全的地方，刚刚购入的原材料、生产设备、办公用品均被浸泡。等到大水退去，叶一帆与母亲到厂房一看，傻了眼，辛辛苦苦，好不容易建起的厂房，就这样被无情的大水洗劫一空。经过计算，公司共损失了近20万元，这对白手起家的创业者的打击无疑是巨大的。

这时，冯旋心情低落到极点，打起了退堂鼓，负气地说："儿子，这事我做不下去了。我干脆去外面打工，正好有企业请我，赚点钱先把亲戚的债还了！"面对挫折，叶一帆没有退缩与放弃，坚持自己的决定，对母亲说："您不做可以，但我会继续下去，坚持就是胜利。"放心不下儿子的冯旋继续留在企业，负责产品生产。

失去的已经不能复原，只有坚定决心，从头再来。母子俩收拾好心情，又向亲朋好友借了些钱，和工人们一起清理厂房、消毒，重新准备迎检。经过专家组的检查，接下来便是十分漫长的等待了。那时，叶一帆一个星期几乎有一半以上的时间奔波在景德镇至南昌的路上，有时为了节省时间，在路上和家人一起做材料，一天仅睡两三个小时。功夫不负有心人，景德镇市淑媛食品有限公司最终拿到了由江西省质量技术监督局核发的《食品生产许可证》，并于当年9月正式成立。至今叶一帆依然清晰地记得那时的心情是多么高兴，无法用语言来形容。

"小伙子，好好干"

走进景德镇市淑媛食品有限公司，一股酱香味扑鼻而来。"淑媛"品牌的酱类食品以叶一帆奶奶流传下来的徽州传统制酱手艺为基础，采用传统自然发酵的做法，选用优质无公害的蔬菜作为原材料，不添加任何防腐剂，产品都需要经过腌制、研磨、发酵等严密的工序，历经半个月左右的发酵周期方可装罐。同时，叶一帆懂得传统与现代、传承与创新的辩证关系，他遍访名师，聘请景德镇老国营酱厂以及安徽黟县、江西婺源等地的师傅，根据不同籍贯、不同性别、不同年龄的人群口味，对自己公司酱菜的制作工艺进行改良和创新，不断调整配方比例，不断优化原料品质。

产品质量是过硬的，但是正式投产后，资金和销路成为公司前进的最大障碍。前期投入的创业资金已经所剩无几，而且第一年的生产量不好估计，到底采购多少原料，蔬菜上市后是不等人的，这些问题真是让初出茅庐的叶一帆犯了难。没办法，他只有摸着石头过河。就在这时，景德镇市就业局在全市范围内开展的政策宣传活动走进了淑媛食品有限公司，让叶一帆及时了解到小额贷款政策，并且很快得到了该市就业局提供的第一期 10 万元贴息小额贷款帮扶，从申请到资金发放只用了不到一个月的时间，无异于雪中送炭，解决了企业的燃眉之急。同时，就业局及小额贷款担保中心给予了大学生创业充分的肯定和无私的帮助，将淑媛食品公司的最高贷款额度提高至 200 万元，并时常派专业人员来到厂里对他们进行面对面的创业指导。

经过一年多的发展，至 2013 年时，企业生产渐渐步入了正轨，制作技术也日趋成熟，整体情况好转，并开始盈利。2014 年对于淑媛食品公司和叶一帆来说，注定是不平凡的一年。年初，叶一帆与相恋八年、默默支持他的女友走进了神圣的婚姻殿堂。当仪式进行到新人拥抱父母的环节时，他蓦然间发现了妈妈黑发间的那一缕缕白发，知道这是为了帮助自己创业操劳所致，顿时话语哽咽，泪流满面，久久不愿松开双手……

结婚也似乎为叶一帆带来了好运。2014 年上半年，叶一帆在生态环境优美的浮梁县王港乡找到了心仪的蔬菜原料生产基地。该乡也非常重视与淑媛食品公司的合作，乡长施春民认为双方的合作是互补互利的，企业为农民增收就业带来了很多机会，生产基地也为企业带来了优质、充足的生产原料，乡政府还在土地流转、与种植大户合作等方面给企业提供帮助。目前，该种植基地面积已达到 80 多亩，承包基地的种植大户每年每亩纯收入可达 2000 多元，在此固定工作的农民每月工资有 3000 多元。如果忙不过来，还会请其他在家赋闲的村民帮忙，为更多人提供工作机会，增加收入。将来，基地还会根据企业需要，引进更优质的蔬菜品种。

2014 年 12 月，由江西省政府主办、江西省农业厅承办的第十届江西鄱阳湖绿色农产品展销会在上海国际农展中心举行，“淑媛”牌系列酱类食品作为景德镇绿色食品代表之一，登上了展销会的舞台，而就是这一次亮相，“淑媛”品牌一炮打响。

由于上海市场太大，对自己的产品能否符合大众的需求，叶一帆心里没底，只是抱着学习的态度，带了 30 箱产品参展。没想到这些产品第一天就被抢购一空，这让叶一帆和母亲冯旋在惊喜之余，又有点不知所措。

叶一帆查看产品制作

“淑媛”牌酱类产品

这时，景德镇市农业局的工作人员提醒他们赶快让公司发货过来。于是，公司第二天运了30箱过来，销售情况依旧火爆。第三次再次发货40箱，最终全部卖光。展销期间，让叶一帆至今记忆犹新的一件事，是发生在12月5日，时任江西省副省长李炳军在巡馆时来到了淑媛公司展台参观，向叶一帆详细询问了企业发展情况，临走时，他还鼓励叶一帆说：“小伙子，好好干！我希望你们明年继续来上海参展，祝愿企业取得更大的发展。”更让人惊喜的是，在这次展销会上，“淑媛”品牌的系列产品获得金奖。这给予了“淑媛”食品充分的肯定，仿佛给叶一帆打了一针强心剂，让他更加坚定地走自己的创业之路。

2014年，景德镇市淑媛食品有限公司获评市级农业产业化经营龙头企业，年销售收入达到680万元，加工各类蔬菜1500余吨，开发酱、腌制蔬菜和豆制品三大类十几个品种的产品。公司还积极安排下岗职工再就业，30名专职员工中有近一半曾是下岗职工。

“打造成互联网上的景德镇农土特产第一品牌”

自淑媛食品有限公司成立以来，其产品主要是在商店、酒店等传统渠道销售，传统销售资金回笼慢，不利于扩大品牌知名度等局限性，让电子商务专业出身的叶一帆把目光移到了互联网电商平台。对于叶一帆来说，这是一个可以实现自己梦想的机会。

2014年，叶一帆将自己的想法和母校的老师进行了沟通，老师建议企业与学校进行合作，将“淑媛”牌食品作为电商推广项目参加当年的“邮储杯”第七届全国大学生网络商务创新应用大赛。参赛团队设计了详细的营销方案，根据不同消费者的需求设计了多种包装。例如针对白领人群的果冻盒式一次性便携装，每小盒计量为60克，大致符合成年人一个正餐的需求量，解决了传统玻璃罐装携带不方便的问题。该项目最终获得了大赛大专组的全国总冠军。2015年初，企业根据项目方案中的设计，生产了全新包装的产品，并在微信上进行试销，取得不俗的销量，最高时月销售额达到百万元。

随后，叶一帆决定乘胜追击，让自己的产品登陆天猫、一号店、京东商城、苏宁易购等国内著名的电商平台。制订了目标后，他并没有空想，而是积极谋划网络营销策略。他与景德镇学院经济与管理系进行合作，互相支持，共享资源。他向该系钱钶教授表示：“目前公司发展的目标是整合景德镇本地的农土特产，把淑媛品牌的系列产品打造成互联网上的景德镇农土特产第一品牌！”钱钶对叶一帆的规划表示了赞赏与认可：“‘互联网+传统农业深加工产品’是一个很好的创业切入点，可以为中国很多传统产品如何结合‘互联网+’的发展模式提供借鉴意义，学校非常支持你们大学生创新创业，支持淑媛食品在电商平台做大做强。”目前，该系电子商务教研室正与企业共同研究，设计可行的网络营销模式。

2015年，叶一帆带着“淑媛酱类食品网络营销项目”参加了第三届“赢在江西”绿地杯青年创新创业大赛，他的项目从海内外2000余个参赛项目中脱颖而出，最终进入前15强。根据计划，淑媛食品公司天猫旗舰店于2015年底开业。

对于公司的发展前景，叶一帆充满信心。他说，现在只能说是刚刚起步，下一步，公司将认真贯彻江西省委提出的“发展升级、小康提速、绿色崛起、实干兴赣”十六字方针精神，积极融入江西省“绿色崛起”战略，大力发展农副产品深加工，不断提升农产品附加值，进一步探索“公司+农户”的经营模式，扩大蔬果种植规模，扩大生产加工能力，充分运用传统销售和网络营销两个渠道，努力打造集蔬果种植、食品研发、生产加工、质保检测、销售服务为一体的现代化新兴绿色食品加工企业，为“瓷都”景德镇乃至江西省的绿色生态农业发展做出应有的贡献。

点评专家：

“地平线上望得见桅杆大尖头的航船”，是令人激动和想往的。叶一帆这个名字就使人们想起大海中的航船，经历风浪的起伏与颠簸的风帆是浪漫的，但其中的甘苦又很少为人所知。叶一帆的创业经历正如大海中风帆，创业之初就遭遇“灭顶之灾”的洪水，洪水冲走了他创业的前期投入，但没有冲走一个创业者的梦想与意志。当“淑媛”系列产品在上海参展并获得金奖时，人们才得以欣赏到破浪前行“一帆”的风采。

点评人：马雪松

有人问我创业难不难，我说不难，但走出第一步很难。
创业固然有门槛，但最高的门槛是你自己。
敢想又敢闯，不自我设限，万事皆有可能。
年轻人创业不要眼高手低，要从自己的能力和条件出发，
牢牢抓住“创新”这个关键词,才能在市场浪潮中立于不败之地。

——左智亮

22

“垫商”闯电商

——记“淘宝”鞋垫行业第一人左智亮

◎蒋少征

在余江县，左智亮是名人。他创建的左氏商贸有限公司被评为江西省电子商务示范企业和省级服务业龙头企业；他创立的“颐妍堂旗舰店”，每年网络零售足部护理用品达数千万元，综合指标雄踞国内该领域电商首位，连续三年在淘宝网店中保持了鞋垫行业第一的业绩；他建立余江县第一个私营快递公司，月均出件量达30万余件，后又在鹰潭成立转运中心，快递业务辐射全国。

这一切，源于一双小小的鞋垫。从一个人满街卖鞋垫，到凭着闯劲、拼劲、韧劲，把滞销的鞋垫卖上网，“80后”的左智亮不仅闯进了电商的世界，更闯出了一片自己的天地。

不自我设限　相信万事皆有可能

余江县工业园区内，一个集研发、电销、快递、售后、孵化等多项功能为一体的电商综合楼在园区中心拔地而起，这里就是左氏商贸有限公司，占地14亩，1万平方米的仓储基地已经建好。31岁的左智亮，留着平头，特别精神，正在指挥员工给即将发货的商品打包。

“今年‘双十一’的包裹达到20多万个，这两天才发完，半个月来，每天后续还有 1 万个包裹要发。大冬天的，员工们忙起来，都是穿着短袖打包。”左智亮的声音兴奋中带着疲惫。在公司一楼仓库，各种鞋垫、袜子、内衣等有秩序地摆放着，30 多名员工正在分拣、包装商品，旁边 4 台打印机一刻不停地打印网络订单，来不及配货的订单高高垒起。二楼的空地上、楼道口也堆满了货物。

目前，左智亮在上海、杭州以及鹰潭等地创办了 6 家公司，在天猫、淘宝等平台开设了 9 家网店。他注册“颐妍堂”商标,同名的旗舰店有鞋垫、鞋撑、手套、护腰、护颈、前掌垫、护膝、护肩等 116 件“宝贝”，还包括内衣、文胸以及袜子等上百个品种。

“有人问我创业难不难，我说不难，但走出第一步很难。创业固然有门槛，但最高的门槛是你自己。敢想又敢闯，不自我设限，万事皆有可能。”左智亮回忆起自己卖出的第一双鞋垫。

2005 年暑假，在南昌大学计算机系的宿舍里，学生很少。左智亮没有回家，一直爱“折腾”的他，在电视购物节目中看到内增高鞋垫的广告，感觉到南方人平均身高不高，增高鞋垫一定会有很大的市场需求。于是，他决定坐火车去鞋垫厂家实地考察。经过市场调研，他发现物理内增高鞋垫的市场前景广阔，于是便与工厂签订协议，并拿出靠卖 MP3、U 盘等勤工俭学赚来的 1000 元积蓄，进了第一批货，共 100 双鞋垫。货有了，怎么卖呢？左智亮抱着试试看的心态，来到南昌市的黄金地段中山路铺货。正值 8 月——南昌最热的月份，左智亮冒着 38 度的高温，拖着一个大大的编织袋，一家店挨着一家店询问对方愿不愿意代销鞋垫，分成好商量，走完一条街，再走另一条。他饿过肚子、遭过冷眼，硬着头皮愣是把所有的鞋垫铺进了南昌市中山路的 10 家店面里。

一个月过去了，摆在店里的增高鞋垫只卖出 5 双，赚了 25 元钱。心急的他等不及了，只能另找销路。他说：“没有办法就要想尽办法，成功有时候就是被逼出来的。”2005 年 10 月，他在一次上网浏览时偶然看到淘宝网这个销售平台，于是抱着试试看的心态在网上注册了“颐妍堂”淘宝店，将鞋垫拍成照片上传至网络，没想到，滞销的鞋垫变成畅销货，当天网店就卖出了 5 双。兴奋的他将所有鞋垫都收了回来，近百双鞋垫才几天工夫就被抢

左智亮获得 2014 年度江西省青年五四奖章

购一空。网店让他看到了希望所在，从此，左智亮开始了他的电子商务之旅。

“学校毕业的时候，我已经在易趣网和淘宝网开了好几家网店，专门卖各种各样的鞋垫，生意很红火，有时一天能卖出上百双鞋垫。”左智亮说。

当其他同学在大学校园里享受校园生活的时候，左智亮起床的第一件事是把电脑打开，回复顾客的询问，推荐最新产品，发货的订单常常铺满了下铺同学的床。他不只做一个读书和考试的学生，还做“出格”的事，这让他在电商这条道路上越走越远。

2006 年 7 月，左智亮从南昌大学毕业，他决定回家创业。在把电商做得风生水起之时，他又做了一件让别人大吃一惊的事：建立余江县第一家私营快递公司——申通快递余江分公司，从此私营快递概念被引入这个偏安一隅的小县城。

那时，他在县城租了一幢 300 余平方米的三层楼房做仓库，他把网店办公楼设在三楼。刚开始跑快递的时候，别人以为他是邮政快递员，他不停地跟别人解释，私营快递有多省钱、多便捷。寄邮政快递当时是 22 元一件，他只要 15 元。为了拓展快递业务，他瞄准了余江当地的木雕、铜雕企业。这些企业开始都是把货运到鹰潭市，再发货到上海、北京等地，左智亮保证他们走他的快递，24 小时就能到目的地。一开始，企业老板们不敢把

左智亮获得第六届鹰潭青年五四奖章

货给左智亮，那都是几千元的大件货物，后来左智亮用家乡话真诚地交流，才打消了他们的顾虑，拿下了这块业务。2010 年，当圆通快递进入余江时，左智亮的快递公司已经在当地“零竞争”的环境中运营了 5 年，实现月均出件量 30 多万件。“快递是电子商务发展的一个重要支撑，快递成本压缩下来，可以增加产品的竞争力。”从此，左智亮叩开了电商业和快递业“两道大门”，并且成功地将二者整合在旗下，构建了互促互进、共赢发展的良好格局。

不轻言放弃　用智慧和冷静坚守

在左智亮的办公桌上，放着一个刚刚从浙江义乌寄来的包裹，里面是 10 万张“俞兆林”防伪标志。

目前，左智亮与浙江义乌“俞兆林”品牌内衣的董事长陈云强签订了战略合作伙伴协议。根据协议，“俞兆林”将铺货 300 万元，同时，向他转让两家“俞兆林”品牌天猫专卖店的经营权。

对于“俞兆林”为何选中自己进行战略合作，左智亮说，陈云强认为他“这个年轻人有梦想、有思想”，而他认为自己打动陈云强的，是不轻言放弃的精神，是对创业的执着和坚持。他说：“创业路不平坦，难免遭受挫折，甚至失败，但无论处于什么境况，都要坚定信念，坚守选择。”

左智亮成功了，胜在面对困难和挫折，执着前行。

创业10年，最艰难的时刻是什么？左智亮努力搜索自己的记忆。“一个人风雨兼程送快递，是我最难忘的经历。”快递业务刚刚起步，为了省钱，他没有招聘任何员工，一个人开着6个轮子的货车去30多千米外的鹰潭市区送货，自己当司机、搬运工、客服主管、接单员，还要利用休息的时间打包。“我不觉得苦，我心里一直坚信，快递做起来了，就可以赢得打败竞争对手的空间。”那段时间，妻子王瑜给了他莫大的支持。王瑜在北京上学，学习的是法律专业。毕业后，她毅然放弃了大城市的生活，跟随他一起回到余江，打理“颐妍堂”等业务，既负责营销，又管理公司内务，一年到头几乎没有时间出去。2008年8月21日，他们的孩子出生了。生产那天，左智亮上午在医院陪伴王瑜，中午赶到公司查看订单，下午打包、送货，忙到深夜又回到医院。回忆当年的艰辛，王瑜说：“现在的成功，得益于当年的坚持，再难再苦，也要朝着最初的目标走下去。”

创业路上往往伴随着失败的风险，没有人能随随便便成功。2008年，左智亮想扩张“颐妍堂”旗舰店的业务，做日用品销售，结果因为渠道不熟，加之竞争激烈，效益极差。坚持半年后，左智亮凭借对电商的了解和对风

2014年9月，提名首届“血防精神在传承”感动余江十大人物。图为颁奖晚会现场

险的预测，果断抽身，不再涉足日用品。“一定要对市场进行研究，准确定位产品。”随着在市场上的摸爬滚打，左智亮形成了自己对电商市场进货、销售、研发的独特见解，运用到企业管理中，获得了巨大的受益。2011 年，公司的流动资金十分短缺，左智亮却投入大笔资金研发仓库管理软件，这个软件让使用者对企业销售量、库存量一目了然，为企业打造现代仓储奠定了坚实基础。

左智亮成功了，赢在沉下心坚持研发，走上建立智慧型企业的道路。

公司的员工们这样评价他们的老板 ：“左总为人低调，对生活要求不高，住在厂里，一到办公室，就会一直工作到晚上 11 点。这么实干的老板，我们愿意跟着他‘吃苦’。”

“你跑得快，别人也追得快。我经常买竞争对手和国外的产品来研究，看看别人出了什么新品，有什么新技术。要建智慧型企业，必须具有前瞻性，能够最充分、敏捷、灵活、有效地运用资源的企业，具有自我学习、自我完善的能力。”左智亮说。

熟悉网络的他经常自己上网，查询国内外对鞋垫开发研究的资料，在学习的同时，他还积极创新。为了开发新产品，他在网上购买了英国品牌“爽健”和美国品牌“吉斯迈”的各种样品，结合国人的特点进行研发创新，他与国内外贸公司积极联系，及时了解国外鞋垫的需求新动向。这些年来，左智亮带着他的研发团队，设计出竹炭系列、运动系列、保健系列、真皮系以及休闲系列五大系列的上百种产品。他将这些产品设计完成后，交给合作生产公司进行生产。10 年来的艰辛努力，使左智亮成了鞋垫专家，他先后获得 3 项国家专利，打造出“颐妍堂”、“足典”、“蓓姗娜”、“倍凝”等多个自主品牌，产品品种达 2000 余个，仅鞋垫品种就有 1000 多个。为他这些产品代工的，是遍布全国的 40 多家专业生产企业。

“为什么我的企业发展这么快，因为我布局早，走一步就要想到后面几步。别人还在租店面做实体店，我开始上淘宝卖货 ；等到大批人上网开网店，我启动快递业务，压缩成本；现在大家都在做贸易，我准备上生产线，形成生产、销售、物流电商产业链，打造公司的核心竞争力。不过无论如何，鞋垫是一定要坚持做下去的，这是我的发家之道。”左智亮说。

不忘记初心 平地垒起万丈高楼

2006 年 7 月，他大学毕业，在余江县城租用三层半楼房办公，面积达 300 多平方米；2008 年，租下县城一幢 1500 平方米的房屋；2013 年 6 月，在龙岗园区租赁一个面积达 3000 多平方米的仓库；2015 年 4 月，搬进余江县工业园区，购置 14 亩土地，建设 1500 平方米电商快递大楼和 1 万平方米的仓储基地。一路走来，左智亮做到了，一步接着一步向前行，从平地起步，建起属于自己的电商大楼。

作为一个成功的“80 后”电商，面对当下大学生创业热潮，他最想说的是：“年轻人创业不要眼高手低，要从自己的能力和条件出发，牢牢抓住‘创新’这个关键词，才能在市场浪潮中立于不败之地。”“颐妍堂”是左智亮创立的一个专事足部护理产品的新锐电商品牌，从创立伊始就依托原产地优势生产纯正货源，并通过“颐妍堂”旗舰店专属渠道，塑造一个让顾客安心、信服的电商品牌。比如“颐妍堂”乌拉草保健鞋垫，它的生产商是乌拉草原产地吉林榆树市的知名企业；再如“颐妍堂”真皮系列鞋垫，其生产商是温州平阳县国际皮革城周边的几个大厂商。“原产地生产既可保证产品质量，还可通过优胜劣汰降低产品成本。”“颐妍堂”旗舰店的主管说，为了扩大市场，必须丰富产品种类，公司以丰厚的报酬吸引业内精英研发鞋垫和足护理相关产品，实现产品创新、营销手段创新，我们的好评率达 99.64%，买家满意度达 99.32%。

10 年来，在左智亮的创业路上，留下了一串串坚实的脚印。但左智亮没有忘记当年为什么要出发，他不仅要建立自己的电商王国，更想做一个让当地百姓受益、为地方发展出力的余江人。他说：“今后，我想从四个方面着手，突破业务回报社会，筹建一个培训电商的学校，依托‘农村淘宝’开辟农村市场，参加公益扶贫济困，启动跨境电商项目。”

数据显示，2014 年江西省电子商务经营主体近 5.5 万家。其中，电商应用企业有 6200 余家，个体户开网店的有 4.8 万家。电子商务交易额达 1384.8 亿元，同比增长 110.6%，连续两年实现三位数快速增长。按照这个趋势，左智亮坚信进入电商产业的人将越来越多。他说：“尽管这些年公

左智亮的快递专车

司吸纳当地300多名年轻人就业，并培育扶持了8位青年投身电商创业，但是孵化培训仍是目前电商产业链中最薄弱的环节。”左智亮计划筹建一个电商培训学校，前来学习的年轻人可以全程参与公司运作，学习期定为一年，给毕业的学员发证书。

目前，在余江县有60多家农村淘宝店。有了这个平台，农民可以在村里购买网上的东西，也就是说产品进入农村的下行通道已经打通，但是农副产品上网卖的上行通道还不是很畅通。左智亮说：“我想利用企业的能力，挑选好的产品，拍摄产品的图片，做好产品链接，再一起做成数据包，发给农村淘宝的合伙人。这些农村合伙人可以把链接发出去，代销农产品。”同时，左智亮计划利用自己的平台，帮助农民销售农产品和特色产品，注册商标，并引进一两条生产流水线。目前，余江县将建一个电商产业园，集电商大厦、快递中心、仓储中心为一体，吸引一大批电商入住。为了助力余江电商发展，左智亮已经进入余江的电商孵化园，设立了两个为农村淘宝产品拍照的服务店，专门为那些在网络上卖农产品的农户服务。

做跨境零售，通过“速卖通”这个平台，把商品直接销售给海外的客户，通过邮政国际快递送达全球的客户手中。这是左智亮的雄心壮志。“我们现在属于传统电商模式，跨境电商是今后的发展趋势，义乌目前在全国来说是做得最好的，有的跨境电商已经筹备设全球仓储中心了。而在余江，有很多产业适合做跨境电商，比如我们的眼镜、雕刻和特色农产品等，可以通过电子商务营销的方式，让全国乃至全世界的客户了解余江。”

不忘初心，方得始终。多年来，左智亮一直铭记“社会成就了我，我要回报社会”。每周，他都会组织员工去乡镇清理垃圾，做环保卫士；去特殊学校和敬老院看望学生、老人，为他们送上学习、生活用品。2013年4月25日晚，左智亮作为余江青年志愿者协会的副会长，带头参与团县委、余江青年志愿者协会、县文化馆在血防纪念馆联合举办的“情系雅安”赈灾募捐义演活动，为灾区的父老乡亲们送去一份温暖，为灾区的同胞们送去最需要的物资，当晚共募集善款12万余元，全部用于支持雅安抗震救灾。他被共青团余江县委授予“十佳志愿者”荣誉称号，荣获“感动余江十大人物”提名奖。他经常到鹰潭周边的院校，为在校大学生做创业宣讲，做他们创业的带路人和指引者；主动吸纳鹰潭籍贫困学子来公司实习就业，并免费提供午餐和交通费；关爱空巢老人、留守儿童、困难职工、残疾人，定期开展志愿服务。为此，左智亮获得了第六届鹰潭青年五四奖章，又荣获2014年度江西省青年五四奖章、鹰潭市劳动模范。

回首十年创业路，左智亮感慨万千：“成功就是一种坚持，创业更要执着。在焦躁中保持冷静，在诱惑前保持淡定，在压力中保持坦然，快乐地生活，快乐地创业。”从他的话里，我们能听出来，做电商不仅是一种创造，也是一种情怀。

点评专家：

左智亮的创业史很容易使人想起电视剧《西游记》里的主题歌：路在脚下。这不仅因为他创业起步所选的商品是鞋垫，同样也因为他历经磨难的创业过程证明路在脚下。创业的道路是曲折的，经历曲折而不退缩，才能另辟蹊径。路在脚下，是靠意志和精神一步步走出来的，一路汗水风雨兼程。左智亮的创业经历还说明，机遇偏爱有准备的头脑，他是计算机专业的毕业生，“互联网＋他的知识积累和拼搏”，使他领略了创业的精彩和喜悦。

点评人：马雪松

他说，
梦想在没有开花之前，
谁也不知道它是什么样儿的。
只有与坚持携手同行的梦想，
才有变为现实的一天。

——周乐

23

“80后”互联网掌门人的梦想与坚持

——记南昌思锐信息技术股份有限公司董事长周乐

◎张　晶

他，是一个喜欢打篮球的“80后”，虽是传播专业毕业，却因酷爱计算机，顺利进入国内一流的通信公司——华为技术有限公司，做起了通信工程师。

他，放下世界500强企业的“金饭碗”，带着6万元积蓄，义无反顾地回乡创业，建起南昌城市生活资讯类门户网站——圈圈网。

他，没品牌、没资金、没人脉，十足的“三无”创业者，在互联网行业激烈的搏击中，不畏困难，逐浪前行，将起步时只有“3个合伙人+2个实习生”的圈圈网，发展成如今拥有员工130余人、网站注册用户突破百万人、社会化媒体矩阵粉丝突破70万人、年营收突破3000万元的知名城市资讯类门户网站。

他就是周乐，南昌思锐信息技术股份有限公司董事长，圈圈网的创始人兼CEO。面对“互联网+”时代的风起云涌，周乐敏锐捕捉商机，让吃、喝、玩、乐、购与互联网亲密碰撞，将网站、视频、团购、电商、智慧城市有机融合，一步步搭建起自己的网络平台梦。

在周乐身上有许多优秀创业者特有的素质：自信、乐观、善于思考，是个对产品要求完美的人，对用户有感同身受的了解。更重要的是，他是一个有梦想的人，眼睛里总是闪耀着梦想的光彩。

他说，梦想在没有开花之前，谁也不知道它是什么样儿的。只有与坚持携手同行的梦想，才有变为现实的一天。

传播专业毕业的体育特招生进华为，惊喜永远伴随努力而来

1981年，周乐出生在江西省宜春市一个普通的教师家庭。父亲当时是一所中学的校长，后转到一家国企工作，母亲是小学老师。良好的家庭教育与宽松的家庭氛围，使周乐从小就养成了独立自信、乐观豁达的性格。初三那年，他爱上了篮球，而且越打越好，最终因为体育特长考进了江西师范大学传播系，成了一名体育特招生。

与许多体育特招生不同，周乐除了喜欢打篮球外，还特别爱读书，尤其是对计算机技术方面的知识有着浓厚的兴趣。进入大学后，他如饥似渴地学习着与计算机有关的一切知识，将大部分时间都用在泡图书馆、玩电脑编程上。大四那年，当班上许多同学还在为找工作犯愁时，周乐却顺利地进入世界500强企业——华为技术有限公司，当了一名通信工程师。

有人说，是他运气好。只有周乐自己知道，好运气的背后是他刻苦的努力和内心一股不服输的劲儿。“谁说体育特招生就不会读书，谁说不是

周乐在谷歌公司学习留影

名牌大学毕业就不能进世界 500 强？”周乐用事实证明了一句老话：一分耕耘，一分收获。

华为公司严格的管理体系和独特的培训方式，让刚出校门的周乐感到了前所未有的压力。2004 年 7 月，新员工培训结束后，周乐被分在华为公司杭州办事处工作。上班没几天，部门经理就丢给他一大堆资料，并要求他迅速消化内容，第二天去湖州市与一位客户进行沟通，为其布置一套新的计算机系统。

“当时，我的头真是嗡的一声。面对一大堆全新的资料和第二天就要和客户进行一线沟通的任务，不知所措。”回忆起那段经历，周乐至今感慨万分，“好在任务布置后，公司会派一名带你的师傅，提供学习资料、方法，你可以看资料、提问题，但前提是必须独立完成任务，独立与客户建立一线沟通。”两天下来，周乐不眠不休，全身心地投入任务的准备工作中，反复演练程序，向同事和前辈请教，在书本、网络中查阅资料。功夫不负有心人，初入职的周乐最终成功拿下了客户，这也是他第一次尝到了重压之下快速成长的快乐。

拒绝平庸、渴望改变，放弃世界 500 强的“金饭碗”，迈出创业第一步

两年后，带着在华为的工作经验，周乐跳槽到西门子杭州 3G 研发中心，成为一名软件工程师。“当时 3G 技术是通信行业最前沿的领域，到西门子工作就是为了和前沿技术有更紧密的接触。”而这次跳槽，改变了周乐的人生轨迹。

“来到西门子工作后，生活节奏一下子慢了下来。没有了直面客户的压力，让我有更多的时间思考。”这一年的周末，周乐时常坐在西湖畔看风景，看杭州日新月异的变化，看阿里巴巴、淘宝、19 楼等个体创业者的异军突起。“我不想只做一个工程师，不想过那种一眼望去没有起伏的人生！”一天，一个清晰的声音从他的心底涌出。

梦想一旦播种，就会疯狂生长。面对当时杭州日渐浓郁的个人创业氛

围，周乐再也按捺不住内心拒绝平庸、渴望变化的悸动。2007 年 12 月，怀揣创业梦想的他辞职了，带着 3 年的工作经验和不到 6 万元的积蓄，回到南昌和两位小伙伴一同创办了思锐广告公司。

公司运营之初，周乐通过帮企业拍摄宣传片的方式，进行品牌拓展和资本积累。可是，几个月过去了，公司经营惨淡。但善于思考的周乐，却从中发现了新的商机。

“几个月下来，客户以拍摄关于吃、喝、玩、乐、购等方面宣传片的小商户居多，而这些商户大部分没有实力通过传统媒体做品牌推广。我们可以为他们打造这样一个平台！”于是，半年后，一个围绕吃、喝、玩、乐、购等城市生活资讯为主题的圈圈网，在南昌诞生了。

没品牌、没资金、没人脉，创业初始处处碰壁

如今在南昌，年轻人只要一提起本地的吃、喝、玩、乐、购，大多数人会很自然地上圈圈网看一看。可是，在 2008 年，圈圈网还只是一个鲜有人知的小网站。

当时的南昌，互联网行业还不发达，不用说在网站上投放广告，连看网站的人都不多。如何去推广自己，吸引更多的用户，是周乐和伙伴们面对的第一道难关。

起初，推广从身边的亲朋好友开始。那时候，周乐身边的人都被他拉到圈圈网去逛了一圈。为了让更多的人知道圈圈网，周乐选择了最传统的推广方式——街头发宣传单。7 月的南昌，骄阳似火，酷热难当，3 个合伙人带着 2 个实习生，每天一大早便站在中山路、胜利路的街头发放宣传单。来往的路人往往投来质疑的目光，可是几个年轻人毫不在意。

后来，周乐又去找一些平面媒体合作。一个偶然的机会，他得知南昌一家报社要推出一项大的策划活动，于是主动上门，承诺免费为其提供线上推广。可是对方迟迟没有答复。

“当时，我们的网站一没品牌，二没资金，三没人气，很难吸引商户来网站投放广告，如何获得商户的信任是关键。”周乐意识到，在缺乏品

牌知名度且资金匮乏的情况下，要想快速打开市场，就必须干一两场“漂亮仗”。

于是，他将目标瞄向了当时地处南昌市区中心的万达广场。“如果能把万达影院这样有实力的企业宣传片拿下来的话，其他企业一定会对我们另眼相看。”

周乐在苹果公司大楼学习

第一次与万达影院的“交锋”并不顺利，虽然周乐提出了免费为其上映的影片拍摄推广视频片的优惠条件，但是万达并不买账。周乐硬着头皮在走廊里足足等了四五个小时。漫长的等待之后，一位中层管理人员终于出现了。对方接过周乐的名片随意瞟了一眼，就直接指了指旁边的一位小姑娘，告诉周乐找她对接工作。

“公司创业之初，我们没资源、没资金，只有靠自己吃苦耐劳，而这些是创业者必备的基础，但也并不意味着有了这些就一定能成功，很多时候你必须敢于面对冷嘲热讽。”

最终，周乐成功拿下了万达影院的拍摄权，不仅拍出了令对方满意的视频推广片，还通过在网站上推出“影视达人评选”、观影团等线上线下互动活动，成功与万达影院结成战略伙伴。此后，他们又做成了几个成功案例，圈圈网在业内开始小有知名度，但是来网站投放广告的商户还是寥寥无几。

当互联网遇上吃喝玩乐购，“圈圈”成了南昌人青睐的“智慧生活圈”

一开始，周乐将圈圈网定位为南昌城市生活资讯类门户网站，以“为南昌人民的吃喝玩乐购服务”为主题，通过“圈圈网＋圈圈视频＋圈圈团购”三合一的模式，为南昌市民提供一站式多平台的系列增值服务。

运营了半年后，周乐发现，网站仅靠视频和店铺消费信息盈利，缺少

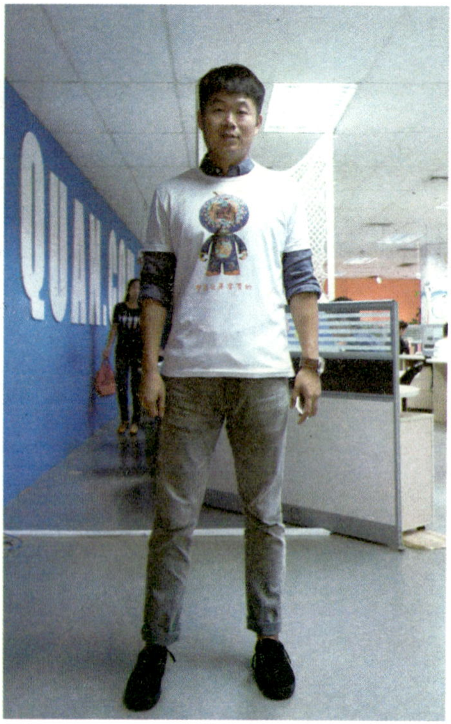

在圈圈网写字间里来回忙碌的周乐

用户黏性，而那时商家对网络广告投放认知度低，也不愿意花钱在网络打广告。收入来源少，公司收支不平衡，常常入不敷出。面对巨大的压力和旁人的质疑，周乐陷入了沉思。“路，究竟该怎么走？”那一年，27 岁的周乐头上第一次有了白发。

用户为王，是资讯类门户网站的制胜法宝。为了让更多网友有机会参与网站的活动，周乐和他的团队提出了“发现南昌、分享生活”的理念，鼓励网友分享原创作品，包括视频、图像、日志等，并为分享者设置相应的奖品，比如“结婚日记”、“宝妈日记”等栏目活动让网友积极互动起来。接着，“八分钟约会”、跳蚤市场、万圣节聚会等线下活动的定期举行，让网友从现实的快乐中感受到圈圈网的魅力。有网友这样留言：“圈圈网最吸引人的莫过于线上与线下相结合的互动模式，它让人感觉网络是温暖的，圈圈是快乐的。”

生活是最好的创意素材，观察思考后就能得到一个个创意。周乐沉浸在尝试各种创意所带来的乐趣中，一个新的活动创意产生之后，他和同事总会忍不住率先体验一下。为了让圈圈网成为南昌人喜欢的“智慧生活圈”，周乐又将“社区”的概念搬上了互联网，并将“社区”内容延伸至南昌人吃、喝、玩、乐、购的整个链条上。在“社区”里，人人都是资源的分享者，也是受益者。在一次次新产品与互动活动的推广后，圈圈网逐渐为南昌的年轻人所接受。用户多了，商户也跟着多了起来。

越过千山后的周乐，将创业初期的 2008 至 2010 年，概括为网站发展的三个阶段：内容沉淀、用户沉淀和品牌沉淀。到 2010 年 12 月，圈圈网粉丝量突破 60 万人，年营业收入破百万人。公司正式成立了广告部，开始走上媒体化运营的良性发展道路。

然而，创业的道路并非一帆风顺，新的挑战再次考验着周乐和他的伙伴们。

屡战屡败，屡败屡战，一千次失败只要有一次成功就好

2011年8月，全国团购网站的数量超过5000家，团购几乎成为互联网公司的标配功能。为争夺国内的团购市场，各家团购网站开始变相竞争。拉手网、美团网、窝窝团购网等国内比较知名的团购网站开始了一轮又一轮的融资比赛，铺天盖地的广告迎面袭来，最后常常演变为拉锯战。过低的准入门槛无疑加速了团购行业的发展，同时也不可避免地造成了这一行业的恶性竞争和迅速洗牌。当时以“视频+团购”为主要业务的圈圈网，在这场“千团大战”中不可幸免地遭遇了洗牌的命运。

“最初我们做团购，需要上门为商户普及团购知识，而不久之后，几乎每个商户都会接待数家或数十家团购网站的销售人员。商户借网站宣传推销自己的位置迅速得到扭转，开始衡量与哪一家团购网站合作对自己更为有利，为了争夺客户，有些团购网站对商户的底线不得不一降再降。在这种博弈中，像我们这种资金不足的地方门户网站很难保证自己的利润空间。”

团购做不成，周乐又开始尝试“互联网+装修”、“互联网+通讯”等项目，可是接二连三地遭遇失败。“其实，创业是有时间窗口的，尤其是互联网公司的发展，‘势’很重要。只有顺势而为，才能事半功倍。”回眸那段“屡战屡败、屡败屡战”的日子，周乐却觉得受益良多。“每一次失败都是为下一次成功做铺垫，一千次失败终会迎来一次成功。”

终于，思锐公司迎来了转机。2011年，公司第一次实现收支平衡，在随后的几年内业绩呈现爆发式的增长：2012至2013年，依靠网站社区积攒的流量和人气，圈圈网在广告营收上连续两年实现100%增长，广告年营收达500多万元；2014年，公司主营收入突破千万，尽管增幅较前两年来看有所减少，但是凭借对市场的敏锐判断，周乐瞄准时机，再次调整营业重心，进入电子商务和移动互联领域，实现营业收入3000万元这一惊人的数字；而在2015年，思锐公司第三次华丽变身，完成股改，成立了

股份有限公司，并且通过了当地政府批准，拟在新三板挂牌上市。

顺势而为、快人一步的他，一步步实现自己的网络平台梦

互联网的世界云谲波诡，瞬息万变。一拨人倒下了，一拨人很快成长起来。

2012 年底，快人一步的周乐敏锐地嗅到了电商的发展机遇，先后在淘宝、天猫商城开起了 della's 女包品牌旗舰店，可是最终因为供货产业链断裂等因素，周乐的第一个电商项目流产了，但他的电商团队却留了下来。

“创业，本来就是九死一生的事，成功更属于小概率事件。但电商这条路径，我是认准了的。”又一次遭遇失败的周乐看上去很平静，从头再来的他将电商项目瞄准了江西最知名的品牌产品——景德镇陶瓷。

2013 年 7 月，思锐公司帮助景德镇一家陶瓷企业在网上销售陶瓷。半年不到，营业额就突破 1000 万元；2014 年更是创造了 3000 万元的营业收入。2015 年，周乐决定不再与人合作，做起了独立电商的买卖，收购了景德镇一家陶瓷公司，成立墨色陶瓷。同年 7 月，墨色居家日用旗舰店在天猫上线营业，连续 5 个月都实现月营业收入 100 万元。

从过去单纯依靠广告投放实现增收，到及时抓住电商与移动互联大潮，实现“广告 + 电商”双线发展模式，周乐和他的团队无疑又一次成功抓住了商机。

瓷器，是中国形象的一张名片。而景德镇是“瓷器之国”的代表和象征。“利用景德镇陶瓷这个产品，打入陶瓷电商市场，这是电商的垂直细分领域。”周乐坚信，如果能打造出细分行业的经典之作，就能在激烈的互联网竞争中占有一席之地。

如今，除了圈圈网、墨色陶瓷外，周乐将他的下一个目标投向大数据研发。2014 年 2 月，思锐旗下又一家子公司——康比科技公司正式涉足智慧城市的研发业务，成为江西省唯一一家腾讯公司授权软件开发的服务商。目前，已帮助不少机关、企业开发智慧服务系统。

“其实，我们最初打造的圈圈网就是一个智慧生活圈。如今，我们更

周乐行走在美国 1 号公路上

希望通过运用先进的信息和网络技术手段，感测、分析、整合城市运行核心系统的各项关键信息，从而实现城市智慧式管理和运行。”对于未来，周乐踌躇满志。

乔布斯曾在斯坦福大学演讲时提出“Follow your heart”（追随自己的心）。这不仅是乔布斯自身所坚信的价值准则，而是一类人的价值准则。周乐就是其中一个。在他 8 年的创业路上，变化的是一个个项目，不变的是心中的 IT 梦。面对日新月异、只争朝夕的“互联网 +”的时代浪潮，周乐一路梦想、一路坚持，凭借自强不息的创新精神和对互联网行业的敏锐判断，不断寻求改变、突破自我。迎接他的，必将是事业发展的一个又一个春天！

点评专家：

拒绝平庸，追求卓越，是所有成功创业者的品格。周乐凭着自己的勤奋与努力，在世界 500 强企业担任通信工程师。但追求卓越的品格使他不安于将工程师作为人生的终极目标，他选择了放弃“金饭碗”，勇走创业路。拒绝平庸，周乐选择的是敢为人先的创业之路；追求卓越，周乐和他的团队克服了重重困难，踏尽坎坷，终成坦途。周乐让人们看到并相信：心有多大，舞台就有多大；心有多大，“圈圈”就有多大。

点评人：马雪松

现在国家鼓励创新创业，当地政府有关部门也出台了许多扶持政策，凭借东风，顺势而为。未来将在九江开发区成立3D影像产业园，形成一条完整的3D影像产业链。三年内将产品推向全国，让国内所有的风景区拍摄点都用上我们的产品。

——芦五新

24

炫丽3D的背后

——创业人芦五新坚守最艰难的事业

◎夏剑阳　左阳天

面前这个中年男人，虽然一口浓重的九江口音，看上去却远没有典型九江人的那股子古灵精怪劲儿，他的创业经历十分曲折……

他叫芦五新，曾是一名成功的生意人，在庐山开小餐馆起家，办过酒店，投资过矿山，直至身家过千万。因为心怀3D梦想，2011年准备将3D版《庐山恋》搬进影院未果。那年，他人生的二次创业艰难起步。

一张图片、一帧页面，不用戴专用眼镜，只需裸眼就能看出神奇的3D立体效果，且栩栩如生。创造这个时髦科技产品就是进驻九江恒盛科技园创业的“创客”芦五新和他的团队。

在九江开发区恒盛科技园落户的近百家中小微企业中，九江大迈影像公司并不特别显眼。走进公司的办公室，映入眼帘的是一幅幅强烈视觉冲击图片：墙壁上悬挂的图片仿佛从庐山景区移植过来，龙首崖松触手可及，花径树下浓荫蔽日，石下可坐，桥上可走。这些画面如同身临其境般有立体感，活灵活现。

玩票似的开始了3D追梦路　上船后却无法下船

“真是神奇，以前看3D、5D电影，我们都要戴专门眼镜才有这个效果，现在在一张看似普通的图画上，只需肉眼就可以看到这样的立体效果。”芦五新说道，这些就是他们公司独立研发的3D大迈拍摄仪拍摄图案技术，在最大程度上还原了拍摄物与拍摄环境的真实性，具有身临其境的空间立体感。

2011年，徐克的《龙门飞甲》上映，这部号称大中华区的第一部真正意义上的IMAX 3D武侠电影在全国引发了热潮，也深深刺激了芦五新。从小生长在庐山的芦五新看到了其中的亮点，准备把《庐山恋》用3D技术来播放，吸引更多的游客。

2010年，一次摄影的偶遇，芦五新遇到了“北漂”归来的张琳，也就是现在公司的技术总监。张琳在北京从事的是摄影工作，有着很多前卫的摄影技术。

按芦五新的话说：“当时手里有几个臭钱，完全是玩票似的涉足3D，亏了也无所谓。”

“当时3D电影的热潮开始席卷全国，而煤矿生意却在走下坡路，北京的这个朋友回来后对我说，未来3D发展趋势肯定很好，只要我肯投钱，他就一定负责把它研发出来。我甚至考虑下血本，花300万元一分钟的转制费，把《庐山恋》做成3D电影。当时有关部门怕破坏原始电影数据，使得这个项目胎死腹中。”

2014年，芦五新成立大迈影像科技有限公司，致力于自主开发3D立体影像产品，用于宣传画册、装饰、摄影、广告、旅游、包装等，其研发的三维影像轨道式自动拍摄仪技术获得国家专利。

芦五新手里拿着的这个长条形报夹般的设备就是三维影像轨道式自动拍摄仪，这是他们的“看家宝”。

面对事业近乎绝望的坚持

回顾这三年的研发历程，芦五新一脸无奈。的确，这个过程可用“煎熬”来形容。

他说：“三年的研发过程很累很迷茫，投了高达六七百万元。”

芦五新（右一）和他的合伙人展示他们的“看家宝”——三维影像轨道式自动拍摄仪

芦五新和他的团队曾在北京驻扎一个月的时间，在北京翻拍《庐山恋》，一个月做了几分钟 3D 样片，最后这钱也打水漂儿了。

谈到他的几个合作伙伴，这个在生意场上打拼了几十年的中年男人显得很愧疚。

这几个从北京来的伙伴，听说芦五新是煤老板，心想跟着一掷千金的煤老板自然会混得很好。团队一开始是 6 个人，后来变成 3 个人。他们都是国内 3D 摄影圈的资深发烧友。

2013 年，国务院颁布《关于进一步加强煤矿安全生产工作的意见》，明确了重点关闭对象和新煤矿准入标准。随后，山西、甘肃、山东、安徽等多省出台煤矿停建整顿细则，进一步落实本省关停规划。同一年，江西加大煤矿整顿力度。

芦五新在湖北和江西的两个煤矿受到严重影响，一方面是整顿的高压态势，一方面是欠款无法收回。

他说道："前两年我还能按时按月发工资，工资高的员工月薪有 1 万多元，第三年工资就很难支付了，我的煤矿最终也倒闭了。"

这艘满载 3D 梦想的大船一夜之间被困在冰河中，是继续破冰前行，还是弃船逃生？这对芦五新来说是个两难的选择！

芦五新还记得那年员工脸上的无奈。"他们从北京来九江，3D 影片没做成，但他们也回不去了。"

单枪匹马闯上海 铩羽而归

每次出来的样片都没什么进展，感觉差别不大，这让芦五新十分懊恼。

"但和同行比，我们都是最好的，所以我们的信心还是很大。2013 年上海婚庆博览会，我以个人名义参展。当时，还有德国一家 3D 公司竞争上海 3D 地铁广告 8000 万元的合同，我们展位在一起，我们的清晰度比他们高，但他们轻易拿到了这个订单。他们花了近 200 万美元做计划，当时只有这一家公司参与投标。国内没有人做，他们作为唯一的一家投标企业，最后顺利拿到合同。我们的平台太小，实力太小，我们完全没有想过会有这么大的订单。他们画面不如我们，但辅助的电子设备比我们好。这件事

芦五新的奖牌

情深深地刺激了我们，大家下决心一定要做好。”

在上海的遭遇，并不是最坏的。芦五新清晰地记得，上百次被客户拒绝的情形是如此相似，客户的回绝如冰刀般扎心。当他充满热忱地对客户介绍他们引以为豪的技术时，对方往往来一句："你不要给我看，就是一个概念，你这东西离市场需求还有很远。"

他摇头苦笑，"我也拿了样片给别人看，北京、上海天南地北到处跑，我的车跑了 20 多万公里。"但产品始终没有转化为利润，最初的 6 人技术团队只留下了 2 人。

2014 年，芦五新组建九江大迈影像公司，对最后留守的员工说，我支付你们的生活费，工资就不给了，但公司做大后我提供公司股份。

回顾过去的三年，芦五新觉得愧对这些伙伴。"做了 3 年，他们觉得对不住我，我自己也觉得对不住他们。他们没让我赚到钱，我也没让他们发家致富。"

第一代产品的推出了花了一年的时间。之后又研发了第二代、第三代产品。

在产品刚刚研发出来的时候，芦五新曾做过市场调查，按照他们的设想，调查 100 个人，如果有 90 人认同我们的产品，就可以投入商用，结果却让他很意外。参与调查的客户中，80 人反对，20 人支持。于是，在第二代产品研发之前，包括父母、兄妹在内的家人全部站出来反对。他们认为，芦五新创业之路风险太高了。在家人看来，开个餐馆，过一个月就能看到收益，而这 3D 项目说好听是梦想，说难听就是看起来色彩斑斓的肥皂泡，一吹即破。

也有人说，芦五新做事没有一个常性（坚持的恒心），而这是生意场上最大的忌讳。在朋友们看来，做任何一个行业，从小做到大、做到老，这个行业绝对会成功。所以芦五新下定决心一定要做出来，哪怕倾家荡产，现在他真的是倾家荡产还在做。

研发过程难吗？"那可不是一般的难。"芦五新指着一个第二代技术的样片说，"一个调色，4 个人花了 3 个月时间来研发，这一个技术就花了 4 万块钱。"

随着研发的不断深入，资金就像投入河流的石子，“咚”的一声深不见底。芦五新坦言，由于这是高科技产品，研发投入的力度较大，尤其是一些仪器价格昂贵，成本巨大。公司资金多次遇到周转困难。

芦五新说：“资金缺口越来越大，我自己的一辆宝马 750 轿车拿去折现，后来公司和家里的另外两辆车也被迫拿去折现。”

芦五新为公司运营压缩成本绞尽脑汁，最困难的时候，甚至想到公司自己做饭，因为这比在外面订餐要节约一半的成本。怕动摇军心，芦五新到现在也没敢告诉员工当年的实情。

创业越艰难，越需要家人的理解

芦五新的儿子现在正在成都念大学，学习飞行，将来要当飞行员，在天空翱翔。谈到心底里这个最大的骄傲，芦五新却一时语塞，“你知道吗？那年最困难的时候，我连儿子每月的生活费都拿不出来。儿子跟我说，爸爸你 4 个月没给我伙食费了，每个月都是室友给我伙食费。儿子的伙食费都付不起，天下做父亲的能做到我这份上，你能想象那是一种什么感受吗？”

那一年，他从亲戚朋友那里到处借钱。有一次找亲戚借两万元，对方说你等我跟家里商量下。结果芦五新在他家等了两个小时不见人影，打电话不接、发短信不回，一直等到晚上七八点也没有回音。芦五新的兄长是个普通上班族，他曾多次劝告这个弟弟要走一条平稳的道路，不要冒很大风险去创业。“他跟我说，你不要做什么高危的行业，自己有千万的资产，随便开个店都能活得很好。”

不过，多年的坚持总算让他看到一线曙光。2015 年产品刚开始走向市场时，已经有不少看好市场前景的企业来找他们接洽合作收购。芦五新说，包括厦门、南昌等地的公司都找上门来，看着自己一手创造出来的“梦想结晶”，他不想就这样放弃。

第一个肯定他们的，是来自浙江宁波的一家企业，这家生产音箱的宁波企业给了他们公司第一笔订单，他们是通过一次展览会慕名而来的。这

芦五新背后的 3D 版庐山龙首崖风景

第一个订单是制作规格为 60 厘米 ×80 厘米的立体灯箱广告，订单价格仅仅为 1 万元。虽然订单不大，芦五新的团队还是异常兴奋，毕竟自己的研发成果得到了市场的认同，对方收货也很满意。但不幸的是，后来因这家企业资金链断了而没有延续更多的订单。这一次，芦五新也意识到产品市场推广存在的问题，当时没有迅速在行业内打开市场的原因是价格。“我们的产品因为价格比较贵，九江市场完全不能接受。当时的报价是 500-600 元 / 平方米，现在成本控制在 200 元 / 平方米左右。”

“在资金最困难的时候，正好赶上了国家创新创业大潮，九江开发区人力资源部门也给予了大力支持，准备给予我无息贷款和创业资金的支持。”芦五新说。

2015 年，九江经开区主动适应招商引资的新常态，及时出台了《关于促进招商引资、鼓励企业创新发展的实施意见》《产业创新发展资金管理办法》《创业投资引导基金管理办法》等一揽子鼓励产业发展机制。

在大众创业、万众创新的大背景下，九江经开区着力支持万众就业创业助发展，不断优化创新创业环境，形成了以“90后”创业者、“创业系”、“连续创业者”为代表的创业人才生态圈和创业新生态，吸引九江地区乃至江西省创新创业要素的集聚融合。2015年以来，区内仅恒盛科技园新创办企业43家，创业人数快速增长，同比增长26%。

蛰伏四年打磨成色　天使投资人给出最高分

芦五新的研发产品在“中国创翼”2015年青年创业创新大赛江西赛区中荣膺桂冠，脱颖而出。

“中国创翼”青年创业创新大赛是按照党中央、国务院关于鼓励创业创新的工作部署，由人力资源和社会保障部及宋庆龄基金会共同主办的，主要支持中小企业服务平台，引导更广泛的社会资源支持，吸纳创投机构参与对中小企业的投入，为企业搭建融资服务平台，促进企业发展。形成“大众创业、万众创新”的良好环境，激发青年创业热情，支持青年创业。

2015年6月16日，江西赛区的比赛在南昌举行，九江市推送了九江大迈影像等公司携带产品参赛。在比赛现场，由“大迈”团队选送的作品一下子就吸引了评委的注意。

九江大迈影像公司在展示制作平面媒体或广告时，使用了“幻眼”技术，通过他们的智能手机或平板电脑扫描传统的印刷品，可以直接呈现丰富的数字内容，包括视频、图片、声音、立体模型等信息，带来前所未见的营销体验。这在互联网盛行的今天，杂志、报纸、宣传册、海报、产品包装等传统平面媒介受到强烈的冲击，数学技术让印刷品变得活灵活现。

“评委原计划安排的是每家只有8分钟表演时间，但我们却被特殊照顾，延长了20分钟进行展示。”芦五新说道。当时，天使投资人汤旭东先生在现场，对他们这种前沿产品非常关注，所以给予全场最高分93分，这也是江西参赛作品中的最高分。

不仅如此，一张普通的婚纱照，或者广告牌，只要是通过他们拍摄的图片，且安装了他们的软件，无须设置二维码，用手机在一张很普通的广告纸上便可以扫描出所有的内存信息，婚纱照就像放幻灯片式播放。这就是“大迈”技术的神奇所在。在如今处处都是二维码需要扫描的时代，它是具有革命性的技术。

目前，经过多年的潜心研发，大迈影像公司在3D摄影成像技术上已经走在世界的最前沿，并拥有专利，还是江西唯一一家专注于3D立体影像制作的高科技公司。芦五新的坚持让他看到了胜利的曙光。最近，浙江义乌一家企业准备开出4000平方米的大宗订单，此前他一年也就能拿300平方米左右的订单。为拿下这一订单，公司正准备在九江开发区开设一家大的厂房，让产品在生产线上形成规模生产。

谈及未来，芦五新依显踌躇满志。他说，现在国家鼓励创新创业，当地政府有关部门也出台了许多扶持政策，凭借东风，顺势而为。未来将在九江开发区成立3D影像产业园，形成一条完整的3D影像产业链。三年内将产品推向全国，让国内所有的风景区拍摄点都用上他们的产品。我们也期待，这个坚持了上千个日夜的3D梦想在市场上开花结果。

点评专家：

芦五新创业的最大特点是不畏风险，坚持到底。他本已是一名成功的生意人，但生意的成功没有熄灭他创业的冲动和激情。第二次创业他进军全新的领域，风险和艰难可想而知。坚持是一种胆量，他涉足3D事业，抱着亏本也无所谓的心态；坚持是一种信心，他和他的团队，都坚定地认为3D技术一定有广阔的前景；坚持是一种情怀，当他的煤矿关闭破产，他的3D梦想仍然破冰前行；坚持是一种境界，在获得市场认可后，芦五新和他的团队又开始了目标全新的攀登。

点评人：马雪松

有德有义，为有能力、想做事情的人才搭好基础平台，艰苦奋斗，勇于创新，力争为家乡贡献一个有良心、做实事的创新型高新技术企业。

——易德福

25

创业，靠的是自主研发技术

——访国内半导体领军人物易德福博士

◎刘芝毅

抚州市高新区孵化器创业园的江西德义半导体科技有限公司，是一家集国内外先进技术、由行业领军人才组成的企业，公司总经理易德福是位回乡创业的“80后”博士。

公司成立一年来，易德福自主研发的砷化镓柔性太阳能超薄衬底加工技术、兆声波超精密抛光技术、化合物半导体衬底材料全自动单片清洗技术等10多项技术打破了美、德、日少数国家的技术垄断，成为国际一流的高新尖技术，填补了国内甚至全球半导体行业的空白。易德福的成功之处，就是将一些全新概念变成了具体的产业。

“是故乡的热土召唤着我。”用自主研究的技术创业，报效家乡，报效祖国，是易德福努力追寻的人生梦想，也是他正在为之奋斗的事业。走进这位“80后”博士的半导体创业梦，就像是走进一个阳光明媚的世界。

学有所成　研发领军人才

34岁的易德福，怎么看他都像一个还在读书的学生，浑身散发着书生气息，眼神里没有商人的世故和算计，展示给人的是阳光、自信、谦逊、简单和朴实。

易德福是乐安县山砀镇人，早在乐安县二中读书时就是个品学兼优的好学生，老师和同学都喜欢他，高中三年每次考试排名都是全校前十名，年年都得到360元的奖学金，这不仅减轻了家里经济负担，还让他懂得一切必须靠自己努力才会成功的道理，他喜欢这种成功带来的快乐感。

高中三年，易德福喜欢的功课是数理化，最擅长的是物理，他梦寐以求能进入大学专门研究物理学，并将其作为自己终生奋斗的事业。高考后，易德福以优异成绩考入北京交通大学机电学院机械制造自动化专业，从本科一路攻读到博士。研究生期间，易德福有幸跟随一位导师研究半导体材料加工和半导体设备制造，他接触到全新的半导体行业领域，大量世界级的领先技术让他眼前一亮，“这个世界如此精彩，我要进入这个领域！”那时，他就立志要从事半导体材料加工研究，使一批国际领先新技术不再停留在概念上，要落地为民造福。

读博士期间，易德福经常废寝忘食地研究。他在思考怎么让无人机绕地球实现同步自转，怎么解决无人机长时间滞空的能耗问题……最终他从美国汉能公司了解到，美国和英国已经在研究一种世界领先技术——柔性太阳能电池，这项技术可以用于军事探测、农业、水利、野外救援以及汽车、手机等领域，芯片寿命可达25年，他开始着手研究这种太阳能电池最为基础且占这种柔性太阳能电池80%成本的晶元材料。易德福还对手机功率放大芯片有独到的研究，他研发了一种砷化镓半绝缘晶元材料的生产制造技术，这种技术可用于3G、4G、5G手机的信号吸收和发射，还是下一代物联网物物通信的基础芯片材料。他将代表自己最先进的科研成果学术论文陆续发表

易德福与抚州高新技术产业园区签约

在国外权威刊物上，很快引起国内外半导体材料研究者和投资商的关注。

2006 年，易德福硕士毕业。大家为求职四处奔波、疲惫不堪时，易德福却早有打算。很多知名外企早在一年前就向他伸出了橄榄枝，各种高薪职位供他选择，他很快确定，到最适合他的一家驻中国的美国晶体科技公司担任高级研发工程师，全面负责公司的核心技术项目开发。工作期间，他带领团队研究的项目成果，曾获北京市通州区科技进步一等奖。

研发、生产、应用，周而复始，易德福用自己的聪明才智为美国的这家公司创造了非常可观的财富。易德福的创新研究成果给他带来了一定的社会地位，在行业领域得到认可，美国公司为留住他不断给他加薪、提高福利，在别人眼里，易德福的事业已然是顺风顺水。

易德福在谈论他从事的研究领域时，总是显得十分自信，那些前沿性的领军技术令人大开眼界、为之振奋。但易德福却一直在考虑如何充分发挥自身的价值,把自己所学的知识用到现实中,他希望拥有更大的发展空间。

“在美国公司工作的这些年，我发现才运用了自己所学知识的 30%，70% 的知识难道就这样白白浪费吗？”易德福心里久久不能平静，无法释怀，让开始他重新考虑今后的路。仔细琢磨后，他认为创办公司要走得稳，想在国际市场上有地位，还得先去练兵。

2012 年，他带领技术团队一行十几人南下，到广东与某企业集团合资创办了一家半导体材料公司，并担任该公司项目总负责人。他带领团队在 8 个月内完成了公司厂房打桩到制造合格产品的既定目标。目前，该公司产品不仅占领了国内 60%-70% 市场，更远销日本、欧美等发达国家。

在广东，易德福密切关注着国内半导体市场变化，凭借敏锐的观察，他认为国内外半导体材料市场前景非常广阔，只要产品质量过硬，一定会供不应求。随着这些年管理经验的积累，加上手中掌握的半导体材料核心科研技术和市场销售人脉资源，一个大胆的计划在易德福心中酝酿成熟，那就是自己开公司，用科技创业，为中国的半导体材料发展做贡献。

政府助阵　壮士断腕返乡创业

在外闯荡多年的易德福一直关心家乡的发展。抚州高新区招商人员在广州与他进行了接触，告知他家乡政府为创业者提供的一系列优惠政策，以及近年来抚州经济快速发展、发生巨大变化的现实，激起了易德福回乡投资创业的想法。

2013 年底，易德福回老家耳闻目睹了家乡优越的投资环境，合作伙伴虽在厦门和台湾，但向莆铁路的开通，坐动车去厦门一趟也就 4 小时。他决定回家乡自主创业，期望以创办新型工业企业的方式回报桑梓。

此前在广东的公司里，易德福负责生产、技术工程，相当于公司的第二大股东。回乡创业，意味着要放弃之前企业的优厚待遇以及近千万股份的损失，这是一个艰难的抉择。

此时，抚州市及高新区的领导给予了易德福关怀和鼓励。2014 年 11 月，他以壮士断腕的勇气舍弃千万股资，带着原班技术团队及家人回乡，创建了江西德义半导体科技有限公司，之所以取名“德义”，就是希望公司在创业初始就秉承“有德有义，为有能力、想做事情的人才搭好基础平台”的理念，艰苦奋斗，勇于创新，力争为家乡贡献一个有良心、做实事的创新型高新技术企业。

易德福坦言，抚州的发展环境最吸引他的是高新区对高新技术产业、高层次人才在创业启动、金融支持、科技项目扶持和项目跟踪服务等方面制定的一系列优惠政策，让他感受到家乡对自主创业的有力支持。

回乡创业后，高新区为他的创业项目提供各项优惠政策，包括一期生

易德福的公司与北京交通大学建立合作关系

产所必需的6000平方米的孵化器厂房及办公室，企业生产初期所必需的双回路电源供应，以及高新管理人才公寓，满足了企业快速生产、快速占领市场的基本需求。高新区管委会领导更是组建专门对接团队，极力为企业排忧解难。此外，抚州交通便利，离厦门、台湾等地的企业市场端较近，原材料供应商也愿意来抚州配合生产。目前，易德福的公司已被国电、台湾等老牌销售商认证为合格供应商，并提前获得订单。

易德福（左一）与北京交通大学教授和德义总工程师在一起

2014年11月25日，江西德义半导体科技有限公司在举行开工仪式。一期工程的投资额约为5亿元，在科技孵化基地租赁厂房先行开展半导体新材料和超高纯材料两个关联度高的生产项目，年产量可达200万片，产值约10亿元，待用户认可后，再利用自建厂房与MO源光电材料生产项目一并开展。这些项目所采用的工艺打破了美、德、日少数国家的技术垄断，将成为引领高新区电子信息产业向高端发展的基础性龙头项目，这对提升高新区乃至抚州产业发展水平具有重要意义。

资金充足，技术也不成问题。易德福带领员工一边建设，一边从事研发，目前已获国家发明专利12项，5项正在审批中，36项正在申请，以后每年将有约50项技术申请专利。在易德福看来，公司最大的优势就是有一支强有力的科研团队，并掌握了半导体衬底材料关键核心技术。因为有着共同的梦想和兴趣，易德福的创业获得了不少同事和朋友的支持，越来越多高素质的专业人才开始加入他的团队。

易德福带领的十多人研发团队全部是本科以上专业技术人才，其中3人拥有博士学位，他们都是电子元器件—集成电路（IC）行业有着多年研究经验的精英。44岁的刘先生是江苏大学材料学硕士，湖北襄阳人。他在砷化镓行业工作多年，有着丰富的管理、研发经验，他把家人留在襄阳老家，来到高新区和易德福一起创业，就是看中了企业非常广阔的发展前景。

他说，自己之所以放弃了以前拥有的优厚待遇及稳定生活，到抚州来创业，就是想发挥所学特长，做出点成绩来，实现人生价值。

除了研发团队，江西德义半导体科技有限公司的管理团队也是人才济济。两位董事都是博士，其中一位还是清华大学教授、电机博士、博士生导师、国务院“千人计划”专家，由他设计、规划、建设了台湾第一座半导体工厂。公司的几位顾问也是 IC 行业的精英。

把握时代脉搏　打造龙头产品

易德福说：“公司的发展靠的完全是技术上的不断创新和完善，尽管公司人数不多，但公司人均创造的产值和利润却非常之高，这主要源于推广自己研发的技术和产品。”

江西德义半导体科技有限公司是一家投资 30 亿元，主要生产砷化镓、磷化铟、碳化硅等高端半导体材料的企业。“如果把集成电路芯片比作一栋高楼，那么我的企业就是做地基、搭建砖头。”易德福形象地比喻道。公司一期设备的安装调试在 6 月就投入试生产，目前，公司已经获得了一批客户订单，正在批量召集生产人员进行入职前培训。

谈及目前抚州高新区的发展环境时，易德福坦言，高新区电子信息产业市场广阔，前景空间大，加之政府简政放权力度加大，个人创业迎来了前所未有的黄金期。

半导体是国民经济和社会发展的战略性、基础性产业，世界各国竞相发展，市场竞争异常激烈，技术更新换代也特别快。江西德义半导体科技有限公司在半导体领域深耕多年，在技术、人才和资金方面都有很大优势。在公司产品陈列室，易德福介绍说，4 寸晶片可以应用 LED 等光电子器件制造，LED 显示屏和智能灯泡都是低阻砷化镓晶片在 LED 领域的典型应用，iPhone6 的模型就是高阻砷化镓晶片在通讯领域的典型应用等等。在公司的两个车间里，随处可以看到易德福自己研究开发的精密设备，有的设备则是与台湾企业和北京交通大学研究中心共同开发的，既是产品的延伸，又是技术的延伸。

在易德福的带领下，2015 年公司被抚州市评定为“促进就业基地”和“自主培训企业”；7 月，为加强研究能力，公司与北京交通大学签订了合作共建半导体先进制造工程技术研究中心；8月，又与抚州市职业技术学院进行“校企合作”，成立德义科技机电一体化班，打下了坚实的人才储备基础；9月，公司携“砷化镓柔性太阳能电池超薄衬底加工技术”项目参加了“中国创翼”青年创新创业大赛，成功晋级全国半决赛，获得优胜奖。

易德福（左）参加“中国创翼”大赛

易德福说，等项目全部建成投产后，五年内，预计实现年销售收入50亿元以上。公司的愿景是致力推动半导体晶体材料发展，在通信行业成为像三星、住友一样的全球性新型半导体衬底材料基地。他暗下决心：一定要把握好时代脉搏，努力推广半导体晶体材料产业，为国家做出贡献。

“我们返乡创业的目标才刚起步，还远没有完全实现。”易德福说，今后，要利用德义半导体的产业平台，为家乡的人才提供更多、更广的创新、创业机会，为家乡的发展贡献自己的力量。“我还要以我的经验告诉在外创业的抚州人：只要有项目，有决心，真正想做事，回乡创业就有政策、资金等支持和保障，一定能够帮助你圆梦，实现人生的理想。”

点评专家：

在本书收录的30个创业故事当中，易德福的故事大约算是“高大上”了，这位“80后”博士，似乎一路顺风顺水，早早地“功成名就”。然而，如果从初中二年级开始学习物理算起，34岁的易德福在他的“物理梦”中耕耘了已经整整二十年，将一门专业学习和运用到极致，这是一个典型的“不忘初心，方得始终”的故事。在当前“新常态”下结构调整、转型升级的过程中，一批有科技含量、有核心技术的战略性新兴产业顺势而为，作为其核心和基础的半导体技术和产品必然水涨船高，享尽“天时、地利、人和”的易德福，他的成功也就不是一个偶然了。

点评人：胡立俭

创业过程中会遇到各种意想不到的困难，
但必须得到家人的支持，
必须善于学习总结经验，
无论对错，都要敢于坚持走自己的路。

——卢丹

26

大学生“猪倌”创业记

——访幕村家庭农场的主人卢丹夫妇

◎林　雍

在赣、鄂、湘三省交界的幕府山下修水县港口镇港口村，有这样一对青年夫妻，大学毕业后，他们没有像其他人那样到大城市去找工作，而是选择回到家乡当起了“猪倌”。这对夫妻，男的叫卢丹，1986年出生，港口镇港口村人；女的叫邹玲丽，比卢丹大两岁，安徽省安庆市人。他们毕业于重庆同一所职业学院。

他们的创业故事被许多媒体报道。2015年9月，中央电视台《致富经》栏目报道了他们的事迹。从大学生到自主创业，从一窍不通到养猪专家，卢丹和邹玲丽用自己的勤劳、智慧和坚持趟出了一条富有特色的自主创业之路。

偶然机会，大学生夫妻与养猪结缘

时值冬季，港口村依然掩映在碧绿的群山之间。站在一个高岗上，顺着卢丹手指的方向，可以看到许多黑白相间的花猪出没在绿草丛中。中午时分，随着主人敲响的阵阵铃声，所有花猪从不同方向奔跑到猪舍，享受主人投放的美食……这就是卢丹夫妻打造的幕村家庭农场。

在农场，卢丹和邹玲丽翻出他们几年前的照片，从照片上看，夫妻俩早已判若两人，很难把这对青春时尚的情侣与眼前这对沉稳干练的创业夫妻联系在一起。“创业几年下来，造型变了，身板硬了，头脑丰富了，更重要的是我们知道现在自己要做什么，要怎么去做。”卢丹道，“但在当时，的确是一个偶然的机会，让我们选择了养猪创业。”

卢丹和邹玲丽 2007 年大学毕业后，就回到了卢丹的老家港口镇结婚，并于当年生了一个儿子。夫妻俩本打算将儿子交给卢丹的父母抚养，自己则外出打工赚钱，行李都已经准备好了。然而，一件意想不到的事情改变了他们的人生轨迹。

他们的儿子出生后就患了病，医院诊断是缺少维生素。夫妻俩抱着儿子到处寻医问药，奔走了几个月，看了不少医生，吃了不少药，但儿子的病仍然不见好转。最后，一位老中医告诉夫妻俩，他们儿子的病不需要刻意去治，只要给他吃几个月新鲜、没有农药的蔬菜，也就是有机蔬菜，这病自然就会好。

夫妻俩照着老中医的说法，给儿子吃了 3 个月的有机果蔬汁，儿子的病果然痊愈了。夫妻俩欣喜万分的同时还发现了一个商机。说起来，夫妻俩在学校读书时，就做过一些小生意，很有些商业头脑。“在学校的时候，我们就倒腾过旅游鞋，实在没生意做，我们还去发过传单、打过零工。”邹玲丽笑嘻嘻地说。

既然有机蔬菜这么好，连小孩生病吃了都能好，肯定有广阔的市场。两夫妻跑遍了县城，发现这的确是个很大的市场缺口，市面上很难找到有机蔬菜，于是他们想留在老家创业，种植有机蔬菜。

夫妻俩随后在港口镇流转了 10 亩菜地，开始种植有机蔬菜。因为种菜需要大量有机肥，他们经常向别人购买猪粪。卢丹夫妻想，“既然有需要，那不如自己养猪，猪粪拿来种菜，养到一定时候猪还可以卖钱。”于是，夫妻俩借了卢丹父亲的 1 万元作本金，准备买些小猪仔。

当地市面上的小猪仔要 10 多元一斤，卢丹却在网上找到一个只要 7 元钱一斤的货源。由于资金少，夫妻俩便在网上购买了几十只小猪仔，租了车运回镇里，没想到刚回镇里小猪仔就被人看中，按当地市价买走了。

机缘巧合，第一次贩猪就净赚 1 万元，这在当时给了卢丹夫妻很大的触动。尝到甜头后，夫妻俩觉得养猪是个很有前景的行业，便改行开始养猪。

勤于学习，从门外汉变成养猪专家

说干就干，2007年底，夫妻俩东挪西借，筹资5万元，建成猪舍200余平方米，饲养生猪60头，5个月后全部顺利出栏。但是，却没有挣到一分钱。

“不知道为什么，感觉我养猪比别人精心认真多了，但人家的猪就是比我的长得快。”回想起第一次养猪时候的情形，邹玲丽说：“那时候，心里着急啊！就盼着猪能够快快长大。”然而，事与愿违，由于周期过长，第一次养猪他们没有实现盈利，只勉强拿回了本钱。

分析原因后，卢丹夫妻认为，主要还是养猪知识、经验和技术的缺乏。“当时确实什么都不懂，说一句很可怜的话，那时连公猪还是母猪都分不清楚，猪的习性等等更不了解，这样怎么可能养好猪呢？”卢丹说。从那以后，卢丹夫妻发了狠，对养猪一窍不通的他们上网看、书店查，没日没夜学养猪技术，买来的书籍堆满了房间的角落。

外三元与内三元有什么区别，猪如何防疫，饲料怎样搭配……边干边学，从掌握最基本的入门知识到成为行家里手，小夫妻用了将近4年的时间。

有一次，夫妻俩花1万多元买回一头公猪，准备用来配种。结果却发现这只公猪身有残缺，不能实现自然配种。“这在业界可能是千分之一，甚至万分之一的概率，都被我遇上了，当时感觉像是中了彩票。”卢丹说：“怎么办呢？我们商量后决定不舍弃它，学习人工取精。”于是，夫妻俩从外地请来配种师傅，到养殖场住了七天七夜，不仅配种成功，卢丹夫妻还学会了人工取精。“公猪的人工取精，这技术在当时的修水县肯定可以排第一。”现在说起这事，卢丹还是充满自豪。

许多次，那些从未谋面的饲料、疫苗推销员到卢丹夫妻的养猪场来推销产品，卢丹总是千方百计多留他们在家里住上几天，从他们身上学到了许多关于猪的喂食、防疫以及饲料选择方面的知识，并因此结交了许多朋友。

通过学习，邹玲丽学会了给母猪生产搭建产床，给刚刚出生的猪仔做保健按摩，给小猪喂中药。经常保健和吃中药的小猪抵抗疾病的能力明显增强，长得也更快。

卢丹夫妇参加"中国创翼"2015 年青年创业创新大赛

就这样日积月累，加上夫妻俩上过大学，对新知识有较好的吸收能力，两人渐渐在实干中成为当地的养猪好手，远近养殖户遇到困难时，都会来请教夫妻二人。

2008 年，练就了一身养猪本事的卢丹从安徽购进 20 头瘦肉型母猪，平均每头产仔 13 头，9 个月后全部顺利出栏。当时正赶上生猪市场行情好，不到一年时间，夫妇获纯利 100 余万元，靠着养猪淘到了人生的第一桶金。

艰难历程，选择创业就要敢于坚持

"大学毕业还回家养猪，当初为什么要送出去读书？"

"你们根本不是养猪那块料。"

"有出息的到外面挣钱去了，没出息的才留在家里"……

创业之初，各种质疑、轻视甚至谩骂都落在了这对年轻夫妻身上，让俩人身心俱疲。多年以后的今天，邹玲丽回想起创业路上的诸多艰辛，依旧感到辛酸。

“其实刚创业的时候，我们十分苦，不仅累，困难多，还不被亲朋理解。”邹玲丽说，当时甚至有邻居指着她的鼻子说：“就没见过你们这么懒的人，大学毕业了不出去赚钱，在家养猪，像你们这样，就算有金山银山也得被你们败光了。”

那时候，不仅卢丹和邹玲丽在村里见着人要绕道走，尽量避免被村人嘲笑和打击，就连卢丹的父母都不敢跟乡亲们见面聊天。

等到夫妻俩赚到第一个 100 万元的时候，周围的反对声才开始慢慢消减，取而代之的是一些人对他们的赞赏：“没想到养猪也能养出这么大的动静，有文化的人干什么都成”。

卢丹称，如果当时他们外出打工，就他俩的专业而言，每个月也能赚五六千元，在当时算是很不错的待遇了。虽然养猪很苦很累，但就现在的发展而言，他们当时的选择并没有错，很庆幸自己挺了过来。

创业之初，与种种偏见相伴而行的还有辛劳。

卢丹曾花费几万元买回太湖、杭猪、两头乌等各品种的土猪幼崽 60

市民在幕村家庭农场参加户外活动

多只。因为土猪的肠胃和传统家猪不同，喂养传统饲料会导致小猪患肠道疾病甚至死亡，卢丹买来的第一批土猪成活率只有四分之一。看着许多死猪，夫妻俩当时抱在一起大哭起来。

有一次，为扩大生产规模，卢丹夫妻花 8 万多元盘下一个养猪场，可是上午刚刚签协议，下午就爆发了口蹄疫。卢丹夫妻找遍了兽医，最后找到一位樟树的兽医，他寄了一大包中药给了他们。

夫妻二人坚持每天给几百头猪洗脚，晚上熬中药到凌晨三点，累了就靠在椅子上休息一会儿，然后继续工作。邹玲丽说："小时候，我都没给父母洗过脚，那时却一天给几百头猪洗脚。"

体重只有 80 多斤，原来 20 斤都提不起的邹玲丽，现在搬饲料的时候和一个男劳力一样，拖着 80 斤一包的饲料能走好长的路，因为搬重物过多还落下了颈椎疾病。

2011 年 10 月，为了照顾在晚上产崽的母猪，卢丹在猪场里一忙就是两天三夜，一向结实强壮的卢丹，竟然累晕在猪场，后来是他爸爸和弟弟

卢丹夫妇在山上放养的黑花猪

“幕村黑花猪”专卖店开业，顾客盈门

把他抬回家的。

“经常吃、住在猪场，最长时间是两天三夜在猪场里面没回去。”卢丹说，其实也就是自己累晕那件事情之后，他的整个家族才对自己养猪这件事情慢慢开始接受的。此后，父亲和弟弟加入帮助他的行列。为了帮助女儿、女婿，远在安徽的岳父、岳母也赶来帮忙，并且在修水一干就是3年。在家人的帮助下，卢丹和邹玲丽的养猪事业开始走上发展快速路。

谈起创业经，卢丹夫妇不约而同地说：“创业过程中会遇到各种意想不到的困难，但必须得到家人的支持，必须善于学习总结经验，无论对错，都要敢于坚持走自己的路。”

做大做强，推广“幕村黑花猪”品牌

2008年底，卢丹夫妻的养猪产业已经初具规模，并且有了一定的资本。但是突如其来的财富，反而让他们产生了危机感。夫妻俩发现了一个问题——养猪业的竞争其实很大，除了他们，很多大集团也在做这个，再继续这么下去，恐怕很难发展，于是夫妻俩开始琢磨怎么发展自己的特色产业。

下一步怎么办？这个问题萦绕在心里挥之不去。几经琢磨，夫妻俩觉得，拼实力、拼规模肯定拼不过大集团，一定要拼特色，当地别的不多，就是山地多，不如就开展生态猪养殖，也就是俗称的“土猪”养殖。

2009年，夫妻俩圈了一块山林，在山里开始了“幕村黑花猪”的养殖。刚开始养殖规模不大，但由于口感好、味道正，他们饲养的黑花猪卖得很快。

打造自己的特色品牌，卢丹夫妻格外用心。平时，喂食黑花猪用的都是玉米、糠、红薯等天然食料，猪生病了也是喂中药进行治疗，山林里情况复杂，有些猪跑进去就再也没出来了，所以饲养的成本很高，他们的猪肉价格是普通猪肉的两倍，价格一高便有了质疑的声音。

有顾客表示，你这肉口感好是不错，但是怎么知道这猪就是生态猪呢？为了让顾客眼见为实，夫妻俩想了个办法，在养猪的林地附近开了个小农庄，供顾客前去观看黑花猪的养殖过程，同时里面还提供一些农家乐的项目，供人们娱乐。大家游山的过程中，亲眼看到了黑花猪的养殖过程，便不再对猪肉的价格有疑问，猪肉也越卖越好。

到2013年时，卢丹养土猪的数量达到几百头，发展顺利。但是又有一个严峻的问题接踵而至——由于改良了猪的品种，一时间不能产生经济效益，几百口猪每天等着喂，巨大的资金压力让卢丹心急如焚。

能借钱的借了个遍，能贷的款都贷了，还是不够用，猪饿得嗷嗷叫。怎么办？这时唯一可卖的是夫妻俩的婚房，但卖了婚房让老婆小孩住哪里？万一投资失败如何对得起邹玲丽？一连串的问题让卢丹愈发纠结。

关键时刻，善解人意的邹玲丽咬牙将两人结婚时在县城里买的婚房卖掉，用来支持他们共同的养猪事业，自己则带着小孩搬进了大山深处，与丈夫住到了一起。“患难时刻见真情”，每每谈起这事，卢丹总是对妻子充满感激之情。

经过三年多的努力，卢丹终于成功了。2015年4月1日，他们夫妻精心培育的“幕村黑花猪”成功上市，为了让更多的人能够吃上“幕村黑花猪”，他们在县城北城的街背路、南城的宁红大市场和联盛购物广场开设 3 家专卖店 .

现在，“幕村黑花猪”专卖店每天宰杀 3 至 5 头黑花猪出售，因其绿色无公害，肉质肥美，口感爽滑，深受消费者喜爱。目前，夫妻俩的养猪林地已经达到 1000 亩，黑花猪年销量 4000 多头，销售额近千万元。

谈及今后的打算，卢丹说：“想要在竞争激烈的市场发展壮大，一方面要不断创新，另一方面要靠大联强。目前，我们正在联系九江一家有实力的大型养殖场，我们以技术入股，他们则有资金、规模以及管理优势。我想通过三至五年时间的努力，将‘幕村黑花猪’推向九江市乃至江西省，将来有可能还要走向全国，将企业做大做强。”

点评专家：

因孩子生病需喝有机果蔬汁，卢丹、邹丽玲夫妇留在老家种起了菜，并顺带养起了猪，没想到误会产生机会，养猪倒成了他们的主业，从首次贩猪赚一万元到纯盈利百余万，可以说家庭的不幸成就了他们事业的大幸。寒窗苦读数十年，一朝回到猪栏前，面对亲戚、村民的误解、质疑和轻视，这对大学生放下身段和架子，不怕吃苦，勤学技术，将委屈熬成了伟大，通过传统行业差异化做出了黑花猪品牌，在农村这片沃土上展现出了勃勃的创业生机。

点评人：胡立俭

再多的荣誉都只是一种“头饰”，
只有产品，
才是企业品牌最好的“脸面”。

——周雪琴

27

志在四方　展翅高飞

——记江西君洲生态养殖有限公司总经理周雪琴

◎张志勇

三尺讲台，琅琅书声，擦去的是功利，写下的是真理。

两排棚舍，咕咕鸽鸣，经营的是企业，打造的是文化。

这是周雪琴的梦想和追求，更是她就业、创业的生动写照。

提起金溪农业产业，除了粮食种植等，人们印象最深刻的是金溪蜜梨、香料。如今，周雪琴的养鸽产业"横空出世"，规模做到了金溪、抚州乃至江西最大，全国知名，让人刮目相看。

2015 年 12 月初已是寒冷的冬季，但周雪琴创办的江西君洲生态养殖有限公司发展红红火火，老基地内肉鸽长得健壮，鸽蛋不断产出，供不应求；新基地高起点规划，高标准建设，养殖区棚舍正在搭建，生活区厂房即将封顶，绿化区土地平整进展顺利，不久的将来，3.6 万对鸽子将在这里展翅高飞。

探寻周雪琴的创业路，一次转型、一份挚爱、一个理念，成为她的成功路。

一次成功转型——从讲台走向鸽舍

她，1968 年出生在金溪县的一个山旮旯里，在这个落后的农村，因为目光长远的父亲，她得以读书。因为读书，她走出了那个山旮旯，走上了小学老师的讲台，成了一个“孩子王”。

她，是属猴的，天生就不太安分，在不同的讲台间“跳跃”。从金溪“跳”到南昌，从江西“跳”到广东，从广东“跳”到浙江。

她，热爱讲台，虽然跳来跳去的，地域的改变、环境的不同，却让她的眼界开阔很多。每一个讲台都洒有她的汗水，开出了鲜艳的“小花朵”，在这些“小花朵”之间，她是多么陶醉。

当她来到浙江的时候，发现了讲台之外的另一番风景——土地资源不是很丰富的浙江农村，有不少产业在产业链的带动下，快速发展，形成规模，占领市场，效益稳定且可观。

蛋鸽养殖就是其中一个产业。白白小小的一枚鸽蛋，能卖到3块5毛钱，还是温州的老板揣着一摞摞的现金来上门收购。周雪琴好奇之余，不由自主地开始打听。

原来，鸽蛋被誉为“动物人参”，富含多种氨基酸和磷脂，铁，钙，维生素A、B1、D等营养元素。鸽蛋是广为流传的滋补佳品，古时只有宫廷御食才有。尤其是鸽蛋中的胆素，可协助人体利用胆固醇，且其本身胆固醇含量很低，更是现代易得“富贵病”的人群首选的滋补佳品。

专供食用的鸽蛋营养丰富，正成为人们崇尚的食品，热爱美食的温州人率先有了“无鸽蛋不成宴席”的说法。

君洲养殖基地全景

鸽蛋营养价值高且符合现代人的消费理念。物以稀为贵，理当卖价高，利润丰厚。蛋鸽饲养简单，便于生手入门，且鸽子受疫病感染的概率低。这是周雪琴多方咨询后得出的结论。

于是，2006年，她与家人商量后便在浙江引种试养了500对蛋鸽，第一年效益很好。之后，她再投资扩大养殖规模，养殖了5000对蛋鸽，效益更好，一年纯利润达40多万元。

在工作之余尝试创业的同时，周雪琴有了更长远的打算——回家乡金溪夫，创办一个养殖公司，以蛋鸽良种和鸽蛋为主生产经营内容，生产销售一起上，带领农户养殖蛋鸽，形成蛋鸽养殖产业化。

2010年，周雪琴做出了最后的抉择——彻底走下辛勤耕耘了20多年的讲台，准备在鸽棚中甩开膀子大干一场。

转行，并且想做行业的领军人物，这不是一厢情愿、一腔热血就能完成的。

为了建设集约化、标准化的养殖基地，周雪琴参观了江苏、山东、广西、上海等地的规模化养鸽厂，虚心拜访她所了解的养鸽同行，聘请她心仪的鸽业知名专家仲学峰教授担任君洲鸽子健康养殖技术顾问，然后因地制宜规划自己的养殖基地。标准性的区间分开，生态循环利用，成为基地养殖的规划形式；蛋鸽健康养殖和良种培育，成为基地养殖的生产目标；推广蛋鸽养殖项目，带领农户养殖蛋鸽致富，成为基地养殖的一大宗旨。

周雪琴在蛋鸽舍

短短一年时间，周雪琴就完成公司创建，公司第一期基础工程建设，投入生产 1 万对鸽子。周雪琴的养殖公司被抚州市认定为市龙头企业，被金溪县农业局批准为农业示范养殖基地。

与此同时，周雪琴把基地作为蛋鸽养殖技术培训中心，推广蛋鸽养殖项目，并取得了很好的效果。金溪县有 5 个乡镇成立了君洲蛋鸽养殖服务中心，并注册了蛋鸽养殖合作社。蛋鸽养殖项目推广还将延伸至全江西省，包括鹰潭市、南昌县、高安市、遂川县等地，蛋鸽养殖合作户达 100 多户，农户养殖蛋鸽数量共达 5.5 万多对。

一时间，君洲名声不胫而走，前来君洲参观的省内外农户络绎不绝。成功，似乎就在眼前。

一份浓浓挚爱——与客户风雨同舟

2013 年 4 月 2 日，这是一个令养鸽人印象深刻的日子，更是令周雪琴铭记的日子。据官方媒体报道：H7N9 禽流感暴发，感染家禽中鸽子首当其冲。一时间，人们谈鸽色变，活禽市场关闭，鸽子不能正常运输，大量的鸽子滞留在农户的鸽舍里，每天都要无效益地进行投入。鸽蛋也卖不动，销售点的鸽蛋价格从原先的 4 元钱一枚，突降到几毛钱一枚，还经常几天无人问津。

市场乱了，养殖农户的阵脚也乱了。虽然政府有相关的辟谣措施，但家禽养殖灾难性的损失似乎无法避免了。

刚刚起步的君洲基地也不例外地面临禽流感带来的灾难——鸽蛋销售量几乎为零，冰柜装满了新鲜鸽蛋，时间长了堆积变质；农户要求取消订单，退还引种预定款；已经引种入户养殖的合作户也要求退还鸽子，取消合作。

几乎没有盈利了，但几万对鸽子还要饲料，还有人工费用，一个月几十万元的开支无处落实。这一切如晴天霹雳，把周雪琴给“震懵”了。

但思考过后，周雪琴坚定不移地认为，蛋鸽养殖一定会重振雄风，特别是像君洲这样一个既规范又有实力的企业，只要坚持过了禽流感这道难关，前景一定会非常美好。

养精蓄锐，苦练内功，成了周雪琴在难关面前的应对之策。于是，她一方面全心夯实君洲发展基础，分品系、依种类、按性能建立健全核心种群，坚决淘汰劣种，并为核心种群鸽建档管理，科学防疫，加强调理，减支节能，以备打禽流感持久战；另一方面，她与合作户加强联系，不断给他们鼓励

双母蛋鸽舍

周雪琴向前来君洲基地考察的妇联的领导介绍情况

和信心；再一方面，她努力回馈客户，真诚地为君洲基地的养殖合作户排忧解难。

因为乳鸽、种鸽和鸽蛋无一不滞销，除种鸽群外，还有大批后备种鸽滞留而需要喂养，每个月都要几十万元投入，流动资金成了最大的问题。所有的亲戚朋友都借遍了，还是解不了燃眉之急，周雪琴只好向当地政府求助。金溪县政府出于对农业产业化龙头企业的关爱，出面协调就业扶持、银行贷款，为君洲解决短期资金紧缺的问题。

拿到贷款后，周雪琴并没有只顾自己的企业。她想：君洲是一个龙头企业，政府帮助了我，我就有责任帮助我的养殖合作户解决他们过不去的坎儿。

金溪县合市乡的小徐没有钱买饲料，周雪琴就叫他到自己的养殖基地去赊饲料；合作户们的乳鸽卖不出去，周雪琴就以成本价收购到自己的基地进行隔离饲养；鸽蛋价格跌到最低谷，而且少人问津，周雪琴为了确保君洲蛋鸽合作户的利益，做出了一律按保护价 1 元 / 枚回收合作户鸽蛋的决定，并投入资金，临时建立冷藏库储存鸽蛋。这些举措令养殖户十分感动，他们感慨地说："引君洲的种鸽，就好比娶了君洲的女儿，女儿永远都可以把娘家当作依靠。”

禽流感期间，对客户的真诚服务，解他人之难的浓浓关爱，让君洲基地的名声再一次响起来。

对此，周雪琴却很坦然："我本来就是想带着大家一起致富的，碰到困难，本应出手相助，同舟共济。"

一个执着理念——让君洲品牌走向全国

要做就要做新做强，才能为成功奠定基石。让君洲品牌走向全国，是周雪琴做新做强企业的一个执着理念。

走进周雪琴的君洲生态养殖基地，企业文化扑面而来。

200 多亩的养殖基地标准地规划为养殖区、种植区、生活区。标准化

周雪琴在给员工培训

场地建设是君洲文化的一块标牌。养殖区中标志性地区分为泰深自辨鸽核心种蛋群、商品蛋鸽生产群、白羽王保姆鸽核心群和后备种鸽放飞棚。目前，公司基地养殖的鸽子有 6 万多对。商品蛋鸽舍中整齐的独立无墙体、铁丝网底自动滚蛋设计，使得一个工人可喂养蛋鸽 5000 对，节省人工，减少饲料浪费，确保鸽蛋新鲜无破损。

后备种鸽放飞棚分大小间隔，下铺平网底，每个间隔都挂有管理卡，管理科学有序；独立的饮水装配，更利于后备种鸽的分期分批科学防疫管理。

健康养殖技术培训中心，是君洲企业文化的一道亮丽风景。周雪琴规定君洲所有养殖技术人员上岗前一律要进行生态健康养殖的技术培训，经考核达标后方可上岗工作。培训中心还负责君洲合作户的健康养殖技术培训。生态养殖的前提是疾病的绿色防控，君洲的鸽子养殖有严格的绿色防疫规程，有专设的防疫墙、防疫水桶。生态健康养殖，确保了君洲后备种鸽的高产高效，确保了君洲牌鸽蛋的原生态品质。

综合循环利用，是君洲企业文化的绿色屏障。走进君洲养殖基地，除了鸽鸣就是绿荫，绿色的樟树林、桂树园、柳树行、蔬菜地，还有绿草坡、绿水库，充分体现了君洲生态的核心文化，也传达了周雪琴对生态新型农业解读的领先意识。

周雪琴办养殖企业，其实是对企业文化最好的演绎，品牌就是她演绎的道具。

在君洲占了半面墙的证照中，《种畜禽生产经营许可证》显得十分醒目，全国养鸽行业拥有此证的目前只有六家企业，君洲就是其中一家。

再多的荣誉都只是一种“头饰”，只有产品，才是企业品牌最好的“脸面”。君洲的鸽蛋，注册了商标；在农业部认定的无公害鸽蛋中，君洲牌鸽蛋是首家。中草药防控疾病，纯原粮喂养，还原自然方式的养殖，保证了君洲牌鸽蛋原生态、无公害的品质。

市场开拓，是决定一个企业生存和发展空间的关键因素。君洲公司在投入蛋鸽养殖之初，周雪琴就着手成立销售公司，开拓产品市场。“只有产供销达到一体化，才能确保企业的利益；只有实现企业生存空间的最大化，才能达到带领农户养殖致富的目的。”周雪琴是这样想的，也是这样做的。

“一个电话，原生态的鸽蛋送到您家。”这是君洲牌鸽蛋走进千家万户时最贴心的推介语。君洲鸽蛋销售公司以南昌为第一站，以快递的形式销售鸽蛋，哪里要鸽蛋，哪里就有君洲的服务，散装批发、各款式精美礼品包装，可以满足不同顾客的消费需求。君洲人在树立品牌的同时，也在为都市快节奏生活的人们树立一面追求健康、美好生活的旗帜。目前，这样的旗帜已经从南昌“插”到了福建的福州、厦门。相信不久的将来，旗帜就会“插”到全国越来越多的城市。

如今，养殖行业的复苏，更是让周雪琴的君洲公司如虎添翼。鸽子承载着她满满的深情，对土地的眷恋，对家乡的挚爱，对企业的期盼，对品牌的执着，对文化的渴求。

志在四方，展翅高飞！如飞翔的鸽子，君洲公司必将在尽情飞翔中飞向新的天地，周雪琴必将在君洲公司尽情飞翔中实现更大的创业梦想！

点评专家：

天生的“不安分”恰恰成就了周雪琴的“不平凡”，知识和行走的力量赋予了她过人的视野和智慧。“弃教从商”的她义无反顾地走入了一片未知的领域，同为“弃医从商”的我能够真切地感受到这种跨界创业的艰辛。带领农户创业致富，是她对故土的深情；面对“大灾”守业有成，是她“巾帼不让须眉”的担当；将“君洲”品牌推向全国，是她文化立企的兴业理念。活着就是奇迹、挺住就是尊严，“育人有术”的“周老师”走过了创业、守业、兴业的历程，想必已是“治企有方”了。

点评人：胡立俭

创业蓝图虽美好，
而把蓝图变为现实，
却是难上加难。
企业的竞争，
关键是人才的竞争。

——辛林

28

为“建筑之乡”增光添彩

——抚州市恒顺环保建材有限公司总经理辛林创业故事

◎黄　颖

眼前的辛林，身材单薄，个头瘦小，架着一副普通的黑框眼镜，透着几分干练、精明。难以想象1985年出生的他，已是一家有着70多名员工企业的老板。

2003年，辛林考入湖南医科大学药学专业，家庭条件并不是很好。为给家庭减轻负担，从小他心中一直存有一个梦想：经商办企业。为了检验自己的经商能力，上大学后，他开始小试牛刀，用平时省吃俭用的钱积攒起来，摆地摊卖服装。他常常凌晨4点起床，徒步到批发市场进货，在熙熙攘攘的批发市场选款、讲价、打包，背回宿舍时已近天明。稍事休息后再去教室上课，虽已疲惫不堪，却从没有缺席过任何一门课程，这也许造就了他执着、坚韧的品质。

大学的练摊经历，使他积累了敏锐的目光。他总能在最短的时间卖出价值最多的商品。大学创业的经历，也让他学会什么叫作适销对路，什么叫作成本优势。有时为了节省几毛钱的进货价格，要跑遍整个服装市场，一家家对比价格。为找一款好的样品，要一家家服装档口观察，最后打包好背回宿舍，利用周末或课余时间摆地摊。

2007年大学毕业后，他进入江西珍视明药业有限公司工作。本来也算专业对口，工作稳定，生活安逸，但这不是他想要的生活。工作一年后，他决定辞职另谋生路。

辞职后，他开过烟酒店，还承接过污水处理工程、园区厂房建设等项目，这些既是对他经商能力的“模拟考试”，又为他以后创业积累了“第一桶金”。

与建筑业结下不解之缘，创办抚州首家环保加气砖企业

出生在“建筑之乡”的辛林，似乎与建筑业有着不解之缘。父母是普通的泥工，从小跟着父母在工地上长大的他，对建筑业可谓情有独钟。中学时代，他就能看懂施工图纸，还常常帮着大人结算工程量。

随着房地产行业升温，房价持续上升，辛林认为这个行业大有前景。2009年，他开始在建筑工地上做最普通的搬运工。虽然劳动强度非常大，每天扛石块、钢筋、水泥十几个小时，他却丝毫没有怨言。一次偶然的机会，他对建筑行业的上游——建材产生了兴趣。那年夏天的一个晚上，大家在一起吃饭聊天，抱怨砖块小而且重，有人说砌墙进度慢，房子承重大。有朋友提议，以后人力成本越来越高，传统红砖可能将被新型墙砖取代。于是，他看到了商机。他一直认为，问题产生需求，当单个需求转化为社会需求，相关的产业就会迅速发展起来。

自那以后，搜寻资料、打听相关信息，成了他每天的必修课。一个新概念、新事物在他脑海中逐渐清晰起来：加气块建材石料。资料显示，加气块起源于瑞典，在国外早已技术成熟，只是国内才刚刚开始。近年来政府积极倡导绿色环保理念，上至中央下至地方政府都在扶持环保建材行业。

加气块作为新型环保建材，其优点远远大于传统黏土砖。具有良好的物理性能，质量稳定，具有保温、隔热、隔音和防火性能，优越的抗渗水性能，稳定的收缩性能。最重要的是，过去传统的黏土砖破坏耕地，已被国家明令禁止生产。加气块的环保性能显著，还有抗震性、可回收加工等优点。早在20世纪90年代，国务院已出台文件扶持环保建材发展，并建立完善了相关的质量体系标准。加气块自1964年引进国内以来，需求量逐年上升，近几年呈现井喷态势，在国内一线城市已有取代传统石块的趋势。

如果国内大中小城市，包括城镇农村市场发展起来的话，那需求不可估量的，市场潜力非常大。

2010年，他开始进行摸底调查，专程到江苏、湖南、浙江以及东北等地进行市场调研。经过实地考察、周密的成本核算，分析市场回报率，辛林心里对办厂有了底气。目前，加气块发展瓶颈在单价上，但加气块的成本呈下降趋势，而传统石块和建筑方法却随着国内的人工成本大幅上升，两种成本线相交的那个时间点，就是加气块环保材料大时代来临的时候。

积极响应国家对推广革新材料的号召，结合自己的作为和社会需求必能创出一番天地。正当他踌躇满志准备大干一场时，他办厂创业的想法却遭到家人的一致反对。“简直是天方夜谭！”这在抚州从来没人干过，而且投资是办传统砖厂的10多倍。

商机稍纵即逝。他一边耐心说服家人，一边自筹资金600万元，又到处向亲戚朋友借款，还找来两个合作伙伴共同投资，他持有50%以上股份。

2011年6月，在当地政府扶助下，征地近50亩，年生产规模20多万立方米的抚州市恒顺环保建材有限公司应运而生，成为当地首家环保加气砖的生产企业，填补了抚州市轻质墙体材料的空白。

掀起墙材绿色革命，用诚信敲开市场的大门

创业蓝图虽美好，而把蓝图变为现实，却是难上加难。

企业的竞争，关键是人才的竞争。办厂之初，他请来经验丰富的工艺师、销售人员，帮助企业“坐诊把脉”。

建厂初期，他全身心扑在厂里，每天睡不到5个小时。采购原料、抓生产、跑销售，每件事都离不开他。有时人手紧，他还一人身兼技师、搬运工、司机等多个角色，修设备，开叉车、搬运，经常忙到深夜才回家。他的手指因修机械设备而受伤，先后缝过30多针。

起初，由于技术不熟悉，生产的产品未完全达标，每天损失2万多元，后来，他高薪聘请江浙等地一流的工艺师精心指导，终于使产品质量稳步

抚州荟萃中央、天玺一品、凤凰香域中央等高档小区都在使用辛林公司的环保砖

内墙、外墙全面开花，正在建设中的楼盘

提高。

产品质量顺利过关，市场销售又成更大的难题。“这样的砖能承重吗？”“砖的质量有保证吗？”面对诸如此类的质疑，辛林吃了不少苦头。

早在1992年，国务院就出台了《关于加快墙体材料革新和推广节能建筑的意见（国发〔1992〕66号）》。然而，抚州这个有着“建筑之乡”美誉的城市，在推广新型墙材方面却是一波三折，新型墙材一度遇冷。

与客户打交道，有的客商看到辛林年轻、稚气的脸庞，总是抱以怀疑的目光：这个大学生生产的环保砖质量可靠吗？

然而，他锲而不舍一家家工地去跑，介绍产品性能，宣传国家对环保建材的扶持政策，帮开发商算经济账。告诉他们使用加气砖节能环保，省工省时，平均可节约30万元，每平方降低成本35元。他的苦口婆心终于让开发商心动了，金溪金秋豪园的工地是金溪县第一个使用辛林公司的加气砖的客户。

为迅速占领市场，他舍近求远，目标锁定在周边市场，半径150公里

辛林公司的销售中心

的地方几乎跑了个遍，先后打开鹰潭、上饶、吉安等地市场。随着周边市场的撬动，辛林又把重心放到细化本地市场上。

“诚信待客，热情周到，真心为客户着想。”这是许多客户对辛林的评价。不论白天夜晚，他总能做到第一时间为客户送货，且先送货后付款；送工地的砖有破损，无论客户有没有要求，全部拉回。针对客户的需求，采购中小型号货车，满足不同客户的需要。

他常对员工说，“把麻烦留给自己，最大限度方便客户。客户方便了，才会想到我们。”

功夫不负有心人。2011 年，辛林的工厂当年实现赢利 200 万元。良好的信誉、优质的服务，使公司的客户纷至沓来。2013 年、2014 年市场呈现稳步上升。2014 年公司实现产值 3000 万元，赢利 500 万元。如今，加气墙砖市场占有率从原来以外地市场为主，到占领本地市场为主。抚州荟萃中央、天玺一品、凤凰香域中央等高档小区都在使用辛林公司的环保加气块。

严把质量关，工艺精益求精

质量是建筑企业的生命。对辛林而言，新型墙砖的产品质量是开拓市场的试金石。

办厂的第一个月，由于技术不过关，质量未完全达标。有的员工提议，把不达标的砖与好的砖混在一起卖，他坚决反对，要求把不达标产品全部报废，办厂的第一个月就亏损 28 万元。

绝不能偷工减料，首先把好第一道原料关，他采购的水泥等材料都是价高质优。生产流程严格按照工艺标准，精益求精，认真做好每一道工序。

正当企业生产、销售逐渐好转，一连串的困难又接踵而至：合伙人要求撤资，周边居民反映公司噪音扰民。于是，他一边上门耐心做居民工作，一边尝试改进工艺，还带着股东去湖南、江苏等地考察取经，重新振奋他们的信心。

近两年，经济下行压力加大，房地产市场低迷，开工不足，使企业市场再度呈现萎缩。“经济下行压力下，生产销售更要做精做细，把产品质量做稳。”

“我们企业生产的是环保建材，生产工艺上也要做绿色环保的表率，尽可能降低排污,减少建筑垃圾。”加强工艺革新,改进细节,提高产品质量，成为他最牵挂的问题。他一有空，就蹲在车间和工艺师商量如何改进工艺、提升质量。在公司员工的共同努力下，企业工艺创新不断。

公司对剩余蒸汽回收装置的改进，有效降低能耗，由原来每天 8 吨煤耗降到现在 6 吨煤，每年减少开支 40 余万元。

以前企业锅炉对空排放，机器轰鸣。为降低噪音，辛林采取逐级放大并水过滤手段，同步施行降噪、节能，该项工艺创新，不仅消除了噪音，而且更大限度地节约能源，一举两得。

改进出釜装置，改进粗放落后的建筑工艺，降低工人劳动强度，从原来每个班 7–8 名工人，变为现在只需要 3 人。原来人工操作 80% 到现在 80% 不需要人工。仅此一项，每年可减支 30 万元。加气砖的广泛运用，改变了城市建筑过去“粗梁、肥柱、基深”的构造形象，并有效改变了建筑工人“一砖一弯腰”粗放落后的操作模式。目前，辛林正对加气砖的相关创新工艺申请专利。

如今，企业效益提高的同时，社会效益也逐步显现。加气块因为“质轻”的物理属性，建筑体可以减少承重，在建筑质量达标的情况下，开发商可以降低钢筋混凝土的使用。据不完全统计，使用辛林的加气砖，开发商每年可节省钢筋使用几万吨；因为材料是使用石灰水泥，不是传统的泥土，为抚州市保护泥土面积上百万平方；因为隔热可减少空调的使用，每家一年节约的电费可省出一台空调，节省用电几百万度。

抱团取暖，携手共赢未来

随着环保建材的走俏，抚州另一家加气砖厂很快也办起来。俗话说，同行是冤家。辛林却把最好的工艺师推荐给对手，让对手的产品质量提高很多。员工不理解，他却说，“只要别人觉得抚州的建材产品好就行了。对手强，我们才能更强大。”

随着市场的拓展，两家企业相互竞价、抢市场，在所难免。“打价格战，只能两败俱伤，使抚州产品的声誉降低。”辛林多次上门拜访抚州鼎新新型材料有限公司动之以情、晓之以理，建议两家公司联合发展，携手开拓市场。该企业总经理江成终于被他的真诚、大度打动。目前两家公司设立统一的销售部，减少了销售人员，两家企业携手发展，把精力从原先打价格战转到提高产品质量上，实现了双赢。

“企业的价值不仅仅是创造财富，要更多地承担社会责任，多为社会创造价值。”近两年，辛林要求企业全部使用尾矿砂等废弃物作为原材料，变废为宝，2014 年收集 5 万立方尾矿砂等废弃物。他要求企业将废料全部吃干榨净，将企业生产剩余的边角料与料浆重新混合做砖，基本做到废弃物零排放。既节约企业开支，也保护了环境。

作为厂长，他心里始终装着员工，把员工当成自己的亲人，企业上下都对这个大学生厂长心服口服。2015 年市场不景气，他没有减少工人的一分钱工资。他的办公室十分简陋，却把装修一新的套间让给外地的工艺师住。2012 年的冬天，公司搬运工韩维生运货到外地，在搬运途中不小心被伤了头部。深夜 12 点接到电话的辛林，立即连夜驾车 170 公里，赶到现场时已是凌晨 3 点，第一时间看望救治员工。后来回到抚州后，为让员工早日康复,他每天让家人炖好汤,亲自送到员工的手里。员工心里感动不已：“跟着这样的老板干，心里踏实。”

在员工的眼中，辛林和蔼、可亲、精明、能吃苦，没有一点老板的架子，

辛林与他创办的恒顺环保建材公司

也很少批评下属。2013 年 12 月，销售公司经理邓德斌不慎掉了一个公文包，里面装着几十家建设工地的欠款和对账单，价值近 200 万元。他心急如焚，当时正值半夜，电话第一时间打给辛林。原以为会招来老板严厉的批评，辛林却反而安慰他，“不用急，先休息，我们一起来想办法。”后来，在辛林的帮助下，邓德斌一家家工地去跑，联系销售人员，终于把欠款基本收回。

由于他的随和、宽容，企业员工视厂如家，与企业同舟共济，他的想法很快能变成员工的行动。

近两年，城市房地产开工下滑，辛林又把目光投向农村市场。“新型墙体材料从大中城市起步，将逐步向农村推广。目前，城市房地产市场低迷，农村市场前景广阔。”随着农民生活水平日益提高，农村的建房需求越来越旺盛。目前，辛林已计划在周边农村搞试点示范。相信不远的将来，加气块的节能、省工、省时的优越性能会被更多农民接受。

2014年，辛林当选为抚州市新型墙材协会会长、江西省建筑墙体材料协会副会长。如今的他感到自己身上的责任更重了，也更忙碌了。

“发展绿色建筑、节能建筑是大势所趋。墙体材料革新和建筑节能，对节约能源、保护耕地、改善建筑功能意义重大，建筑的绿色革命正在到来。”辛林如是说。

作为建筑企业，应该学习绿色现代化的建筑理念，变革传统建筑方式，加强行业交流和新型墙材的研发推广，抱团取暖，携手提高企业抗风险能力，多为“建筑之乡”增光添彩，为推广绿色建筑尽自己的绵薄之力。

“寒冬即将过去，春天已然来临。只要我们做好足够的准备，我们一定能迎来建筑业的春天。”对此，辛林信心十足。

点评专家：

学药出身的辛林，摆过地摊，做过专业，卖过烟酒，搞过工程，最终创办起自己的环保建材公司，如今小有规模与成就。所以说学什么并不重要，重要的是做什么。年轻人先就业，后择业，先练手，再创业，未尝不是一个更为现实的选择。绿色建筑势在必行，随之而来的产品升级换代，是走在十字路口的建材行业转型升级的必然方向。把握住了这个产业发展方向，加之在创业过程中的诚信经营、严控质量、合作共赢等，善于“取势、明理、优术”的辛林，就这样将“蓝图”砌成了“大厦”。

点评人：胡立俭

我想要表达的理念是“在时光中优雅地老去”，是一种慢生活。

——陈雪婷

29

手工定制“中国风”

——记“陌上花开原创定制”店掌柜万焰刚、陈雪婷

◎刘佳惠子　周会新

都说大城市里繁华热闹，他俩却放弃了高薪和舒适的城市生活，回乡做起了裁缝。

2012年3月，万焰刚、陈雪婷夫妇辞去了北京的工作，在瑞昌市开办了属于自己的服装工作室，主打中国风的长袍、旗袍以及衬衫。

从采购面料到服装设计，从手工制作再到发货推广，都是由夫妇二人一手包揽。

万焰刚说，能和妻子拥有一份二人都向往的事业，再苦再累也值得。

如今，夫妇二人共同经营的服装生意不仅获得了许多国内客户的青睐，产品更是远销东南亚、非洲及澳大利亚等地。

2015年12月，一个暖暖的冬日上午，我坐在瑞昌工业园的一间工作室里，慢慢品茗，等待外出的万焰刚、陈雪婷夫妇归来。

“让你久等了。”伴随着柔柔的语调，两个身着中国风服饰的年轻人向我款款走来。一件灰绿色的铜氨丝套头、半开襟花苞下摆的中长棉袍，衬得女主人肤色格外白皙。陈雪婷把发髻松松挽起，如古装仕女一般温婉动人。这款名为“淡水河边”的棉衣，是他们工作室即将推出的新品。万焰刚则身着一袭短款棉麻偏襟羽绒服，欢眉笑眼，言谈爽利。

创业，从梦想衣橱开始

“85后”的万焰刚夫妻俩都是瑞昌人，同在北京上的大学。2011年之前，两个人都在北京工作，而且收入颇丰。可如今，他们却跨界当起了裁缝，拥有了自己的工作室和实体店，淘宝上销售的原创服饰每月可达数百件。

谈起创业想法的由来，陈雪婷坦言完全是出于兴趣爱好。“我一直很喜欢民族风的衣服，但是很难买到合适的，因为市场上的都是大盘扣、大红大绿的那种，特别夸张，所以我想着不如自己做吧！”

这是一家非常低调的工作室，位于瑞昌市工业园内，灰色的外墙上没有任何标识，给人感觉只是一个略显陈旧的厂房或者仓库。然而，当我们走进大门之后，就被各式各样精致的中国风服饰所吸引，屋内还依次摆放着古琴、琵琶、长萧、茶具与书画台，一股文艺雅致的气息扑面而来。陈雪婷就是在这里开始她一天的工作。

陈雪婷随时记录下自己的设计灵感

闲时烹茶是夫妻俩共同的爱好

陈雪婷的专业是旅游管理。“我在大学里就一直对服装设计特别感兴趣，业余时间自己设计草图，然后交给学习服装的表弟剪裁。”她向我解释自己创业的缘由。

当初，她也考虑过在北京创办工作室，但由于北京的厂房租金和裁缝工资昂贵，对于初创业的他们来说负担不起。于是，2011 年陈雪婷辞职回到瑞昌，并于次年开设了服装工作室。

她的丈夫为了支持妻子，也辞去了北京的工作，全身心投入工作室的事业中。“我们都很喜欢古典文化，雪婷喜欢茶、书法、绘画和各种手工制作，我喜欢古典音乐。”在万焰刚看来，“能和爱人拥有一份共同向往的事业，慢慢经营，享受生活，还可以照顾家人，再苦再累也值。”

如今，他们分工明确，陈雪婷专注于服饰设计和面料采购，万焰刚则包办了管理、运营、推广、后勤等一系列“杂事”。

事业，从“互联网+”起步

设计是服装的灵魂。作为一名非科班出身、名不见传的设计师，如何让客户发掘、了解并认可自己的设计？陈雪婷将之归功于“互联网+”的创意。

直到今天，陈雪婷还记得工作室成立后设计的第一款服饰，那是一条由香云纱面料制成的大摆裙。她试着拍照传到网上之后，立即有人下了订单。首秀成功后，很多人对她的手艺点赞。众多买家的好评，让陈雪婷看到了市场前景。此时，万焰刚也从北京回来，陪伴在她身边，这更加坚定了她的创业之心。

“我们属于小规模的量身定制，风格也比较小众，所以只能制作样衣放在网上，顾客下单之后，我们再开始制作，所以每款衣服都产量不高。”

万焰刚、陈雪婷夫妇在车间与裁缝师傅一起探讨制衣工艺

陈雪婷说，现在工作室专门聘请了9名裁缝师傅，与一般工厂不同的是，这里的衣服是由每个人手工完成所有工序的。具体到每一件衣服，还要根据订单上顾客注明的身材、尺寸进行微调，有时候对要求高的客户，还要来回几次进行修改。

如今,陈雪婷在淘宝上开设了一家名为“陌上花开原创定制”的店铺，专门出售工作室的产品。被众多喜爱古典风格的买家所认可，还吸引了一批忠实的回头客。“一件香云纱的冬装可以卖到七八百元。”陈雪婷告诉我们。

从第一件样衣大销之后，网店的生意也越来越好，工作室也从瑞昌的一个乡镇搬到了城区。由于风格独特，陈雪婷设计的衣服被越来越多的人认可。2015年是她和丈夫万焰刚事业快速发展的一年，店里好几款样衣的销售量达到了几百件。

他们现在把工作室的重心放在了网店。万焰刚认为，互联网提供了海量的顾客，而且利润较实体店更高。因此，他们选择把实体店开成体验馆，只陈列少量布料，不存在库存压力。

“文化”和“商业”缺一不可

陈雪婷对自己的设计风格有一种近乎固执的坚持：既要古典又要时尚，即时尚的衣服里融入古典元素，用古典的面料做出时尚的衣服。她始终排斥花哨的色彩和面料，偏爱素净的色彩，尤其喜欢真丝和纯手工的面料。有时候根据自己的设计灵感去找面料，有时候看到面料再去设计。“我想要表达的理念是‘在时光里优雅地老去’，是一种慢生活。”

然而，她对款式的设计又是毫不拘泥，甚至是超前的，“我从没有特意去了解时尚。”那天，陈雪婷的母亲裹了一条紫色斜领带流苏的披肩，颇有一点当下流行的国际风格，居然是工作室2013年的作品。

工作室目前只有陈雪婷一个设计师，她把生活的经历作为设计灵感的来源，在工作室里准备了很多小本子，随时随地记录自己的创意和灵感。陈雪婷的一对小女儿，就给了她一些很柔软的体验。以前对童装特别不感兴趣的她，想尝试推出一些童装和亲子装。

“衣服本身就是个商品，但我不仅仅是为钱而做的。文化是一种有温度的商品。如果想挣钱，我可以做更大众化的衣服，但那不是我想要的方式。”这是陈雪婷与众不同的经营理念。

如今，工作室的运转已经步入了正规。但追求完美的夫妇俩又面临着新的烦恼和挑战。

万焰刚琢磨的，是如何把品牌做进一步的推广。工作室正在给成衣注册一个品牌——“兰襟”。“兰襟”不仅有典雅的字面意义，还有另一层含义是知己。“衣服和人的关系很亲密、很体贴，像一个知己。”陈雪婷向我们解读道。

陈雪婷对服装工艺寄予了更高的期望。“我们的师傅在瑞昌乃至九江都算技艺特别好的，但在制衣工艺上还需要突破。美工、模特、摄影师需要与设计师达成一定的默契，从宏观上知道我们的想法，然后一件件衣服去表达。”2015 年，工作室从广州和景德镇等地招了三批模特和摄影师，依然没有达到她想要的效果，“要把衣服蕴含的意义传达出来是最难的。”

“我们感觉这是一个阻碍，‘梗’在那里，必须去解决。”但同时，万焰刚认为，工作室的发展不能简单地归结为缺乏适合的人才。“我们需要去融入服装设计的群体，人才也许就在那里，但没有在那个圈子，就很难找到合适的。”他希望通过寻觅和磨合，找到与工作室合拍的人。

走“小而美”的高定之路

陈雪婷工作室设计范围从女装不断拓展，围巾、包、车饰、首饰等依然主打中国风，在网上一经推出，都深受好评。随着事业发展越来越好，他们也比以前更加忙碌，但陈雪婷与万焰刚并不考虑再扩大规模。

“我很享受现在的生活，能把兴趣和事业完美结合，平时没事的时候还能与丈夫合奏几曲，或者一起喝茶。”陈雪婷说，“我喜欢工作室的方式，这种‘小而美’的方式与我们的生活理念更吻合。”

“小而美”是网上对于规模小、有特色的电商的叫法。陈雪婷与丈夫约定，工作室在不影响生活的基础上稳步发展，着重在品牌上提升，将来尝试做一些高端定制。

谈到创业，夫妻俩给年轻人的建议是，“首先想清楚自己喜欢什么，再根据自己的特长、优势找准项目，这样可以少走弯路。”

由于“小而美”的经营模式，万焰刚夫妇并没有碰到许多创业者经常面临的资金问题。但是对于线上与线下如何统一，网店和实体店协调发展的问题则时常遇到，他们也在进行摸索。例如一件衣服在淘宝上卖 1280 元，那么在实体店应该卖多少？万焰刚认为，解决的途径之一是产品的差异化。未来两三年，他将把重心放在解决这个问题上。另外一方面，就是工作室的品牌化运营，要建立起一整套完整的品牌运营体系。

“其实出个江西的‘例外’也很正常，我们有这个可能。”谈及未来，夫妻店的掌柜万焰刚信心满满。

点评专家：

喜欢民族风服饰，但很难买到合适的，陈雪婷索性把这“个人需求”发展成了“群体需求”和“社会需求”，将兴趣变成事业，是种愉悦的创业动机。在丈夫万焰刚的支持下，她从北京回到江西，节约创业成本，利用电商平台，通过“互联网 +”推开了市场之门，甚至推开了世界之门。夫妇俩将自己的产品赋予文化理念和文化特征，产品便有了灵魂，对他们来说，要走的并非一味扩大规模之路，小而美、小而专、小而精才是最大的特色和优势。

点评人：胡立俭

人活着就要有一种精神支柱，
就要永不停歇地拼搏，
才不白活一回。

——熊强　季玉贞

30

夫妻双双回乡当“兔倌”

——记永修县巨丰养兔专业合作社创办人熊强夫妇

◎宋海峰

“夫妻双双把家还，你耕田来我织布，我挑水来你浇园……”黄梅戏《天仙配》男女主人公董永和七仙女的一段唱词，描述了一幅夫妇俩辛勤劳动过上安定生活的情景图。

如今，永修籍大学毕业生熊强和山东籍大学毕业生季玉贞夫妻俩，放弃了在深圳的工作，回到熊强的家乡——永修县艾城镇郭东村。这两个青涩的年轻人靠自己的智慧与勇气，双双当起了“兔倌”，迈出了自主创业的矫健步伐，成为“双创”浪潮中最新鲜的血液和最活跃的因子，必将带来巨大的创造力、生产力。

跳出“农门”又回到农村，同心共圆创业梦

说起夫妻双双当“兔倌”这件事，熊强、季玉贞异口同声地说：“没有梦想就不会有超越。只要敢追求，永不言放弃，就一定能拥有一片属于自己的蓝天。”满怀憧憬的夫妻俩大学毕业后，在广东都找到了收入不错的工作，是什么原因使他们选择回到家乡，并最终决定扎根农村创业呢？

20世纪90年代末，从东南进修学院机电专业毕业的熊强，拿到毕业证后连家都没回，经学校推荐直接去了广东东莞大岭山亚美磁带厂，做了

一名调机员。在这里，他认识了他现在的妻子——从枣庄师范学院毕业的季玉贞。工作中，他们擦出了爱的火花。2003 年，两人喜结连理。婚后，不安于现状的熊强一心想一展自己的才能，实现自己的人生价值，不断地跳槽。2003 年，他应聘到深圳公明镇东岳钟表厂，从事 CNC 编程工作，节假日和晚上还时不时接点小厂的活儿赚点外快，算下来，每年收入达 6 万多元。季玉贞也应聘到深圳家乐福超市工作，年收入有 4 万多元。

2003 年底，他们的女儿出生了。按说，夫妻俩在深圳有一份不错的工作，该满足了。但不安于现状的二人决定辞去工作，同心共圆创业梦。“小曲好唱口难开”。他们夫妻俩沉思良久：干点什么呢？他们久久寻找不出答案。这时，季玉贞提出了养肉兔的设想。季玉贞对熊强说：“我老家有养肉兔的传统，许多乡亲们有养兔技术，你老家牧草资源丰富，两者有机结合，创建一个绿色健康兔场，准行！”2008 年的 2 月，趁着回季玉贞家乡——山东省枣庄市台儿庄探亲的机会，夫妻俩考察了几个养兔场。当地的乡亲们告诉他们：“要想富，先养兔。”养兔是一项投资小、花工少、饲料来源广、发展快、收入大的养殖业。兔肉质瘦，不油腻，鲜嫩适口，含高蛋白，营养价值较高，纤维细嫩，脂肪和胆固醇含量低，容易消化，在国际市场享有“美容肉”、“保健肉”、“益智肉”、“肉中之素”等美誉，市场需求量大。兔皮还是皮毛大衣的上等原料。回深圳后，熊强又上网查阅关于养殖方面的资料，到福建、江苏等地考察了市场。熊强和妻子拍板：“随着人们生活品质的提高，兔肉‘三高三低’的营养特点颇深人们欢迎，市场前景好，只要掌握养殖技术，就值得干！”

夫妻俩的想法一经提出，便遭到了双方家人和亲朋好友的强烈反对。但他们自主创业的决心已定，两人“分兵作战”做思想工作，最终得到了双方家人的理解和支持。

“有志始知蓬莱近，无为总觉咫尺远”。2008 年的“五一”劳动节一过，夫妻俩便回到了熊强的家乡永修，在亲人们的帮助下，他们租赁了原杨家岭铁路搬运站的 3 幢破旧仓库，用打工积攒下来的 2 万多元将其改建成兔棚，从山东季玉贞的姨夫家购买了 40 多只种兔，开始了他们的养兔之路。“兔子是比较娇贵的，喂它的时间一定要准时，我们每天是早 7 点、晚 7 点各喂一次。”季玉贞说，一开始养兔子，由于经验不足，也曾遭遇过兔子染上病或莫名死亡等问题，但饲养的时间长了，加上平时学习了一些养殖知识，他们慢慢摸索出一套完整的兔养殖技术。一个月后，300多只小兔子出生了,看着兔宝宝一天天长大,两口子喜在心头。在夫妻俩的精心呵护下，4个月后,第一批商品兔出栏,很快销售一空,他们淘到了“第一桶金”4000多元，夫妻俩点着卖兔款高兴地哭了。

创业遇到资金难，典当结婚戒指、手链筹措资金

创业是艰难的,尤其是再发展、扩规模、上等级、创品牌等更是难上加难。

初战告捷后，熊强、季玉贞夫妻俩制订了五年规划，决心扩大养殖规模。决心已定，接下来便是解决资金的困难。建新兔棚、购买种兔都要钱。季玉贞回忆说：“那阵子，我们俩急得吃饭饭不香，睡觉睡不着。家中无资金，真是‘一分钱难倒英雄汉’。”为了筹措资金，两口子分头到亲朋好友家借了5万多元，但还差2万多元。这时，季玉贞决定将结婚时熊强给她买的戒指、手链拿去典当。“这坚决不行。”熊强忙阻拦道。季玉贞说:“你的情意我心领了，但现在创业遇到了坎，先把它变成创业资金，等挣了钱你再给我买更好的。”妻子的话，使熊强感动得热泪盈眶。“好！好！老婆，我们一定要迈过这道坎，养更多的商品兔，挣更多的钱，给你买世界上最好的戒指、手链。”

听说熊强、季玉贞夫妻俩艰苦创业遇到了资金困难，永修县劳动就业局和农村信用社的领导来到兔场实地考察情况后，当场拍板给予10万元贴息贷款扶持，并表态说，如果资金不足，只要符合政策，我们会及时给予支持。季玉贞由衷地感叹，创业以来，县、乡和有关部门领导从精神和物质上给予了他们大力支持。2013年，永修县委书记邹绍辉带领县有关部门和乡党委有关同志在兔场召开现场办公会，由县、乡两级投资10多万元，为兔场修建了一条400多米长、4米宽的水泥路。2014年，永修县劳动就业局、信用合作社根据国家扶持小微企业的相关政策，给予兔场20多万元的低息贷款。

有了县、乡的大力支持，熊强、季玉贞两口子创业的劲头更大了。季玉贞捋了捋头发说：“我们俩褪去‘书生气’，沾上‘兔粪味’，在兔场‘摸爬滚打’，与兔子打成一片，演绎了饲养员、市场信息员、兔子销售员等全新角色，‘分兵把口’，共创大业。”为提高兔子的成活率，他们从江苏省农业科学院、江西农业大学请来专家、学者当技术顾问，指导科学养兔，采用标准化养殖。为提高兔子的成活率。季玉贞从网上、书本上、养殖大户、技术人员身上虚心学习，利用当地的资源生产药草兔。更令人叫绝的是，通过对市场的观察，李玉贞摸索出一套兔子销售经，即根据市场需求量的大小，调整饲养量、出栏量，使产品更加迎合市场，实现了双赢。

一路坎坷，一路辉煌。近年来，他们兴建了 5 栋现代化的种兔棚，租赁 6 亩山地兴建了草场；注册了“月肴”商标；引进合作伙伴，投资 100 多万元，兴建了兔产品加工厂，拓展产业链，提升产品附加值，实现了兔肉初级加工。从 2012 年开始，兔场年年盈利 20 多万元，2015 年可实现利润 30 多万元。

四个手指被切，养兔的雄心壮志不能失去

创业艰难百战多。

2009 年 7 月的一天，一场突如其来的灾难，使得熊强和他的养兔场陷入前所未有的困境。7 月中旬的一天，正是储备草粉的好时节。熊强的左手不慎被玉米秸秆带进机器切掉四个手指。俗话说，十指连心。季玉贞说：“当时，我和场里的工人给他简单包扎后将他送上救护车时，熊强痛得大汗淋漓。车子快开动时，他拉着我的手急切地问，老婆，我以后还能养兔吗？”我说：“你现在什么都不要想，安心把手治好，出院后我们一样干。”

在南昌治疗时，熊强只有小拇指接上了，5 个手指头少了 3 个。夜深人静之时，他躺在病床上喃喃自语：“我还能骑摩托车吗？还能像以前一样上网打字查资料吗？还能像以前一样抓兔子摸胎吗？还能给兔子打疫苗吗？家里还有一个未断奶的小孩，钱都用在扩建兔舍上面了。往后日子怎么过？兔场怎么办？”

生活上、精神上的压力使熊强的内心倍受煎熬，然而，他觉得不能就这样放弃，放弃就意味着失败，任何理由在失败面前都显得苍白。唯有坚持，才能成功。熊强思来想去，最终决定将留下的150多只后备种兔当商品兔卖掉，换钱治病。多年的拼搏一夜之间就让他“回到了解放前”。好在技术还在，经验还在，创业的信念还在，少了3根手指的熊强安慰自己。

熊强难，季玉贞也难。大女儿有先天性心脏病，儿子还在吃奶。场里的兔子要割草、要饲养。自古以来“齐鲁出好汉”，然而，齐鲁大地女子的坚毅不亚于好汉。季玉贞就是这样一个坚强的女性。每天早上，她起床后给女儿做好饭，给儿子喂奶后，扒口饭就赶到兔棚，和工人一道给兔子喂饲料。午饭后，季玉贞肩扛镰刀，背着儿子，赶到离兔场2公里的山上割黑麦草、金银花。阴雨连绵的季节到了，正是黑麦草、金银花生长的旺季。山上沟壑多，路又滑。为了多打草，季玉贞必须每天起早摸黑去找草。一个深秋的中午，大雨下个不停，当季玉贞跳过一道沟壑时，不慎被一块石头绊倒摔在沟旁，儿子从她后背坠落到沟里，季玉贞赶忙从泥水里爬到沟壑旁，望着摔倒在沟壑里的儿子，想到还在医院里的丈夫，她不由得放声大哭……

熊强在检查肉兔生长情况

季玉贞在给肉兔喂饲料

在这样艰苦的岁月里，季玉贞的父亲季克启从山东老家赶来了。看着出院后在家养伤的女婿，一天到晚忙里忙外的女儿，已年过六旬的老人也禁不住泪流满面："唉，你们这是自讨苦吃啊！"不是一家人，不进一家门。老人深知，女儿、女婿是铁了心要创业，也不再劝说，而是加入了他们的创业行列。三年来，老人在场里帮着种草、割草、打扫兔棚的卫生……两个月后，熊强不顾手术后手指头还没痊愈，硬撑着开始打扫兔舍、喂食、加水、加工饲料、割草、配种、接生、解剖。

"人活着就要有一种精神支柱，就要永不停歇地拼搏，才不白活一回。"试想看！在这样的创业者面前，还有什么困难不能征服！熊强说："我虽然少了几个手指头，但好在技术还在、经验还在、创业的信念还在。2011年年底，兔场恢复到了年产1万只商品兔的规模。

"公司＋合作社＋基地＋农户"，带领乡亲勤劳致富奔小康

熊强、季玉贞在创业有成之后，同样以执着不懈的创业精神，带领附近的农民兄弟养兔致富。

在永修县艾城镇付家垅村两栋新建的养兔场内，只见一位40多岁的汉

子正站在一排排兔舍前喂兔子，这位中年人就是远近闻名的养兔大户勒中明。他告诉我们，为了帮助他养兔致富，2012 年上半年，熊强每天一大早骑摩托车来到他家，指点他定时喂料，定时防疫，并解决勒中明在饲养过程中遇到的技术问题，免费为他提供种兔、饲料、技术指导、防疫、人工授精、回收一条龙服务，让勒中明看到致富的希望。勒中明说：“我从 2012 年投资 3 万元购买了 200 只兔子，70 天就长到五六斤，种兔产崽周期为 42 天，当年养了 9 窝，商品兔市场上每只卖到 50 元，加上只用饲料喂养兔子，成本低而且见效快，利润很好。一年下来就挣了 3 万元。”这两年，勒中明扩大了养殖规模，年纯收入达 7 万多元。

勒中明养兔规模的消息不胫而走，周边有许多胸怀创业志向的乡亲纷纷前来向他们请教、学习、取经，他们皆是有求必应，毫无保留地把自己创业成功的经验和核心技术等热情地传授给大家。甚至有时还无偿地为前来学艺的人进行技术培训，以低廉的价格向他们提供种兔和饲料，并承诺回收农户的成品兔，逐步形成供应种兔、饲料、药品及回收等一条龙服务。

看到越来越多的农民愿意加入养兔行业，熊强夫妇萌发了一个大胆的想法，那就是成立养兔农业合作社，让周边的农户加入，共同致富。2012 年 10 月，熊强夫妇成立了永修县巨丰养兔专业合作社。

兔产品加工厂的系列产品

合作社以养殖肉兔为纽带，采用“公司 + 合作社＋基地＋农户”的管理模式，按照基地养殖种兔——向农户发放种兔——为农户提供技术、防疫服务——从农户回收成品兔——公司加工、销售的操作服务流程，统一供种、统一供料、统一疾病防治、统一管理、统一回收加工等。同时，为了保证兔子的质量，合作社制订了一系列的标准和规范，从引种、繁殖、饲养、加工、包装到销售，全过程都严格按标准执行，并组织兔产业系列产品的销售，带领农民走向市场、脱贫致富，促进兔产业化的发展。

交谈中，我们巧遇合作社社员、江上乡新基村农民黄晟开着一辆农用车前来交兔子。黄晟高兴地说，合作社免费为养殖户传授养殖技术，包括饲料加工、配方、配种、定期防疫等，他家年养兔纯收入达 3 万多元，这些养殖户不少年收入都在 10 多万元，少的也有万元以上。社员们都竖起大拇指，夸赞合作社带领农民养兔致富的事例。

据了解，目前合作社社员已发展到 30 多户，种兔达 600 多只，年出栏商品兔 3 万多只，户平均收入逾 3 万多元，多的达 8 万多元。2014 年，合作社被评为“永修县优秀农民合作社”、“九江市优秀农民合作社”。由于熊强夫妇在永修县创业中贡献突出，季玉贞先后获得“九江市女创业带头人”、“九江市农村实用优秀人才”、“九江市青年创业创新之星”等荣誉称号。2015 年 3 月，他们的致富故事还被拍成专题片在中央电视台 7 套《致富经》栏目中播出。

江山代有能人出，风流人物看今朝。熊强、季玉贞夫妻俩不愧为时代的骄子、鄱阳湖畔的“双创”精英！祝愿他们比翼双飞，搏击万里云天……

点评专家：

从 40 只兔子养起白手起家到如今成立合作社、注册品牌、兴建兔产品加工厂，熊强、季玉贞伉俪赋予了传统养殖产业新的内涵，注入新的活力。他们之所以能成功，首先是有创业的基因，不安于现状，放弃深圳工作，跳出“农门”又回到农村；其次有创业的能力，借山东老家养兔之经验，整江西永修土地牧草之资源，学专家学者大户之技术，将养兔事业不断做大做强做优；第三是有创业的性格，坚强、坚韧、坚持、坚守，越挫越勇。如此 Nothing is Impossible（万事皆有可能）！

点评人：胡立俭

后记

在“大众创业、万众创新”的时代浪潮中，赣鄱大地上涌现出大量“草根”创业的典型，为推动当地经济社会发展、带动就业做出了贡献，成为激励更多“草根”一族投入创业创新中的一股正能量。为贯彻落实江西省委、江西省人民政府推动“双创”工作的部署要求，江西省人力资源和社会保障厅从全省各地搜集的175个“草根”创业典型中精选了30个具有代表性的人物，包括大学生、返乡农民工、下岗工人、创业大赛获奖者等各类创业群体，将他们的故事集结出版，一方面是宣传“草根”创业者的创业项目，为他们的创业故事“点赞”,另一方面是希望通过这本书点燃全省“草根”创业者的创业创新激情。

本书从策划、采编到成册出版历时近两个月时间，中共江西省委组织部副部长，江西省人力资源和社会保障厅党组书记、厅长刘三秋亲自部署了本书的策划、编写和出版工作，提出了明确要求，给予了具体指导。在江西人民出版社的大力支持下，在江西省各级人社部门的积极配合下，江西日报社一批资深记者对“草根”创业者进行了深入交流、采访，精心撰写了一批高质量的稿件，江西人民出版社组织邀请了一批省内知名专家、学者和企业家，举行了审稿会对书稿进行审读，把好政治关和质量关，同时对“草根”创业故事进行了精彩点评，各方都付出了辛勤的劳动。在此，对江西人民出版社，江西日报社，各位专家、学者和企业家等付出的辛勤劳动表示感谢。本书在编辑出版过程中，还得到了江西省财政厅的支持和帮助，在此一并表示感谢。

由于篇幅有限，我们在编辑出版过程中只能选取30个创业故事，难以全面展示全省广大创业者的风采，在今后的工作中，我们将不断搜集更多创业者的故事，继续为广大读者出版更多创业类书籍，欢迎广大读者为我们投稿。同时，由于时间仓促，本书难免存在一定的瑕疵，敬请读者批评斧正。

编者

2015年12月30日

图书在版编目（CIP）数据

他们为什么成功：江西“草根”创业故事 / 刘滇鸣，桂榕，王书红主编. —南昌：江西人民出版社，2016.1
ISBN 978-7-210-08182-1

Ⅰ. ①他… Ⅱ. ①刘… ②桂… ③王… Ⅲ. ①中小企业—企业管理—经验—江西省 Ⅳ. ①F279.243

中国版本图书馆CIP数据核字（2015）第321585号

他们为什么成功：江西“草根”创业故事
主编：刘滇鸣　桂榕　王书红
责任编辑：王一木　杨帆
书籍设计：同异文化传媒
出版：江西人民出版社
发行：各地新华书店
地址：江西省南昌市东湖区三经路47号附1号
编辑部电话：0791-88612505
发行部电话：0791-86898815
邮编：330006
网址：www.jxpph.com
E-mail：jxpph@tom.com　web@jxpph.com
2016年1月第1版　2016年1月第1次印刷
开本：787毫米 × 1092毫米　1/16
印张：19.5
字数：286千
ISBN 978-7-210-08182-1
赣版权登字—01—2016—2

定价：52.80元
承印厂：江西华奥印务有限责任公司
赣人版图书凡属印刷、装订错误，请随时向承印厂调换